移动端网络营销推广实战

从入门到精通

苏高 著

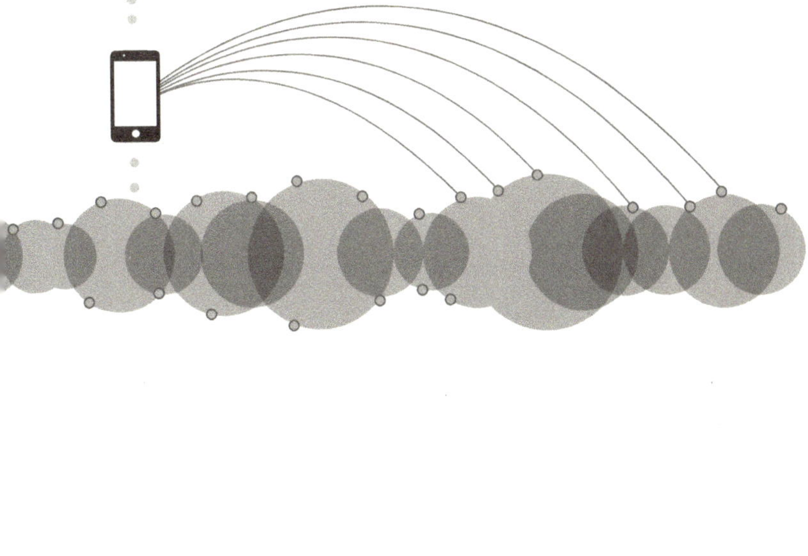

人民邮电出版社
北京

图书在版编目（CIP）数据

移动端网络营销推广实战从入门到精通 / 苏高著
. -- 北京 : 人民邮电出版社, 2017.3（2018.1 重印）
ISBN 978-7-115-44362-5

Ⅰ. ①移… Ⅱ. ①苏… Ⅲ. ①网络营销 Ⅳ.
①F713.365.2

中国版本图书馆CIP数据核字(2017)第030748号

内容提要

移动互联网时代，微营销兴起，对于企业、商家或移动互联网平台而言，利用各种移动微营销工具和营销技巧获得更多用户的关注已是必然的趋势。

本书不仅结合移动互联网和移动营销知识全面详细地讲解了移动互联网时代很具代表性的6大营销技巧，还通过对10大很具创新性的营销工具的深入剖析，帮助读者透彻了解每一种营销工具的作用、功能、实战操作方法和策略。

本书结构清晰、语言简洁、图表丰富，适合移动互联网微营销从业者以及对移动微营销感兴趣的人士阅读使用。

◆ 著　　　　苏　高
责任编辑　恭竞平
责任印制　周昇亮

◆ 人民邮电出版社出版发行　　北京市丰台区成寿寺路 11 号
邮编　100164　　电子邮件　315@ptpress.com.cn
网址　http://www.ptpress.com.cn
北京京华虎彩印刷有限公司印刷

◆ 开本：700×1000　1/16
印张：16.25　　　　2017 年 3 月第 1 版
字数：317 千字　　　　2018 年 1 月北京第 3 次印刷

定价：45.00 元

读者服务热线：(010)81055296　印装质量热线：(010)81055316
反盗版热线：(010)81055315
广告经营许可证：京东工商广登字 20170147 号

前言

写作驱动

市场上针对移动营销的图书较多，但是内容上大多不够创新。移动互联网平台是个信息快速更替、营销环境日新月异的市场，对于企业、商家或移动互联网公司而言，抓住移动端营销，才能创造更有价值的优势。

相比于市场上已有的图书，本书在分析移动营销技巧和营销工具方面更为突出，内容上集众家之所长，做到差异化，尤其是书中关于移动工具营销的干货技巧，是笔者潜心收集并整合最新营销资料提炼出来的。

这是一本由笔者结合移动营销理论与实战案例打造的，针对企业、商家或移动互联网公司进行移动互联网营销的实战型宝典。

本书内容

移动互联网时代带来的内容多样化为各式各样的线上营销活动提供了良好的外部发展环境。企业、商家、平台要想获得更多的用户关注，利用各种移动营销工具和营销技巧进行营销是必然的趋势。

全书主要分为两个部分。

第一部分是营销技巧（第1～6章）：主要提炼了移动互联网时代最具代表性的6大营销技巧，结合移动互联网和移动营销知识，进行全面详细的讲解，帮助企业快速进入角色，获得最精华的内容。

第二部分是营销工具（第7～16章）：通过10大最具创新的营销工具，从初步认识到干货技巧大放送，再到经典案例鉴赏，帮助企业透彻了解每一种营销工具的作用、功能、实战操作方法和策略，将最精华的部分展现给读者。

笔者在本书的6大技巧章节、10大移动营销工具章节中，用30多个经典行业案例、40多种移动营销干货技巧以及150多张清晰图片、200多个逻辑图解让读者从入门到精通，实现移动营销的全面升级。

这本书通过这种系统而翔实的讲述，希望能够为读者带去真实的营销帮助，让读者快速获得移动营销的成功。本书内容的大概框架如下图所示。

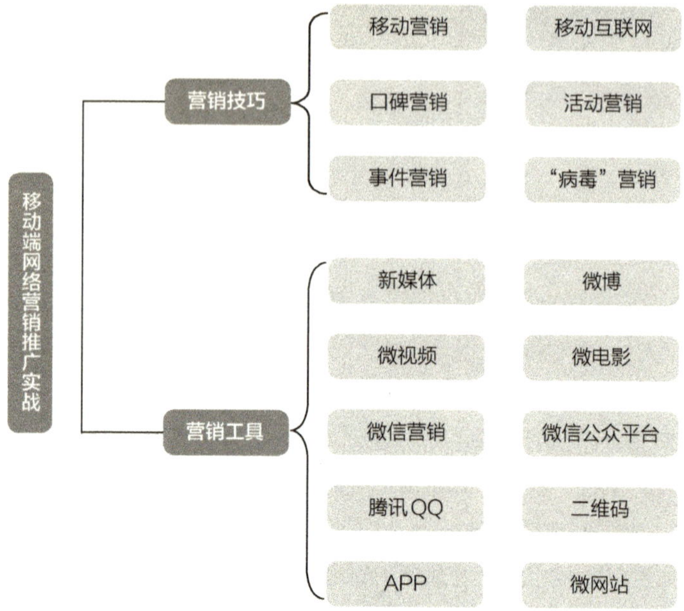

由于作者知识水平有限，书中难免有错误和疏漏之处，恳请广大读者批评指正。作者联系邮箱：feilongbook@163.com。

目录 Contents

第6章 “病毒”营销——以小博大的力量

第7章 新媒体——互联网+时代新营销

第9章 微视频——新时代的营销利器

第10章 微电影——将品牌植入其中

第11章 微信营销——打造百万价值营销

第13章 腾讯QQ——超大流量营销平台

第14章 二维码——打造完美O2O模式

第16章 微网站——挖掘最大的商业价值

第1章

移动营销——
移动“赢”天下

学前提示

21世纪，迎来了新的营销时代，移动互联网的崛起为人类的生活带来了一个全新的世界；微信、微博、微电影等“微营销”手段的兴起，更是让移动互联网在商业圈里掀起了一次巨大的浪潮。如何应用各类营销技巧和移动营销工具成为企业需要深思的问题。

要点展示

- 移动时代来临
- 如何做微营销
- 用营销带动发展

1.1 移动时代来临

随着移动互联网数字时代的到来，市面上的营销方式也跟随潮流发生了改变，这就意味着移动互联网给新时代下的营销赋予了更多的使命，如图 1-1 所示。

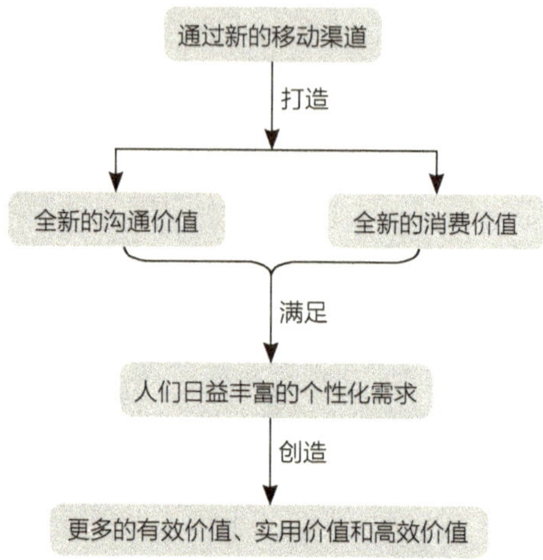

▲ 图 1-1 移动互联网给新时代下的营销赋予的使命

下面就来了解一下移动互联网时代移动营销的特点和优势。

1.1.1 实现精准营销

移动互联网技术兴起后，企业便能够对消费群体进行不同程度的细分，例如，在移动终端上开发出的母婴 APP，就是针对母婴用户人群而制定的；手游商家会根据自家品牌的用户群定位，而进行有针对性的广告推送。正是这种垂直化的、细分化的用户群定位，才能够让移动互联网品牌进行精准化的营销。

还有些专业化的机构，能够为企业提供追踪用户行为的平台和软件，帮助企业运用强大的运算和数据分析功能来了解每一个用户的行为轨迹，以最快的速度找到自己的目标消费群体。移动互联网为品牌提供了精准营销的媒介，而大数据却是帮助企业实现精准营销的核心技术。因此，在移动互联网时代，企业想要实现品牌精准化营销，必定和大数据技术分不开。

通过数据分析，企业能够了解到图 1-2 所示的内容。

在移动互联网时代，精准营销已经成为大势所趋，它的主要作用如图 1-3 所示。

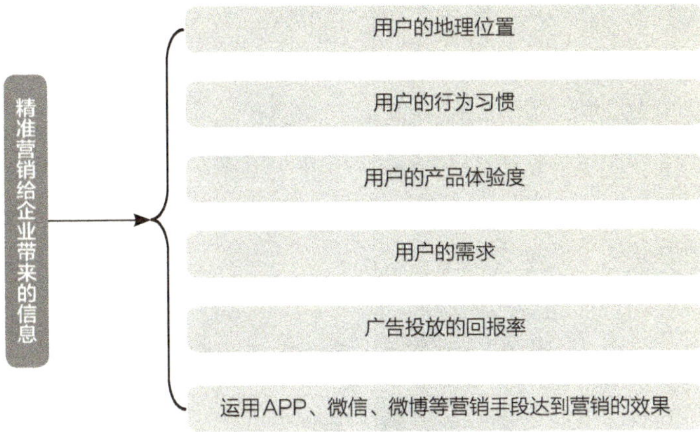

▲ 图1-2　精准营销给企业带来的信息

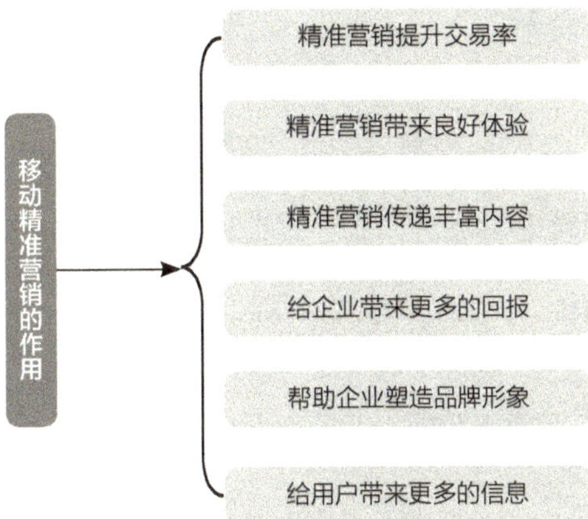

▲ 图1-3　移动精准营销的作用

1.1.2　实现线上线下

近年来，凭借独特的移动互联网营销策略，许多新兴企业在激烈的市场竞争中通过线上线下O2O业务来实现品牌的迅速升值。以团购为例，随着移动互联网的快速发展，智能移动设备下的团购业务已经开始在O2O领域发光发热，渐渐成为人们生活中的热点。移动互联网团购销售是大众消费的一个渠道，其本质就是"薄利多销"，因此网络团购消费在渐渐改变传统的网络消费模式。

在商品销售的过程中，商品的价格对用户的购买行为产生了非常大的影响，这也是促销、折扣商品受人追捧的原因。大多数消费者都有追求低价的心理趋势，因此低价有时候能成为企业销售商品的一大利器。

但并不是所有低价产品都能获得消费者的青睐。除了低价之外，消费者也很重视产品的质量，因此“物美价廉”的产品才最受消费者青睐。而基于移动端的团购消费常常能够为消费者提供“物美价廉”的产品和服务。

团购消费不仅类型丰富，而且产品往往以娱乐休闲为主，因此深受青年人的喜爱。在移动网络团购时，消费者还可以进行性价比的衡量，直到找到自己满意的团购产品为止，相关介绍如图 1-4 所示。

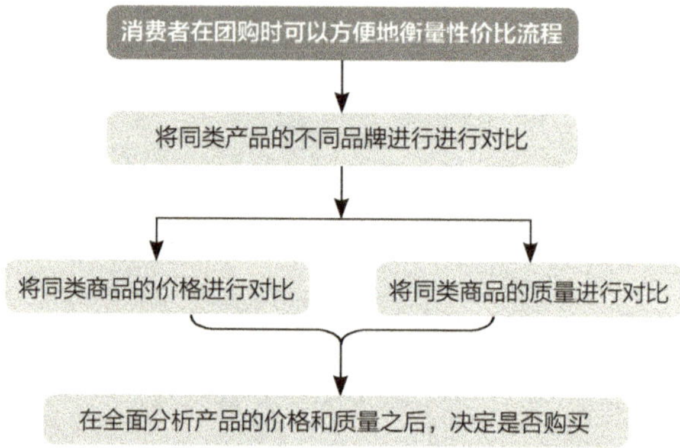

▲ 图 1-4　消费者在团购时可以方便地衡量性价比流程

除了发展得如火如荼的团购模式之外，微信、QQ、移动微博、移动 APP 等移动工具也能建立起线上线下活动的模式。通过微信、QQ、移动微博、移动 APP 等媒体发布信息，都可以统称为线上活动，而在实体店、面对面进行的销售行为，均可被称为线下活动。

基于移动端的线上线下的消费模式为用户的生活带来了诸多便利。而在这个时代，线上线下推广营销的事例有很多，例如手机电商、外卖、滴滴打车等，消费者通过手机在线上下单，然后快递员、外卖员或的士司机则是在线下进行服务。除此之外，还有美甲行业、按摩行业，也渐渐在这个领域崭露头角。

1.1.3　满足用户需求

随着移动互联网的崛起，21 世纪消费者的需求和消费特征早就发生了变化。传统的线下商城正在被线上商城所取代，传统的线下折扣活动正在被线上强力度的促销活动所取代。只要有网络的地方，就能进行交易，而且每个消费者的消费习惯都不尽相同。传统的线下消费行为已经不能满足所有消费者的需求，只有通过移动网络消费来实现。下面就来分析移动互联网时代消费者的需求，如图 1-5 所示。

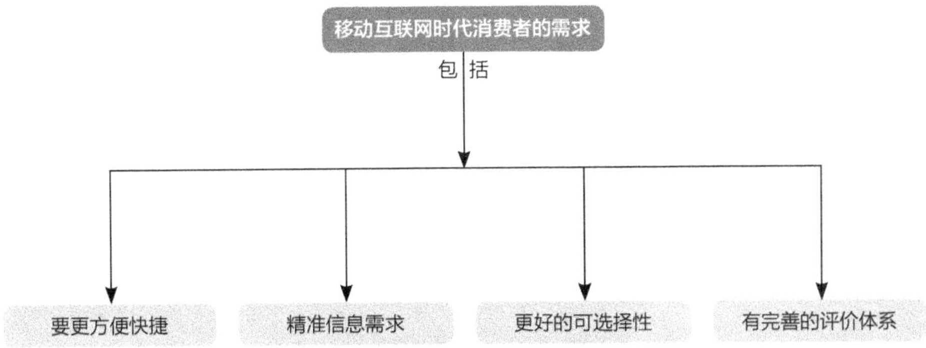

▲ 图1-5 网络消费者的需求

1. 要更方便快捷

方便快捷是未来移动消费的一大趋势，只要一部手机，人们就能随时随地购买到自己想要的产品，产品由相关工作人员送到楼下。例如：外卖行业之所以能够发展得这么好，也正是因为它符合了人们的消费需求。

2. 精准信息需求

相比传统的广告传播途径，移动互联网平台为企业提供了更多的广告传播途径，也为人们带来了广泛的信息接收渠道。企业可以根据企业的目标用户群体定位进行针对性的推荐，而消费者也可以接收到有针对性的产品推荐，就不用在海量产品或资源中苦苦搜寻自己想要的信息了。

3. 更好的可选择性

移动互联网为用户提供了一个可以选择比较商品的平台。用户在手机上寻找商品的时候，有足够的时间思考自己想要什么样的产品，而且可以根据产品展示、其他用户的评价或者产品的消费情况、产品的口碑来比较同一类商品在特性上的差异。这些商品的特性包括如下所示的内容。

- 商品的性能。
- 商品的质量。
- 商品的价格。
- 商品的外观。

4. 有完善的评价体系

商品的质量好坏会影响用户购买体验，移动互联网为各企业开通了评价体系，帮助用户及时将产品体验和评价回馈给企业。通常来说，购后评价有两方面的作用，如图1-6所示。

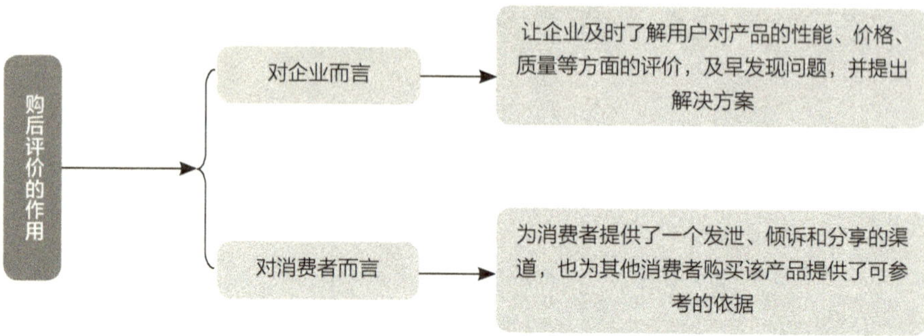

▲ 图1-6 购后评价的作用

1.1.4 消除沟通障碍

移动互联网不仅给传统企业带来了深刻的变革，也给人们的生活带来了巨大的变化。传统的营销方式是以单向传播为主的，而在互联网诞生后，企业的营销方式慢慢朝多样化的方向延伸了。不仅如此，企业和消费者之间的互动性也增强了。

微博、社区等营销工具让人们以集群化的方式形成了庞大的社群圈，微信、APP等移动营销工具也让人与人、人与企业之间的联系更加紧密了。

在传统的媒体当中，人与人、人与企业之间的信息交流渠道往往是存在一定的障碍的。双方交流的不顺畅导致用户的信息滞后，不能及时到达企业内部，而双方想要再进行深入互动更是不可能的了。

但是微信、微博、QQ等社交媒体工具发展起来之后，用户与企业之间的沟通变得更加便捷通畅起来。企业可以通过这些移动平台发布营销活动，然后在最短的时间内，平台将这些信息全部送达到用户的手里。这样，企业与用户就能够在第一时间进行信息的交换和传送。这就像站在天平的两端，两者建立起了平等的伙伴关系，不仅让用户参与到了企业的营销活动中，也为企业打造良好的品牌形象奠定了基础。

1.2 如何做微营销

在移动互联网时代，移动社交媒体正在改变着消费者的行为方式和运营商营销推广的方式。“微营销”开始步入历史的舞台，成为移动互联网营销中重要的一环，相关介绍如图1-7所示。

下面为大家介绍移动互联网时代微营销的营销策略。

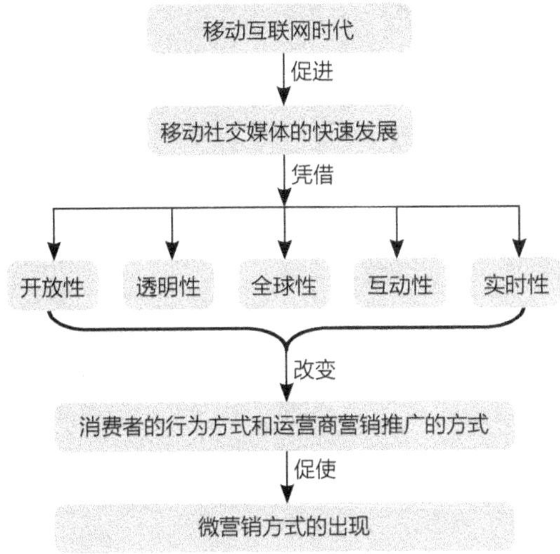

▲ 图1-7 移动互联网时代"微营销"的出现

1.2.1 目标精准定位

以微博为例，现在很多80后、90后群体喜欢刷手机微博，而在这一批人群中，又以追赶潮流、时尚创新的年轻人群为主。企业要根据企业自身目标群体的特点，制定微博运营的目标，通过多种营销手段来满足用户的需求。

能够运用社会化移动平台进行推广营销是微博营销最大的特点之一，同时也是微营销的最大特点之一。作为社会化媒体的营销方式之一，微营销不仅能够通过移动平台为企业带来巨大的流量，还能为用户带来更多便捷的服务。但是，只有这些特点还不够，如果企业不懂得根据用户的特点来制定企业的战略，也是很难达到理想营销效果的。

在笔者看来，微营销可以根据企业的全方面定位来制定清晰的目标，定位主要从企业自身、市场需求、目标用户和移动平台四个方面进行，如图1-8所示。

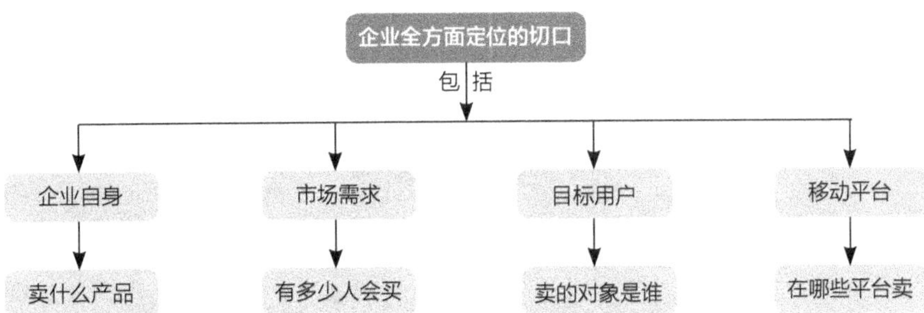

▲ 图1-8 企业全方面定位的切口

企业必须做到，用户群体在哪里，就把微营销战地搬到哪里。在广阔移动互联网微营销天地，制定清晰的微营销目标需要精准定位。只有在正确定位之后，才能一一实行接下来的营销计划。

1.2.2 高质内容产出

在微营销中，营销者非常注重高质内容的产出，好的内容能够吸引优质的用户。可以说，内容的优劣决定着企业营销的成败。

在笔者看来，企业需要创造有价值的内容，可以精选时事信息内容，并采用网络化语言，迎合大众的需求。在进行微营销内容创新时，企业如果能够以图文、声音、视频相结合的方式，制造出供人们口口相传的热点话题，引起用户的关注，便可以使微营销推广实现最大价值。

微营销的内容要遵循四个原则（如图1-9所示）。

- 一是趣味性原则，为用户打造娱乐趣味性的内容。
- 二是利益性原则，微营销的内容要有含量、对用户与营销者双方都有利。
- 三是互动性原则，能够激发用户互动，触动微营销内容的辐射状传播形式。
- 四是个性化原则，微营销的内容必须在众说纷纭的嘈杂信息中以独特的模式显现出来。

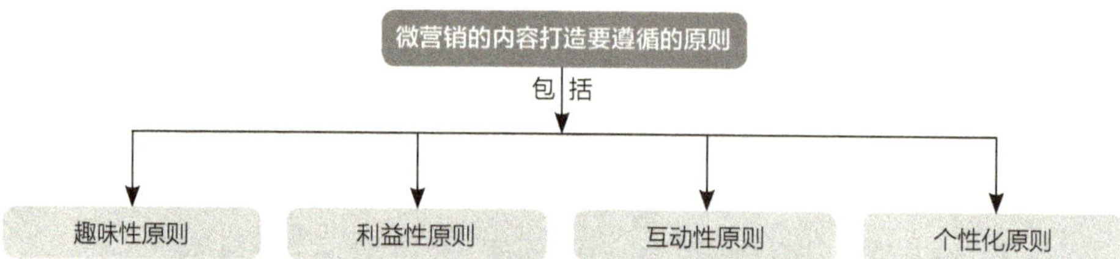

▲ 图1-9 微营销的内容打造要遵循的原则

1.2.3 完善客服体系

在传统的服务渠道中，客户服务主要由图1-10所示的三大渠道组成。

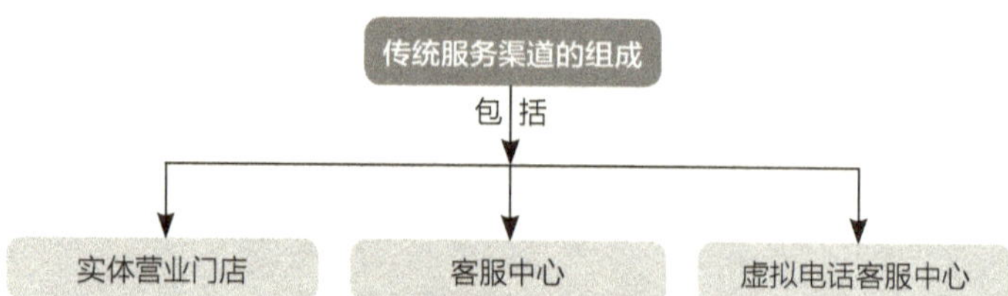

▲ 图1-10 传统服务渠道的组成

而随着移动互联网以及微营销的出现，微客服渐渐成为社会发展趋势下的一个重要渠道，也成为运营商不得不重视的一个渠道。目前，为了建立完善的客服体系，很多企业开始打造属于自己的客服官方微博、微信管理系统等。从电话客服中心到网络客服中心再到移动端客服中心，客服系统的日益完善，为企业给用户提供优质的售前、售中、售后客服体验奠定了基础。

在微营销时代，企业通过微博或微信等移动工具进行客服工作，介入移动互联网用户的消费生活，需要遵循以下几点原则。

- 真诚性，以真诚去播种营销商机。
- 热情性，以热情去浇灌潜在用户。
- 原则性，以原则去培养粉丝黏性。
- 理解性，以理解去维护客户关系。

此外，企业通过碎片化的时间处理客户服务和传递营销信息，能让客服人员与用户的沟通变得更加高效和自然。

1.2.4 推进互动营销

互动营销在微博、微信等移动平台中已经被运用得非常成熟和广泛了。拿微博互动营销来说，其方式主要有两种，如图 1-11 所示。

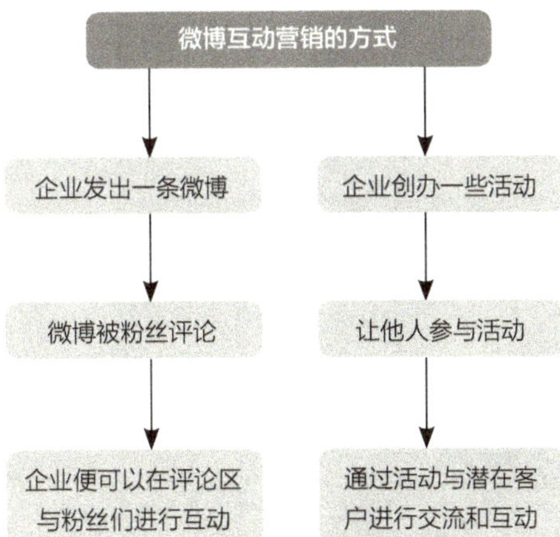

▲ 图1-11 互动营销的方式

在举办活动方面，有两种方式——抽奖活动和促销活动。这两种活动方式都能够与粉丝进行交流互动，但二者略有不同，如图 1-12 所示。

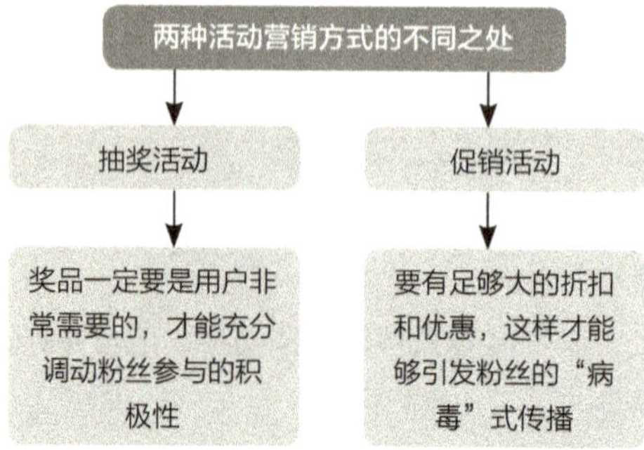

▲ 图1-12　抽奖活动和促销活动的不同之处

无论是抽奖活动，还是促销活动，活动奖品和活动信息文字都要有一定的诱惑性，同时配上精美的活动宣传图片，这样才能吸引广大粉丝参与。此外，企业与商家如果能够让微博上的人气博主帮忙转发自己的微博活动信息，一定会使活动的效果得到最大化的发挥。

互动营销就是培养粉丝的黏性，在移动大数据领域也贡献了自己的一份力量。例如，通过互动营销获得的粉丝，在进行移动大数据的分析时会更加精准，因为这波粉丝基本上是高质量的粉丝。但是也不能排除存在一些专门找抽奖活动的人，这些人一般只关注帖子内容，但是并不转发，只想等着免费中奖。这类人势必会影响企业微博营销活动的进行。

针对这个问题，笔者认为，企业可以适当做微博促销活动，但不要频繁地采取送奖品的方式，因为这样并不利于粉丝忠诚度的培养。想要获得用户的信任，最根本的方法就是通过一些更真诚的方法与粉丝保持互动，让粉丝感受到企业的真诚与热情。如此一来，在企业发布营销信息时，粉丝也会积极帮企业转发，这一点在移动大数据时代非常重要。

不仅仅是微博营销，企业在运用其他移动营销工具进行微营销的时候，也要注重与粉丝互动这一块。

1.3　用营销带动发展

移动互联网时代，消费者的消费方式是多样的，有些人喜欢用手机购物，有些人喜欢在PC端消费，还有些人则只进店面消费。此外，消费者对事物的看法也是多样的，有些消费者认为企业的品牌故事感动人心，从而钟爱这个品牌；有些人则更加理性地看重服务体验。

面对上述情况，对于想要进行微营销的企业来说，就不能仅仅选择一种营销模式，因为，单一的手法很难吸引大量的用户。移动微营销火爆的时代，用户的需求多样，企业的营销模式也不应单一。对于企业来说，掌握多种营销模式，将有利于企业的“微营销，大发展”。

1.3.1 情感式移动营销

随着市场经济的发展，人们生活水平越来越高，企业的竞争，尤其是知名品牌企业的营销竞争已经从传统的理性层面上升到了感性的层面。而情感营销在品牌营销中发挥着越来越重要的作用，同时情感营销也越来越受到消费者的关注。

情感式移动营销是指将企业品牌营销的核心放在满足消费者的情感需求上，有关情感式移动营销的介绍如图1-13所示。

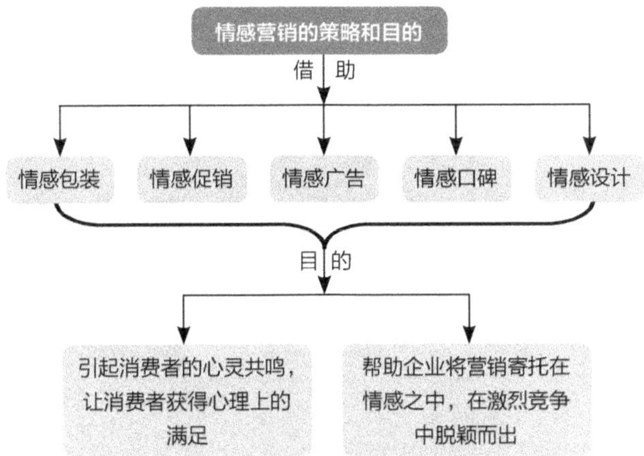

▲ 图1-13 情感营销的策略和目的

情感式移动营销也是塑造品牌的过程，能让品牌具有独特的情感，还能增加品牌与消费者之间的情感互动。目前，企业情感品牌的设计模型主要包括以下五个方面，如图1-14所示。

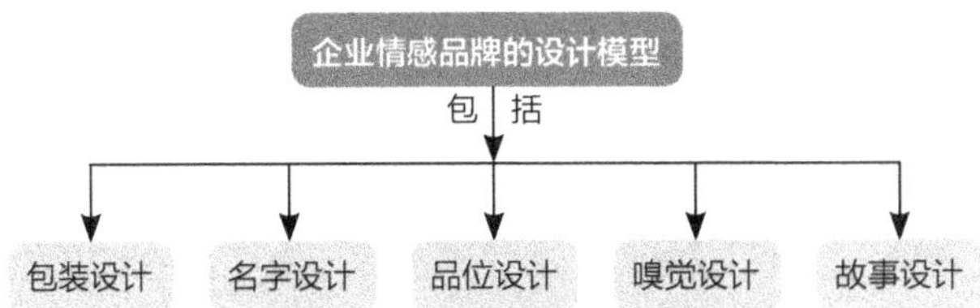

▲ 图1-14 企业情感品牌的设计模型

1. 包装设计

从某种程度上来说，包装是为企业品牌打下的第一个广告。消费者在见到产品包装的一瞬间，就对这个品牌感情有了基本的定位，因此包装的重要性不言而喻。从美学上来说，如果包装符合消费者的审美，而且独具创意，能够让消费者一眼记住并与其他同类品牌区分开来，那么这个品牌的包装就是成功的，同时在消费者心目中，创造了无与伦比的价值。

可口可乐在情感品牌包装设计上可谓是十分成功的。为了吸引消费者的目光，利用情感因素俘获消费者的心，可口可乐推出了一系列带有音乐歌词的品牌包装。如图1-15所示，可口可乐这次音乐歌词的包装设计，主要是将音乐元素嵌入到包装设计上，用以激发喜爱音乐的人们对可口可乐的一种情感寄托。

▲ 图1-15　可口可乐新颖包装设计

2. 名字设计

好的名字同样能够激起消费者对品牌的某种情感，有可能是喜爱的，还有可能是激起消费者某种回忆的、念旧的情绪，引发用户的共鸣。因此对于一个品牌来说，名字的意义不言而喻。

3. 品位设计

能够激发消费者品位的情感设计，是一种需要耗费人力、物力和财力的营销模式。当品牌在产品和定位上有了更深层次的递进，在品质基础上形成的品位便会有不同程度的展现。品位是抽象的，然而它对于品牌企业树立企业形象来说却是非常重要的。在情感营销中，选择与企业品牌相对应的品位相当关键，当品牌的目标定位一旦确定，其品位也基本成形。

4. 嗅觉设计

香味是能够通过人的嗅觉刺激人类大脑皮层兴奋的物质，在这种嗅觉的刺激下，如果香味激起了人们某种熟悉的或者愉悦的情感，那么就很容易改变其购买决策，激发其购买欲望。

嗅觉情感营销被运用得最多的行业就是美食行业和化妆品行业。当消费者闻到食物的香味或者沁人心脾的化妆品香味时，被刺激的大脑皮层会在一定程度上影响其原本的购买决策，就算不会立刻促使其购买，也会增加其对于产品的兴趣。

5. 故事设计

在这个世界上，最容易打动人的就是故事。虽然"讲故事"的套路已经被各大企业用得滚瓜烂熟了，但是其蕴含的价值，依旧是源源不断、挖掘不尽的。每个人、每个公司、每个企业品牌背后，都有许许多多的故事，或悲伤、或喜悦、或心酸、或励志……这些故事给企业品牌的扩展带来了无限的潜力和价值，一则能够引发人类共鸣的故事往往比那些虚头虚脑的营销方式要有效得多。

例如，知名的移动宠物社交应用——闻闻窝就利用一则情感故事，宣传了自己的软件。这款设计软件出现的缘由就是一个吸引人的情感故事，它在某种程度上利用爱宠人士对宠物的情感，引发了广大用户的关注；此外，这个情感故事还被拍成了一部微电影，感动了一大批观众。

1.3.2 体验式移动营销

体验式移动营销策略作为一种新的营销方式，正逐步渗透到市场的各个角落。什么是体验式营销策略？体验式营销策略，是指企业通过让顾客虚拟体验产品或服务的方式，提升消费者对品牌的认知，从而促进顾客消费的一种营销方式。体验营销策略主要包括图1-16所示的几种。

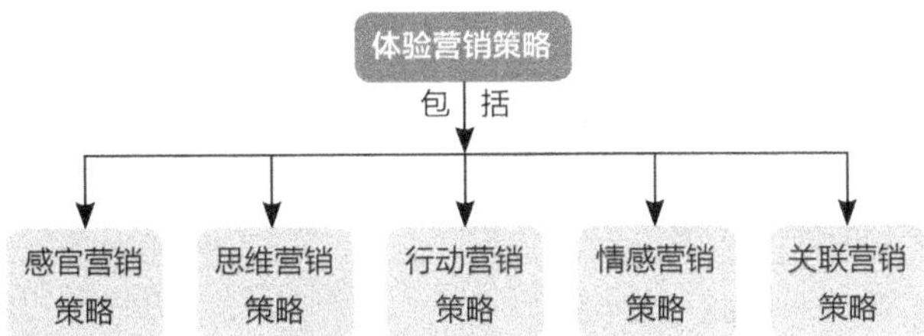

▲ 图1-16 体验营销策略

下面就这几种体验营销策略进行简单的介绍。

1. 感官营销策略

感官营销策略是指通过听觉、视觉、嗅觉与触觉等感官上的体验，为消费者创造良好的产品服务，从而提升消费者购买动机的一种营销策略。

在笔者看来，企业无论是在进行移动APP微营销、还是微信与二维码等微营销活动，都可以通过扩大用户的感官体验，来吸引用户购买。例如，在二维码微营销中，就有企业通过设计新颖的二维码样式，来增强用户的感官体验，吸引用户扫描二维码，享受消费体验。

2. 思维营销策略

思维营销策略是指通过启发人们的智力，为消费者提供知识并解决问题，从而促进用户消费的一种营销方式。这种营销策略常常被运用在高科技产品的宣传中。例如好莱坞“魔幻世界”的场景，就让人仿佛置身其中，体验了一把做侦探的感觉。

3. 行动营销策略

行动营销策略是指通过偶像、名人来激发消费者情感，提高其购买欲望的一种营销方式。

在移动互联网时代，微营销更加需要给用户提供行动式的微营销体验，让用户能够记住企业的品牌。在笔者看来，在行动式体验微营销方面做得很成功的有耐克这一品牌。

在移动互联网微营销热潮开启的时刻，耐克为了让用户得到更加贴心的行动式体验，开创了一款十分具有创意的跑步APP——Nike+Running，如图1-17所示，让用户能够将跑步这一行动进行下去。用户在下载耐克的APP应用后，可以通过这款应用进行更加科学的跑步体验。

▲ 图1-17 跑步APP——Nike+Running

耐克通过这款APP的行动体验设计，让用户在购买耐克运动类产品后参与到运动行动中来，体验耐克产品与服务的个性化魅力。用户因为耐克的这款创意类APP得到了更加丰富的行动体验，进而与耐克的品牌建立起了紧密的情感联系。

4. 情感营销策略

情感营销策略是指在营销过程中，通过一系列的手段为消费者带来情感上的触动，从而激发消费者购买欲的一种营销策略。情感触动可以是欢乐的、温和的、刺激的，核心目标是要触动消费者的内心情感。

企业可以通过一系列情感营销服务与消费者建立黏性关系，引发消费者内心深处的共鸣。企业微营销，不仅需要满足消费者最基本的生活需求，而且还必须让消费者获得精神上的愉悦，满足消费者在情感上的需求。

5. 关联营销策略

关联营销策略是以上多种营销方式的综合，它适用于化妆品、日常用品、私人交通等领域。

将这几大体验营销策略挪移到移动网络上，通过某种形式给消费者提供虚拟体验，从而刺激消费者的购买冲动，就是体验营销策略的核心。

1.3.3 数据式移动营销

移动互联网时代，也是"大数据"时代。在移动大数据的环境下，实现精准营销是品牌企业和商家追求的一致目标，也是移动营销方式和目标改变的起点，如图1-18所示。

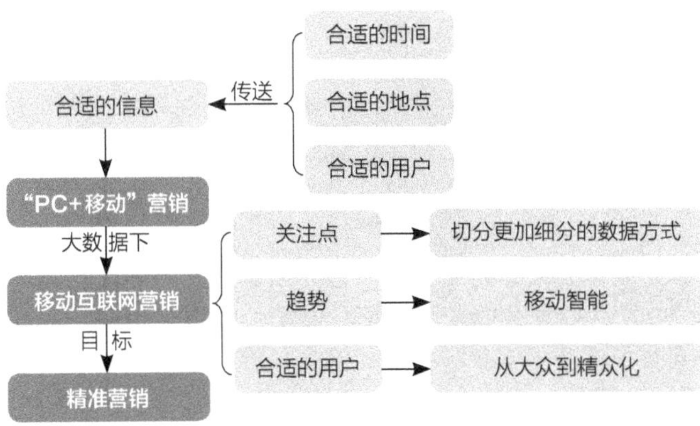

▲ 图1-18 移动大数据下的营销改变

在移动大数据环境下，其数据的碎片化、非结构性和低价值密度的特征需要我们对现有数据进行分析和整合。而这种分析和整合必须在有效的策略指导下才能更好地完成。这些策略主要包括三个方面的内容：掌控数据流入口、搭建承载庞大体量的平台和置换数据资源。

1. 掌控数据流入口

水流总有源头和尽头，同样地，数据流也有它的源头和汇聚地。只要实现了对数据流源头和入口的掌控，想要有序获取移动大数据将变得简单易行得多。而品牌运营商具有这方面的天然优势，他们可以基于“源头掌控”对数据流进行获取：在终端侧采取数据流汇聚与流向控制的入口掌控策略，如图1-19所示。

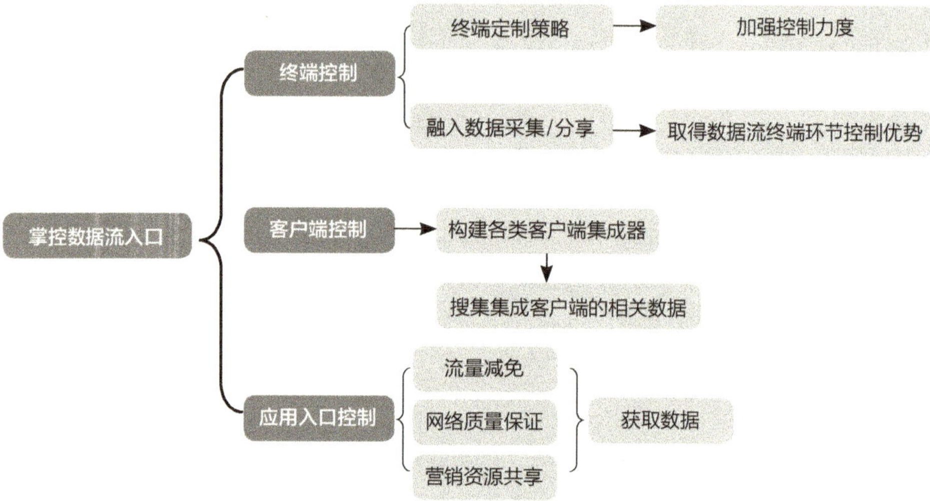

▲ 图1-19 数据流入口控制

2. 搭建承载庞大体量的平台

数据需要一个能承载其庞大体量的平台，通过平台的搭建，品牌运营商只要对平台上承载的数据量进行管理和分析，就能实现移动大数据的获取。而这些平台的搭建可以基于移动互联网上的各种业务来完成，如下所示。

- 业务通行证。
- 基于通信的社交网络。
- 媒体型业务。
- 电子商务业务。

3. 置换数据资源

分享是移动互联网的信息特征。品牌企业在自身无法获取完备行业数据流的情形下，可以与运营商展开合作，实行数据资源的置换获取策略，从而提高企业自身数据的丰富度。

第2章

移动互联网——深入革命年代

学前提示

随着智能手机的迅速普及，移动互联网的发展也慢慢被带动起来，而随着移动互联网的兴起，智能手机渐渐成为众多互联网企业、电商平台的营销主战场之一。可以说，智能手机带动了移动互联网的发展，而移动互联网也提升了智能手机在人们心目中的价值。

要点展示

- 认识移动营销的特点
- 移动互联网营销思维
- 移动 LBS 营销的作用
- 如何做移动 LBS 营销

2.1 认识移动营销的特点

移动互联网营销开启了营销史上的新时代。对于企业来说，未来，谁能快速抢占移动互联网入口，谁就能在移动互联网手机营销中立于不败之地。

随着手机的兴起和移动化互联网的发展，传统的营销方式在慢慢地发生改变。事实上，在这样一个移动互联网的时代，以手机应用工作作为企业的主要营销方式已经成为一种常态。本节将详细讲述移动互联网营销的主要特点，如图2-1所示，让营销者可以更快掌握移动互联网营销的特点。

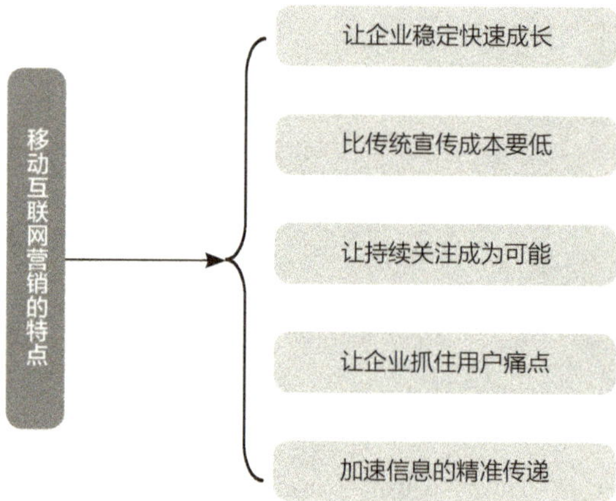

▲ 图2-1 移动互联网营销的特点

2.1.1 让企业稳定快速成长

相较于传统高成本的营销推广手段而言，移动互联网营销手段让企业通过低成本实现稳定快速的成长成为可能。特别是移动互联网下的微信、微博、APP等应用，能够通过多样化的内容满足用户的个性化需求，并且找到自己的目标群体，建立自己的忠实客户群。这种营销手段，实现了客户链式的反应增殖，让企业实现了稳定快速的增长。

2.1.2 比传统宣传成本要低

相比传统的电视、报纸等宣传手段来说，移动互联网营销的特点之一就是宣传成本低，特别是移动互联网的APP营销的模式。企业要进行移动互联网APP营销，只需开发一个APP应用即可。这种推广费用相比起电视、报纸等传统宣传来说，可谓微乎其微了，而且这种利用移动端展开宣传的效果，也是传统的宣传方式所无法比拟的。

2.1.3 让持续关注成为可能

手机的普及，使移动互联网营销的持续性成为可能，例如微信营销、微博营销，一旦用户通过微博、微信关注了企业，就会持续不断地关注到企业的消息动态。

2.1.4 让企业抓住用户痛点

准确把握用户的痛点、难点，是移动互联网时代的第四大营销特点，用户的痛点、难点和企业产品的营销息息相关。产品的功能是否符合消费者的刚性需求，产品的内容策划是否戳中消费者心目中的“痒点”，产品广告是否独具创意，能够与其他品牌的广告立马区别开来，都是企业可以切入市场的着手点。

2.1.5 加速信息的精准传递

因为网络时代的信息爆炸化、碎片化、加速传递的特点，消费者与企业的沟通更加充分和便利。企业能够通过智慧数据的分析，精准地挖掘出移动端消费者的需求和情感状态，而消费者则能够通过一系列的移动媒体渠道了解到企业的最新动向和形象塑造。

移动营销的价值着重体现在两个方面，如图2-2所示。

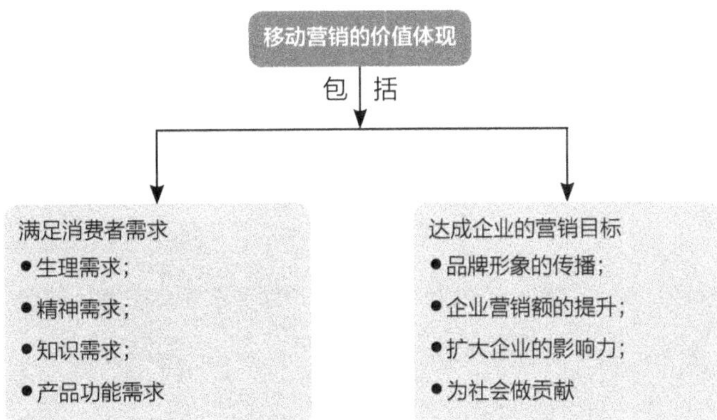

▲ 图2-2 移动营销的价值体现

移动互联网营销的价值是通过价值被挖掘和规划之后的企业整体形象呈现出来的，如图2-3所示。

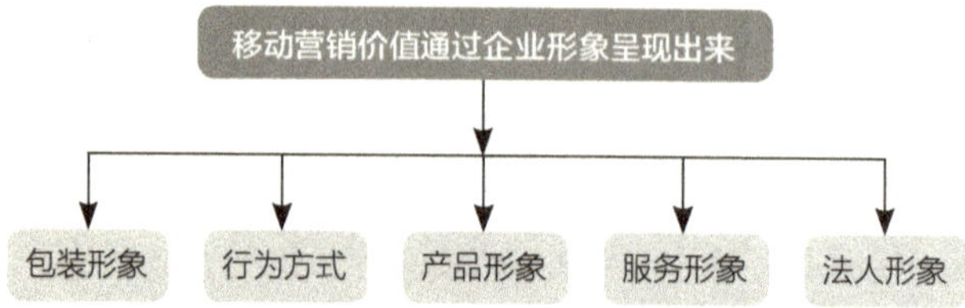

▲ 图2-3 移动营销价值通过企业形象呈现出来

2.2 移动互联网营销思维

伴随着移动互联网的急速渗透，移动应用已经开始迅速地利用其先天的发展优势与营销紧密结合，开启了移动互联网营销时代。本节将重点分析移动互联网的几种营销思维，让企业能够清楚地知晓该怎样来进行移动互联网营销。

2.2.1 打造“极致”产品思维

产品对于任何企业来说，都是至关重要的。因此，企业想要进行移动营销的第一步，就是做“极致”化的产品。“极致”化的产品怎么做？有以下几大要点，如图2-4所示。

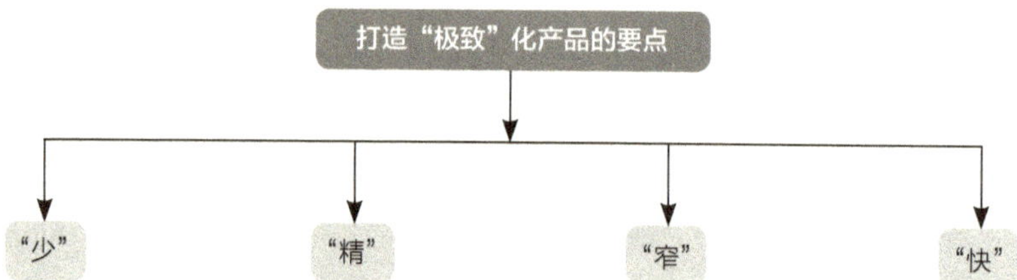

▲ 图2-4 打造“极致”化产品的要点

1. “少”

“少”就是产品少，在移动互联网时代，企业其实不需要做很多产品，每年只需推出几款产品，把公司全部的重心都放在这几款产品上，然后做深、做透、做强大就可以了。

2. “精”

“精”就是精细化，企业在开发设计产品的时候，把握好产品的每个细节，做到精细化生产和精细化管理，这样才能保证产品的品质，才能吸引用户。

3. “窄”

这里的“窄”不是针对产品，而是针对品牌边界定位和用户定位，在移动互联网时代，一个品牌只能针对一类消费者，不能囊括全部的消费者，因此企业一定要给电商品牌定一个边界。

4. “快”

“快”是指产品更新升级要快，在这个信息传播速度超人意料的时代，企业要保证自己产品更新迭代的速度赶得上消费者需求的变化，才能在移动时代站稳脚跟。

2.2.2 “借助东风”营销思维

在这个移动互联网时代，粉丝量至关重要。粉丝从100发展到1000，再到1万，都是小范围的扩容，但是要从1万发展到10万、100万，甚至是1000万，企业要怎么做呢?

在这个时候，企业就需要借助“旁人的力量”来帮助自己打造更高层次的口碑，如图2-5所示。

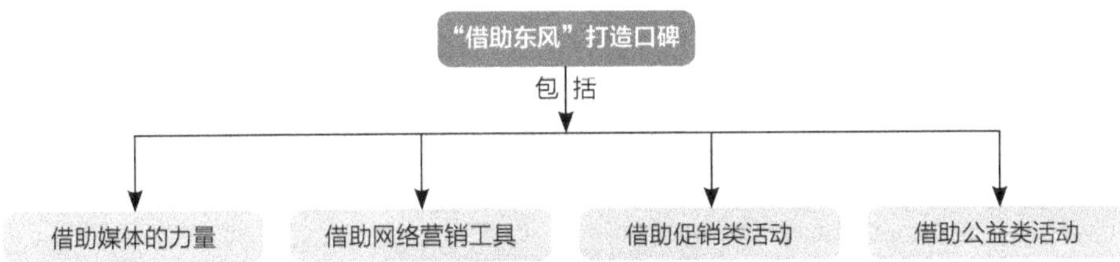

▲ 图2-5 “借助东风”打造口碑

1. 借助媒体的力量

社会化媒体是一个很好的传播途径，尤其是优秀的、高质量的媒体力量，如知名的电视节目、杂志、报纸等，这些传统媒体的宣传推广能够为企业的移动营销带来质的提升。

2. 借助网络营销工具

论坛、贴吧、百度推广等营销工具是塑造企业口碑、帮助企业进行营销推广的重要手段。

3. 借助促销类活动

通过活动来吸引用户的注意力。目前，很多公司都会在移动端发布各种促销类的活动吸引用户的关注，图2-6所示为“羊城故事”在微信移动端向用户推出的优惠券活动。

▲ 图2-6 “羊城故事”推出的优惠券活动

4. 借助公益类活动

很多人认为做公益活动是一种赔本买卖，其实不然。公益活动对于企业进行移动营销有着很大的帮助，如图2-7所示。

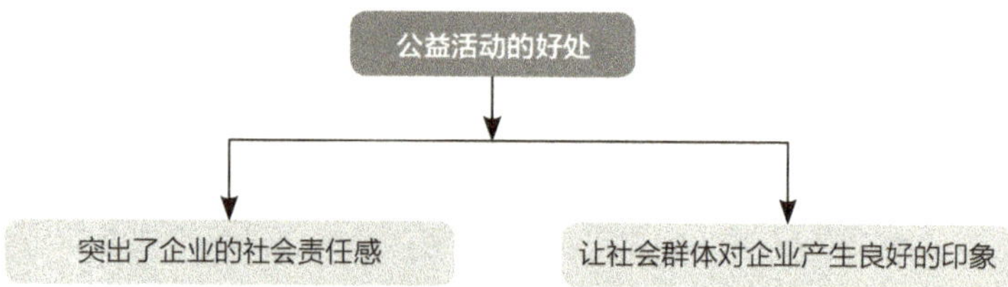

▲ 图2-7 公益活动的好处

2.2.3 “分享”营销思维

品牌推广是所有企业共同关心的话题。传统品牌推广往往是运用传统媒体将信息一股脑全部塞给顾客，这种品牌推广的形式已经不再适应新媒体时代的发展，终将退出历史的舞台。

新媒体时代的品牌营销更加注重分享，移动互联网时代的消费者已经从传统的信息接受者转变成了信息的生产者和传播者。微信、微博、APP等营销手段的兴起，为消费者提供了更便捷的信息分享平台。在这些平台上，人们可以实现图2-8所示的分享行为。

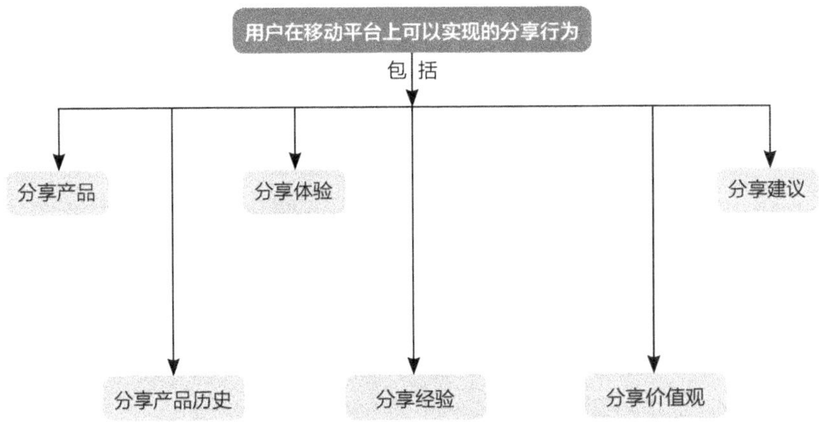

▲ 图2-8 用户在移动平台上可以实现的分享行为

这些分享行为对于移动互联网企业的品牌形象塑造和营销有着重要的意义，如图2-9所示。

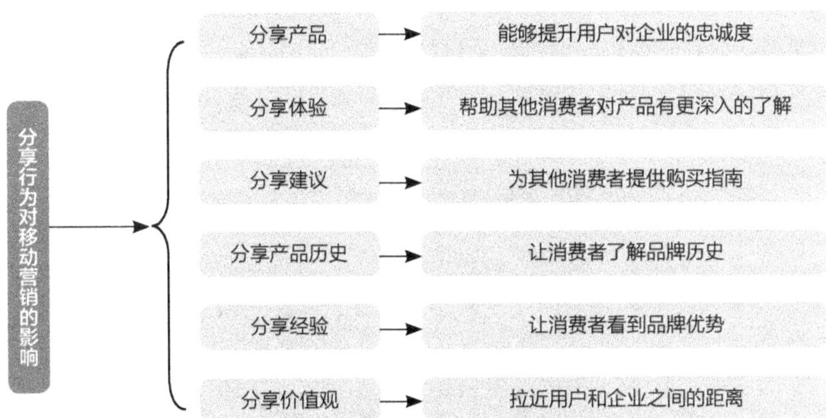

▲ 图2-9 分享行为对移动营销的影响

2.2.4 “互动”营销思维

传统意义上的互动是指一群人聚集在一起，通过脑力去解决某个问题，而移动互联网时代的互动思维是指移动网络信息的双向互通。因为移动网络的特殊性，改变了传统单向的信息流动方式，网络舆论的生成让企业可以看到用户内心的想法。每个人都是互动的主体，每个人都有属于自己的不同观点和意见，这些观点的交流和交融能够为企业带来全新的面貌。

在移动互联网的营销中，互动思维是非常重要的，它在图2-10所示的领域发挥着重要的作用。

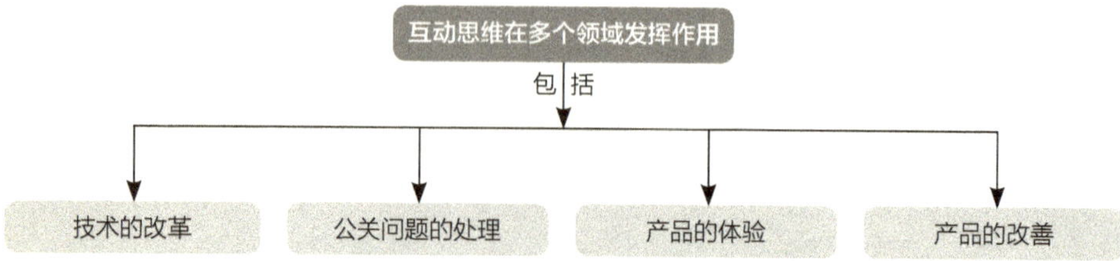

▲ 图2-10　互动思维在多个领域发挥作用

2.2.5 “用户为本”营销思维

在移动互联网营销过程中，用户的思维发挥着巨大的作用。移动互联网的传播性和便利性，让每个公民都成为营销的主体。在网络营销事件中，他们不仅是旁观者，还是见证者、参与者与体验者。这种角色的快速转换让企业品牌营销变得更为谨慎，“以人为本”“奉行用户至上”“以客户为中心”的理念成为移动互联网企业必须面对的现实，如图2-11所示。

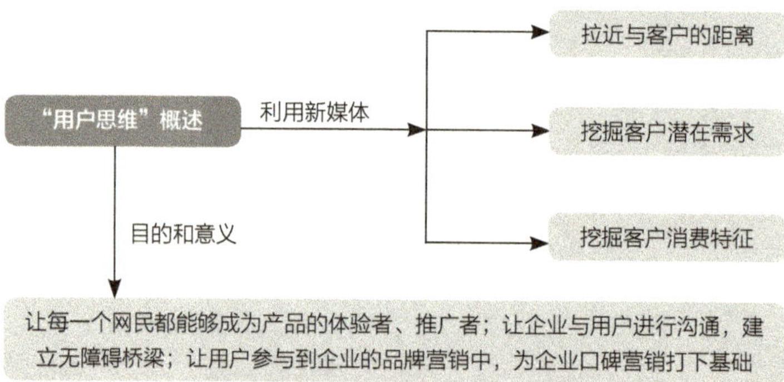

▲ 图2-11　“用户思维”的概述

2.3　移动LBS营销的作用

移动互联网下的LBS营销就是指企业借助移动互联网，依据位置定位，为用户提供相应信息服务的一种营销方式。LBS的服务理念就是围绕地理位置为用户提供各种服务，这样的服务使用户的生活更加便捷丰富了；对于商家来说，不仅针对性强，更是让人看到了无限商机。有关LBS营销的商业价值主要体现在三个方面，如图2-12所示。

▲ 图2-12 LBS营销的商业价值

2.3.1 提高用户的黏性

如今，越来越多的商家开始关注移动广告的潜力，不断开发提升“用户忠诚度和黏性”的APP应用。在移动互联网营销中，丰富的LBS服务不仅能让商家的营销更具想象力，还能增强用户的忠诚度和黏性。

在利用LBS增强用户忠诚度和用户黏性方面，星巴克就是一个典型的例子。星巴克在移动互联网营销开启之际，坚定地拥护LBS应用与服务计划，在世界各地推出了多项市场活动，包括与Foursquare合作推出的“市长奖励”计划，在很大程度上加强了用户的忠诚度和用户黏性。

专家提醒

笔者认为，LBS要想成功，它首先必须进入一个“LBS+”的状态，比如“LBS+SNS”“LBS+电商”“LBS+营销”等。

2.3.2 帮助商家进行推广

传统的移动广告通常是帮助品牌提升形象服务的，而LBS定位式的移动广告主要具备图2-13所示的作用。

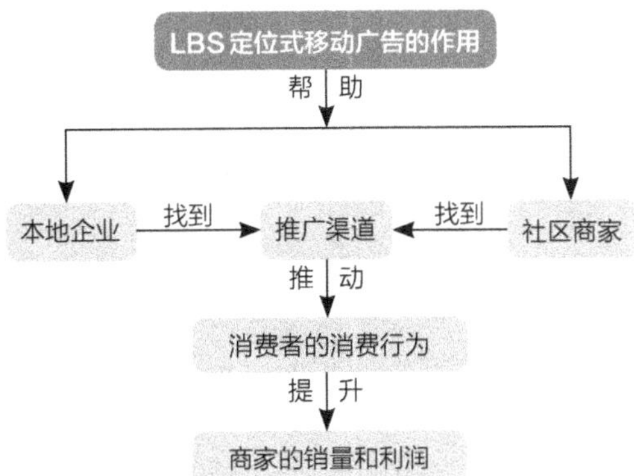

▲ 图2-13 LBS定位式移动广告的作用

例如，星巴克官网推出基于地理定位服务的APP——Mobile Pour（如图2-14所示），就是这样一个为消费者提供便捷服务从而促进消费者消费行为，帮助本地企业和社区商家找到推广渠道的一个APP。

▲ 图2-14 星巴克推出的基于地理位置定位服务的APP——Mobile Pour

该定位服务APP的主要优势是送货上门，不仅节省了用户自己去门店进行消费的时间和精力，还让消费者随时随地都能享受到美好的咖啡味道，相关信息介绍如图2-15所示。

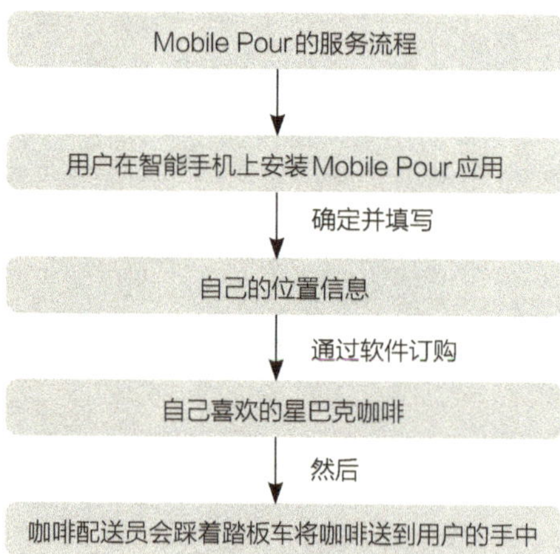

▲ 图2-15 Mobile Pour的服务流程

据悉，这项服务主要是为那些热爱咖啡，但在附近又找不到门店的用户推出的。而且每平方英里都有两名咖啡配送员，这样就为星巴克推出的配送咖啡服务提供了速度保障。

由此可见，LBS应用最大的特色是依据位置定位为用户提供有特色的服务。商家通过位置定位平台，将与人们生活息息相关的信息及时推送给用户，具备图2-16所示的实际意义。

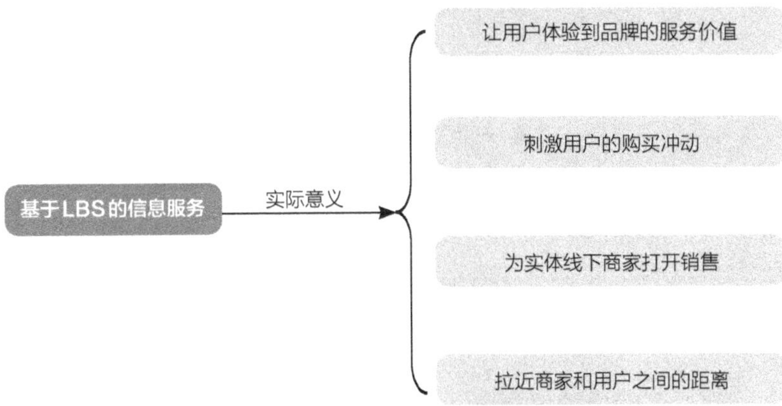

▲ 图2-16 基于LBS提供的信息服务的实际意义

2.4 如何做移动LBS营销

LBS营销是移动互联网微营销的重点方向之一。对于企业来说，想要利用LBS收获移动互联网微营销的一桶金，就必须掌握LBS的营销方法。下面笔者将以美国的Foursquare的中文版——蘑菇团APP为例，介绍利用LBS营销的方法，让读者对LBS营销有更加深刻的认识。

2.4.1 明确自己的经营地点

首先，企业需要在蘑菇团上面建立自己的档案，明确经营地点，使得自身的地点可以在蘑菇团上面出现。企业和商家可以用手机下载蘑菇团应用，在蘑菇团APP上进行签到，签到后系统便会自动搜索签到所在的地点。

商家还可以在搜索处输入所在地点的名字，然后点击加入这个地点来建立自身在蘑菇团上的地点信息。在输入地点信息的时候，商家需要输入图2-17所示的内容和信息。

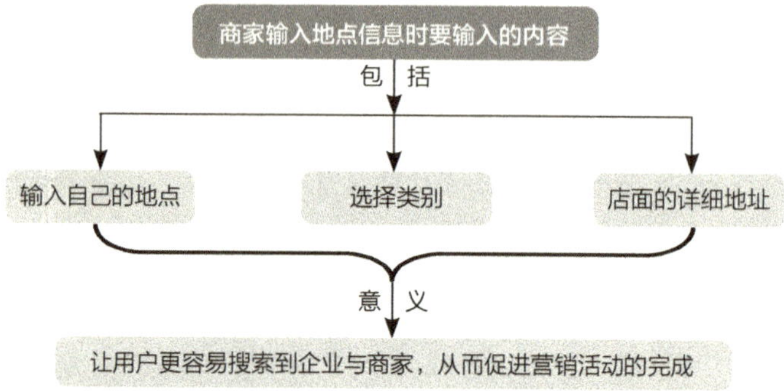

▲ 图2-17　商家输入地点信息时要输入的内容

商家必须选择一个可以明确描述自身地点经营与服务内容的主要种类。比如，餐饮、生活服务、交通、住宿、娱乐休闲、景点、户外运动、教育机构、公共机构等。在这些主要的种类里面又会细分成更多的种类，如餐饮会细分为火锅、咖啡馆、酒吧、快餐、西餐、自助餐、烧烤、小吃等。商家需要继续选择细分种类，让自己的地点更为精确。

2.4.2　分享不同的更新信息

用蘑菇团发送“更新信息”是一个新功能。在举办营销活动时，商家可以给以前光顾过的老用户以及那些在店铺附近的用户发送信息，让其参与自身的优惠活动，具体介绍如图2-18所示。

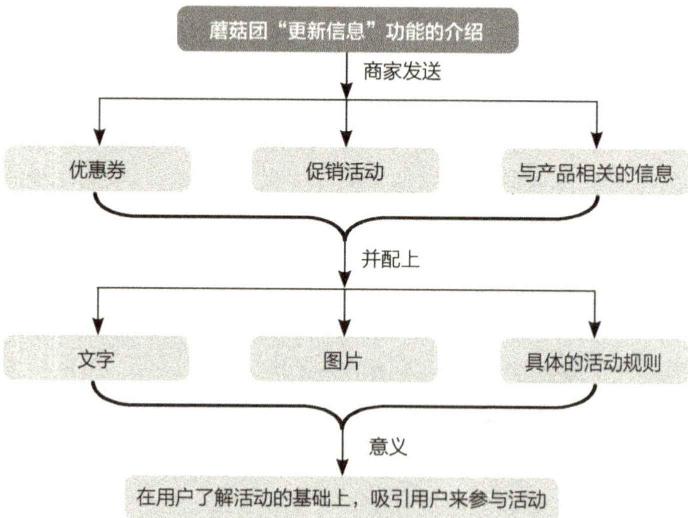

▲ 图2-18　蘑菇团“更新信息”功能的介绍

在LBS营销中，几乎所有的商家都是通过提供特别服务来吸引用户的目光。在笔者看来，最有效的方法就是根据客户线上线下的习惯来提供服务。例如，可以通过一些免费的服务来吸引新、老客户，具体活动如图2-19所示。

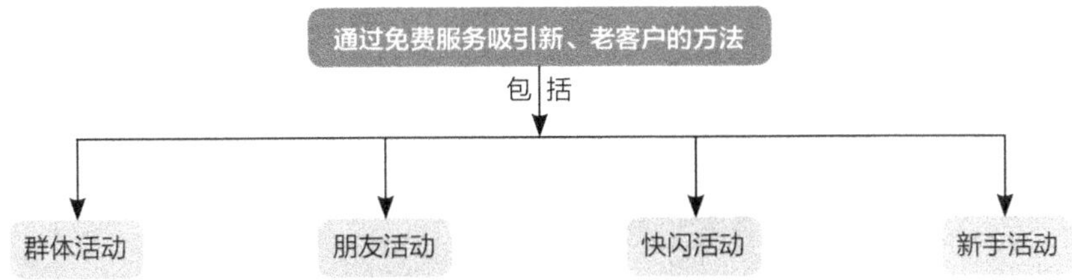

▲ 图2-19 通过免费服务吸引新、老客户的方法

1. 群体活动

如果20个人一起签到，可以得到价值1元的飞行徽章。

2. 朋友活动

如果5个人同时签到，可以得到一份免费的小礼物。

3. 快闪活动

前20位在9点以后签到的用户可以享受8折优惠。

4. 新手活动

第一次签到可以得到一杯免费的饮料。

2.4.3 重视评论区的作用

在蘑菇团的应用上有评论这一项目，可让浏览商家页面的用户可以留下评论。在笔者看来，对于这些评论，不管是好的还是不好的，商家都可以留下来。当然，在应用的界面，排在最前面的反馈评论应该是最受其他用户喜欢的一条，因为，评论的排名往往是越靠前就越真实。

2.4.4 签到活动推广其他门店

移动LBS营销最独特的地方在于现实生活的行为会影响用户的网上行为。企业或商家需要记得的是，要将自己的门店在LBS应用上面曝光。笔者认为，商家可以在实体店里贴出标签，让顾客进行签到，然后让签到后的客户参加优惠活动，以此来对其他的门店进行宣传。

第3章

口碑营销——**高效的传播方式**

学前提示

在移动互联网时代，口碑营销主要是指网民或者潜在消费者通过移动工具将企业的产品信息或者品牌信息传播开来的一种营销方式。打造口碑营销，已经成为众多企业实现目标的重要手段。

要点展示

- 移动互联网思维下的口碑营销
- 引发口碑效应的策略
- 移动口碑营销的步骤
- 移动互联网的口碑营销案例

3.1 移动互联网思维下的口碑营销

在移动互联网营销中，传播内容的优劣可以直接影响口碑营销传播的效果。现在，移动用户对纯广告式的营销方式已经有了极高的免疫能力，企业想要达到良好的营销效果，就必须制造新颖的口碑传播内容，如图3-1所示。

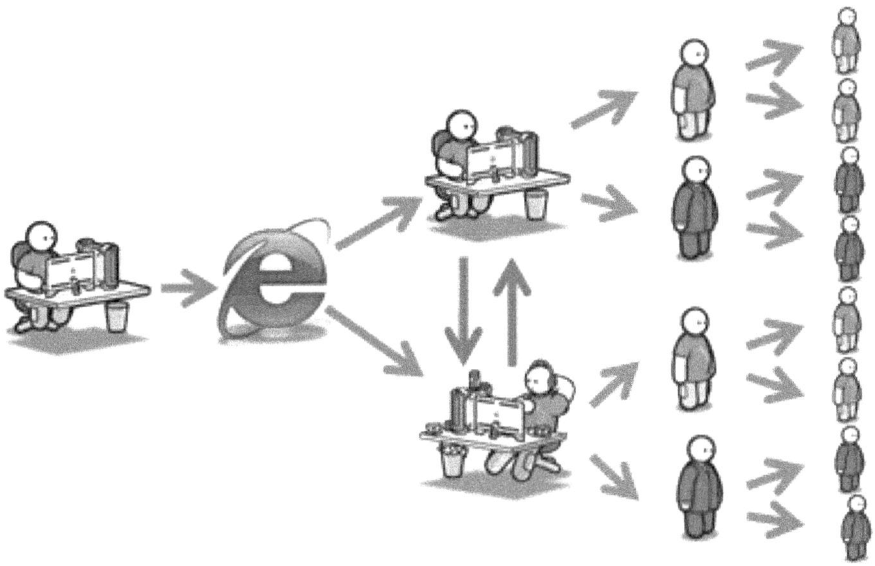

▲ 图3-1 口碑营销

由图3-1可见，移动网络营销里的口碑营销核心在于“网民”。企业只要吸引住了网民的眼球，慢慢地就能形成一个巨大的讨论区域，随时随地聚集各地的网民参与话题讨论，从而把企业品牌或产品变成茶余饭后不可缺少的话题。

移动网络营销中的口碑营销，对于企业来说，有图3-2所示的激励作用。

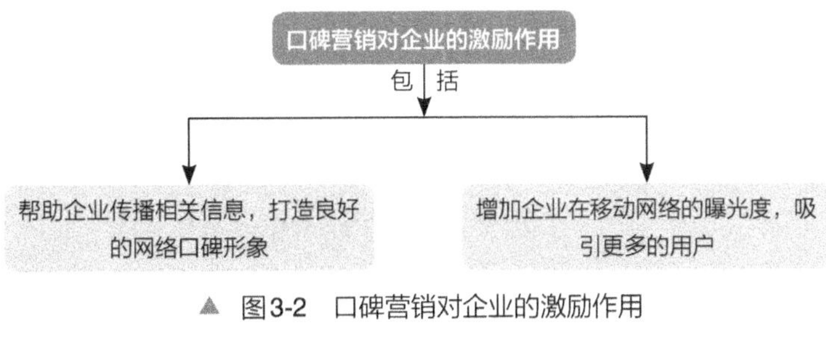

▲ 图3-2 口碑营销对企业的激励作用

下面让我们来了解一下什么是口碑营销。

3.1.1 口碑效应的可信度高

口碑传播通常是怎样引起的？往往是用户对企业的某种信息产生了某种看法或观点，并通过移动通信工具、社会媒体工具将观点与朋友、亲人逐一分享，等这种分享达到了一定的数量级的时候，就形成了口碑传播效应，如图3-3所示。

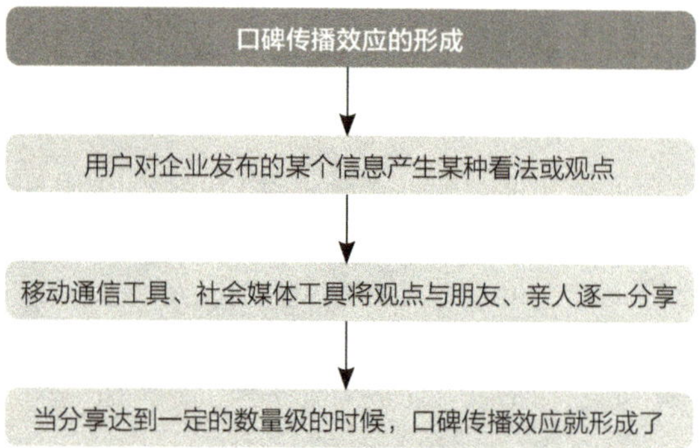

▲ 图3-3　口碑传播效应的形成

那么是什么引起了这种口碑传播效应呢？主要是源于传播者与被传播者之间的信任关系。我们知道，移动互联网时代下，人们最常用的移动应用工具就是微信、微博、QQ等。他们通过这些移动应用工具将信息发布出去，而由于这些移动工具本身具有的群体聚集性，因此传播出去的信息通常是在朋友、亲戚、同事、同学等群体之间进行传递，因此更具有可信度。

3.1.2 口碑营销的原则

美国作家安迪·塞诺威兹的《做口碑》一书中，提到了口碑营销中的五个原则，即“五T原则”，如图3-4所示。

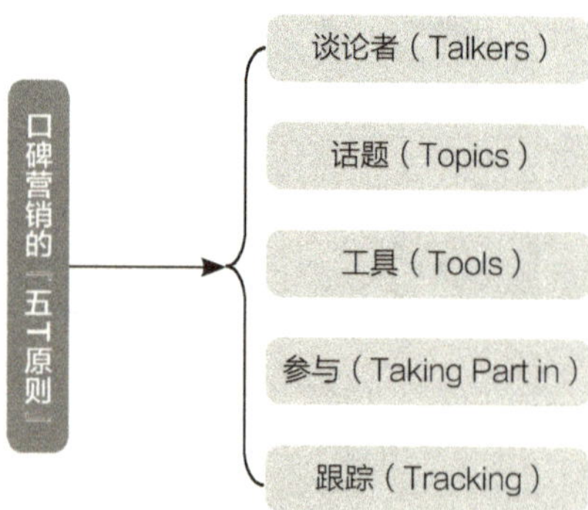

▲ 图3-4　口碑营销的“五T原则”

1. 谈论者（Talkers）

谈论者是“5T原则”的起点，也就是会主动谈论自己的产品的对象，包括图3-5所示的人员。

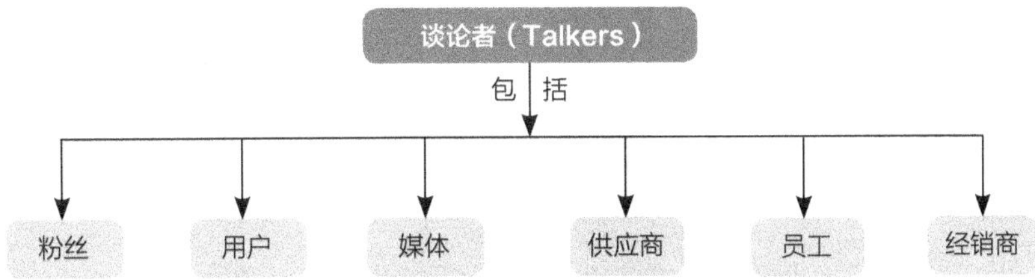

▲ 图3-5 谈论者（Talkers）

专家提醒

除了以上的“谈论者”之外，在宏观的互联网品牌营销环境中，还有很多角色能够成为口碑营销的起点。企业要做的就是满足这些角色的要求，只有满足了这些角色的要求，才能开启口碑营销之路。

2. 话题（Topics）

话题就是人们自发开启口碑传播的源头，一般包括图3-6所示的内容。

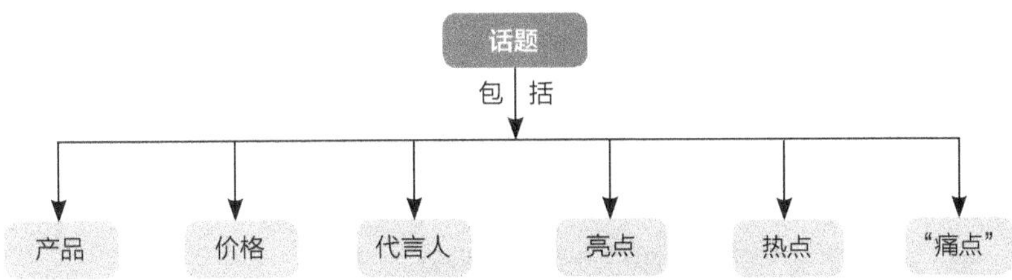

▲ 图3-6 话题包含的内容

其实口碑营销就是制造一些出人意料又合乎情理的话题让人们进行讨论。在这个过程中，加强品牌形象，传递品牌理念，提高品牌认知度。

3. 工具（Tools）

帮助企业快速传递口碑营销的工具有很多，如下所示。

- 微博。
- 微信朋友圈。
- QQ 个性签名。
- 论坛。

- 贴吧。
- 病毒式邮件。
- 网络广告等。

> **专家提醒**
>
> 能否运用好这些工具就是移动互联网营销最具技术含量的一个环节。不仅需要对不同渠道的传播特点有全面的把握，而且广告投放的经验对工具的选择和效果的评估起到很大的作用。

4. 参与（Taking Part in）

品牌企业在利用移动互联网进行口碑营销的过程中，要积极主动参与到热点话题的讨论中。只有与网民们有一个良好的互动，才能实现品牌或产品口碑传播的目的。

> **专家提醒**
>
> 其实网络中从来不缺话题，关键在于如何寻找到和产品价值、企业理念相契合的接触点，然后在利用接触点实行口碑传播。

5. 跟踪（Tracking）

发起话题、形成口碑传播之后，企业还需要通过一个监测环节来将消费者的反馈和评论进行收集，从而制定下一步策略。

3.1.3 抓住口碑营销三大因素

企业做口碑营销最需要抓住的三大因素如图3-7所示。

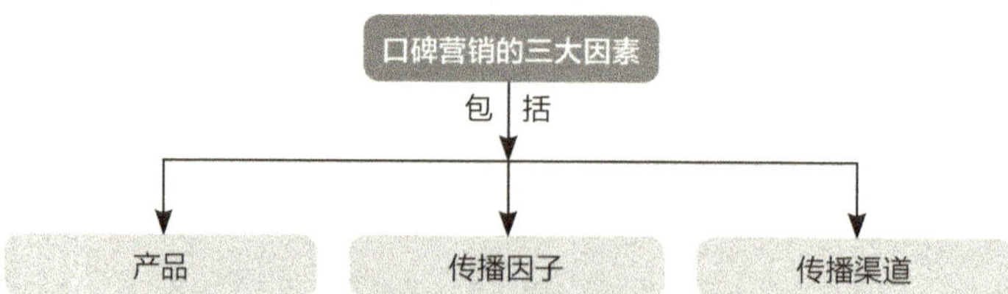

▲ 图3-7 口碑营销的三大因素

1. 产品

在移动互联网时代，口碑营销为很多企业带来了巨大的商机。虽然如此，但是如果没有产品做支撑，口碑营销依然不能实现其最终价值。好的产品能够为口碑营销带来好的影响，而坏的产品则会带来负面的效果，这是毋庸置疑的。因此，企业如果想要通过移动工具进行口碑营销，就要打造出让用户认同的好的产品，这样才能为口碑营销创造更高的价值。

2. 传播因子

什么是口碑营销的传播因子？口碑营销的传播因子就是能够让用户对某个信息进行口口相传的信息点或者要素。有关传播因子的相关介绍如图3-8所示。

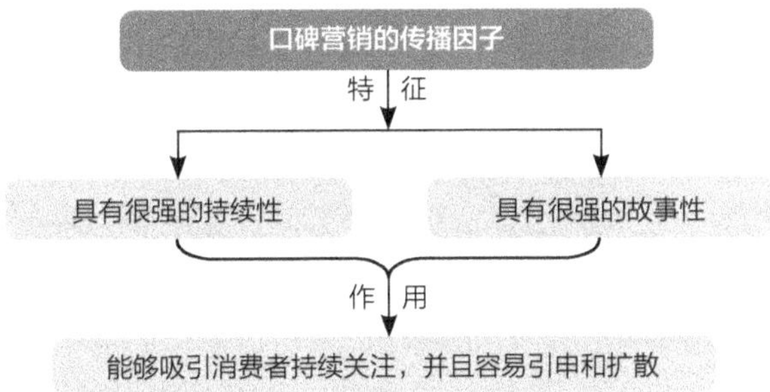

▲ 图3-8　口碑营销的传播因子

3. 传播渠道

企业想要形成口碑效应，就需要选择合适的传播渠道进行传播。传播渠道的选择主要由产品目标用户群特征决定。在移动互联网领域，最有影响力和最适合进行口碑营销的渠道如图3-9所示。

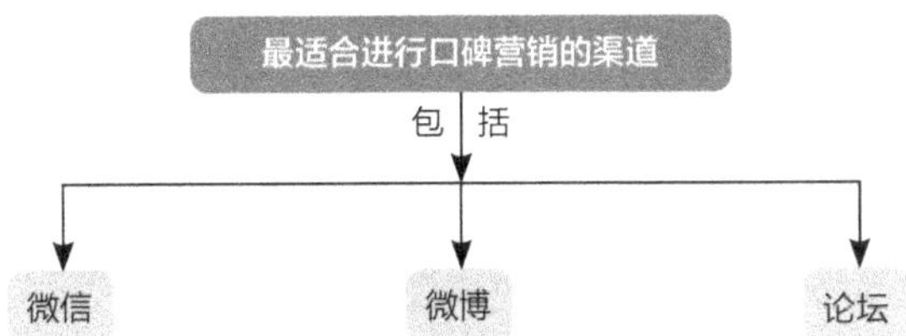

▲ 图3-9　最适合进行口碑营销的渠道

3.2 引发口碑效应的策略

企业想要在激烈的市场竞争中，最大限度地发挥口碑营销的价值，就需要学会如何打造口碑营销的内容，下面笔者为大家介绍几种打造口碑营销内容的方法。

3.2.1 制造话题

话题，尤其是热门话题，是最容易引起口碑效应的策略。运用话题进行移动互联网营销，能够起到很好地推广品牌和产品的目的。想要获得足够热的话题，有以下两种方式，如图3-10所示。

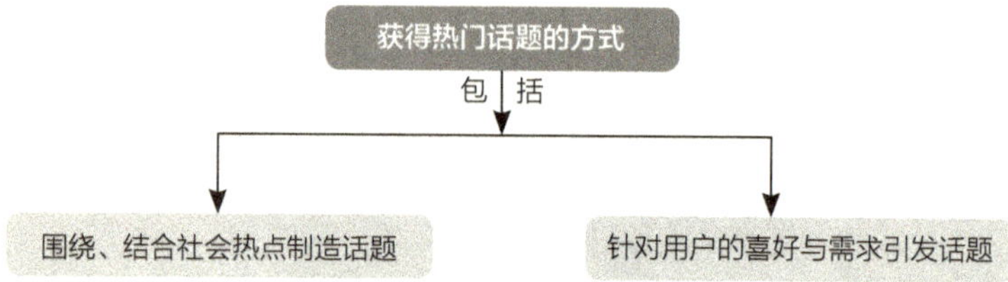

▲ 图3-10 获得热门话题的方式

采用话题营销策略进行移动互联网产品推广时，要注意话题的可控性。一定要对产品品牌做正面引导，不能引发用户对产品的负面情绪，例如借助公益话题可以让消费者对品牌产生良好的印象。

3.2.2 提出“痛点”

企业想要吸引消费者的注意，就需要抓住消费者的“痛点”。什么是“痛点”呢？“痛点”是指消费者在生活中碰到的各种难题，急需被解决的问题。而在口碑营销中，企业能够将消费者的“痛点”通过一句广告词表达出来，然后给予相应的解决方法。这样的广告台词，必定会得到消费者的注意，并形成口耳相传的效应。

例如，王老吉的一句“怕上火 喝王老吉”，堪称经典。“上火”是人们在生活中常常会遇到的问题，譬如，在炎热的夏天，有一部分的人，对香辣火锅情有独钟，于是不畏上火，一心投入火锅的“怀抱”中；而还有一部分人，也同样钟爱火锅，可是怕自己在这炎热的夏天上火，导致不敢吃，于是就选择放弃吃火锅，而去选择其他的食物，届时很有可能会影响人们的食欲，影响他们正常的生活所需。

因此，王老吉以“怕上火 喝王老吉”为广告台词。以“怕上火”来点出正在困扰消费者的问题，再以“喝王老吉”来解决消费者的困扰。如此一举在当时获得不小的成就，并且瞬间形成口碑效应，让王老吉品牌一夜间被打响。

由此可见，发现并抓住消费者的“痛点”也是一个很好的口碑营销方式。企业可以以这个“痛点”为核心，找到解决“痛点”的方法，并且将方法和企业产品联系在一起。寻找消费者“痛点”是一个长期观察、挖掘的过程，一般来说，企业需要从两点出发，找到关于消费者的“痛点”，如图3-11所示。

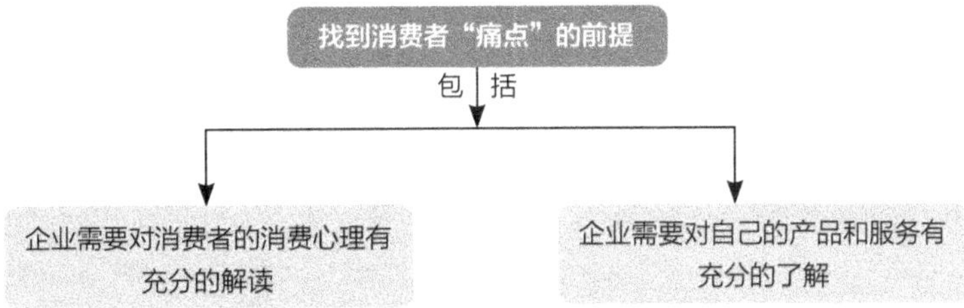

▲ 图3-11 找到消费者“痛点”的前提

3.2.3 给人新奇感

新颖的事物总是会很容易吸引人们的目光和注意，尤其是在这个移动互联网时代。当人们遇到新鲜的事物时，总会情不自禁地拿出手机，然后将自己遇到的事物记录下来并进行传播和分享，所以如果企业想要制造一个能够引起口碑营销的点，可以从人们的新奇感出发。

3.2.4 讲述故事

故事类的文章最能吸引用户的注意，这里的故事不是那种官方做派的文章，而是那种贴近用户的故事。这样的故事可以最大程度引起用户的共鸣，因此企业要抓住这个特点，用故事来吸引用户，引起用户的自主传播。

但是，在编撰故事类的广告时，有几大误区需要注意一下，如图3-12所示。

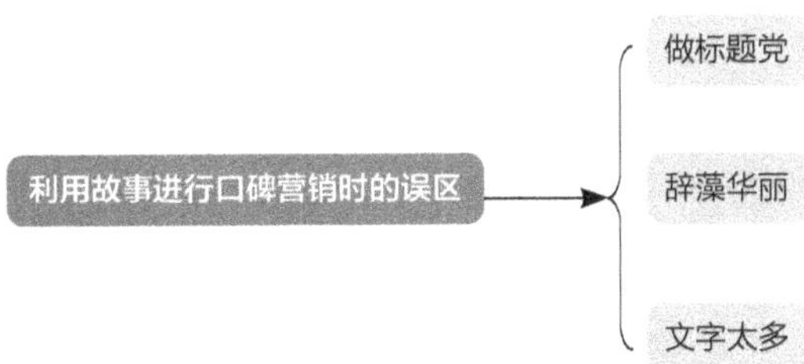

▲ 图3-12 利用故事进行口碑营销时的误区

1. 做标题党

事实上，很多情况下广告的宣传肯定离不开标题。但如果过度依赖标题从而成为标题党，那就得不偿失了。

2. 辞藻华丽

企业发布的故事类广告，辞藻不宜太过华丽，因为那样容易给读者以距离感和虚假感。

3. 文字太多

移动互联网的发展，让读者养成了快餐式阅读的习惯，很多人看到大篇幅的文字就头疼，特别是故事类的文章和广告，如果前面讲故事的地方太多，读者很容易失去继续阅读的动力。

专家提醒

故事类的广告要短小精悍，言简意赅，让读者很快就能了解整个广告讲的故事是什么。

3.2.5 利益诱导

通过利益引起口碑传播效应，也是一个可行的方法。例如淘宝“双12”的活动，就是通过打折促销的活动形式形成了口口相传的口碑效应。

3.2.6 具备实用性

为用户提供实用性的内容，也能够引起口碑效应。什么是实用性内容？就是能够满足大多数人生活需求的实用技能。实用性内容和用户的“痛点”还是略有区别的，如图3-13所示。

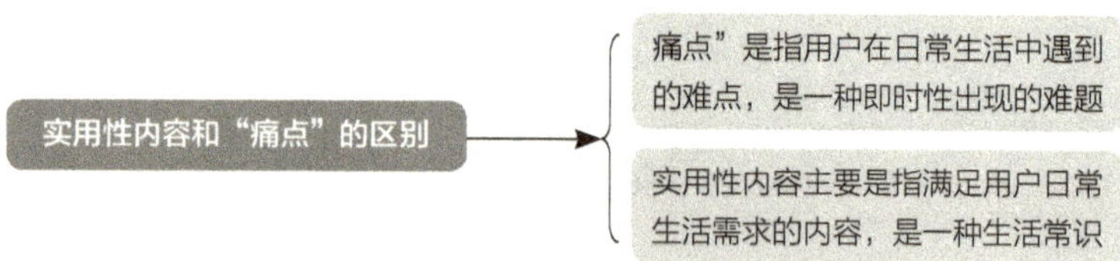

▲ 图3-13 实用性内容和“痛点”的区别

3.3 移动口碑营销的步骤

口碑营销不管是在线上还是线下都是企业选择做营销活动的好帮手。不过很多企业在运行网络营销中的口碑营销活动时，都会遇到各种各样的难题，甚至出现无从下手的情况，因此有很多企业就打了退堂鼓或是不重视口碑营销。

这是不对的，一种营销方式的盛行，必然有它自身的优点和好处，企业既然选择了一种网络营销方式进行营销活动，就要坚持到底并且做到最好。下面笔者就为大家提供一个移动互联网口碑营销实战步骤的思路，供企业参考借鉴，如图3-14所示。

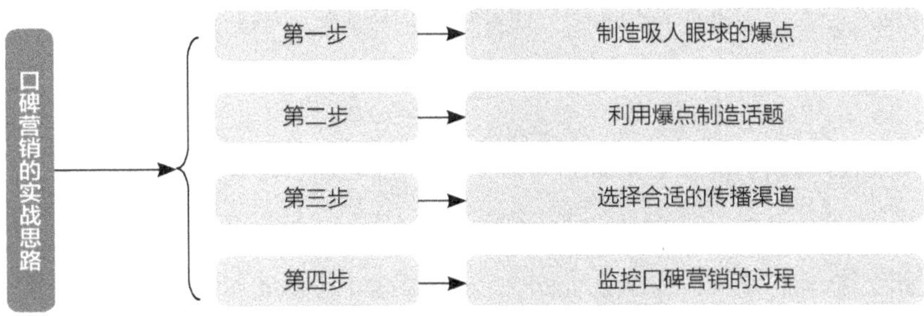

▲ 图3-14 口碑营销的实战思路

3.3.1 制造吸人眼球的爆点

企业想要做好移动互联网口碑营销，首先要制造一个吸人眼球的爆点，这样才能让更多的网民去关注、讨论、评论。这个爆点要让网民对其感兴趣，并自愿把该事情告诉身边的朋友，分享到IM（即Instant Messaging，即时通信）工具上，才有可能引发口碑传播，为企业做免费宣传，甚至达到营销的最终目的。

这个爆点往往都是以网民需求策划的。企业要从网民关注的事、网民的心理、最想看什么、最想了解什么出发，来制造一个爆点，吸引他们的注意力。比如最熟悉的海底捞，相信大家都不会很陌生，在海底捞吃过的人，应该都享受过打包就送个西瓜的服务。然而，从这点就可以发现，海底捞的核心就是口碑，它这个服务非常贴合人群的心理，在外吃剩下的东西，不打包就觉得浪费，可是有时候打包又觉得麻烦或者不好意思，然而海底捞用送西瓜鼓励消费者打包的行为，可以让他们解除心中的纠结。因此在网络上大家开始为海底捞做宣传，传播海底捞服务的贴心和到位。

海底捞的这一举动，使得他们自己和其他企业商家都意识到了口碑传播的强大性，因此不管在线上还是线下都会开展口碑营销活动，学会制造一个好的引爆点，吸引网友们的热议和传播。

3.3.2 利用爆点制造话题

在网络口碑营销中单单只有爆点是不够的，口碑营销的核心在于通过话题，让用户之间形成相互交流的模式，然后将企业品牌和产品宣传出去。如今放话题最好的地方就是微博的“热门话题”了，企业可以利用“#热门话题#”来发布话题，只要话题新颖并与时代接轨，就能很容易引起网民们的热议。

3.3.3 选择合适的传播渠道

企业在做网络口碑营销的时候，应该根据自身产品、目标对象和话题来选择一个合适的传播渠道。网络传播具有主动性，若采用得当其效果是非常惊人的。

3.3.4 监控口碑的营销效果

企业在运行网络口碑营销的过程中，要善于监控、衡量口碑营销的效果，而监控的重点就是数据，因为数据是最能反映口碑效果的。不同的传播渠道，就有不同的监控数据。如在是通过微博操作，监控的数据主要就是转发量、评论次数、点赞次数等。

除了数据监控之外，还要预防产生负面的口碑效应。这个世界上每个人的看法是不同的，意见也是不同的，如果发生了一点负面的苗头，那么企业就要及时想办法，尽量不让负面口碑扩大化。

3.4 移动互联网的口碑营销案例

口碑营销虽然不是移动营销中唯一的营销方式，但是在信息高速传递的互联网时代，口碑营销却在发挥着重要的作用。下面我们就来分析几个案例，看看那些成功的企业是如何借助口碑营销吸引众多用户的。

3.4.1 美团：用口碑吸引消费者

国内第一家团购网站——美团网，于2010年3月4日成立，网站宗旨在于为用户提供超优惠的服务，为商家找到最合适的消费者，如图3-15所示。

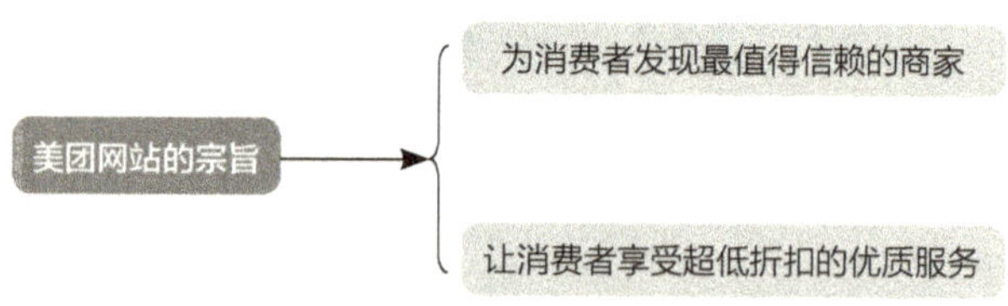

▲ 图3-15 美团网站的宗旨

美团APP是美团网推出的用于连通消费者和商家的移动应用平台。在美团APP上，消费者可以实现一系列的活动，如下所示。

- 浏览信息。
- 支付。
- 提供消费凭借。
- 评论等。

图3-16所示为美团APP界面。

▲ 图3-16 美团APP

据悉，美团网70%的用户都是通过口碑效应挖掘的，传播的方式即是通过消费者本身对美团的评价和反馈。在移动互联网时代，成功的口碑传播营销早已不是传统的口耳相传的方式了，而是通过微信朋友圈、通过微博的转载、通过QQ空间的说说等移动渠道进行传播，而美团则是通过用户体验打造出的口碑来吸引更多的消费者。

笔者认为，APP做口碑营销就要有足够吸引用户的内容让用户传播，记得笔者第一次接触美团是因为朋友圈的好友晒出了在美团9.9元抢到的电影票，这就成了一种噱头。总会有人在社交网站上说“我在美团9.9元抢到了最新的电影票”，只要这种噱头存在，总会引发传播和关注，口碑营销也就这么形成了。除了“9.9元看电影”的活动之外，美团还会经常推出其他优惠活动，例如“天天特价”，图3-17所示为美团推出的“天天特价”活动网页。

▲ 图3-17 美团“天天特价”活动网页

3.4.2 凡客：用贴心产品做出口碑

“凡客闹钟”是一款闹钟软件，是凡客诚品专门为移动用户打造的提供闹钟服务的软件，该款软件主要的特色功能如图3-18所示。

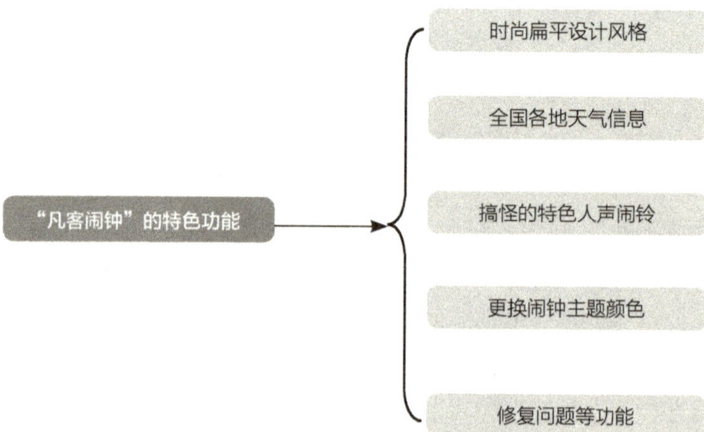

▲ 图3-18 “凡客闹钟”的特色功能

这款“凡客闹钟”移动应用从2013年上线以来，已经更新了很多个版本，包括iOS、Android、Windows Phone等版本，图3-19所示为凡客闹钟的相关界面。

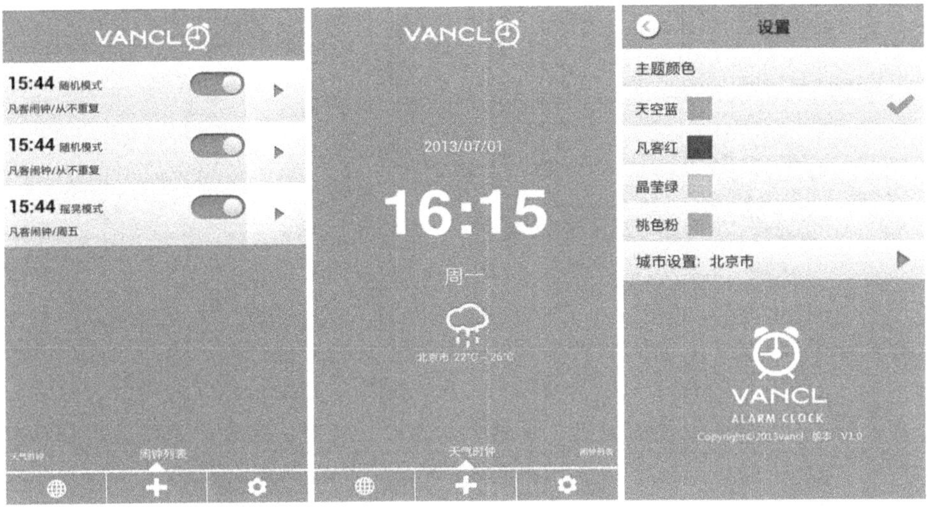

▲ 图3-19 凡客闹钟的相关界面

据了解，凡客闹钟可以将粉丝的特色录音作为铃声，而且还把粉丝照片作为图片库，用于“找茬”模式的备用资源，用户可以在闹钟设置界面进行铃声、模式等功能的设置，图3-20所示为闹钟设置界面。

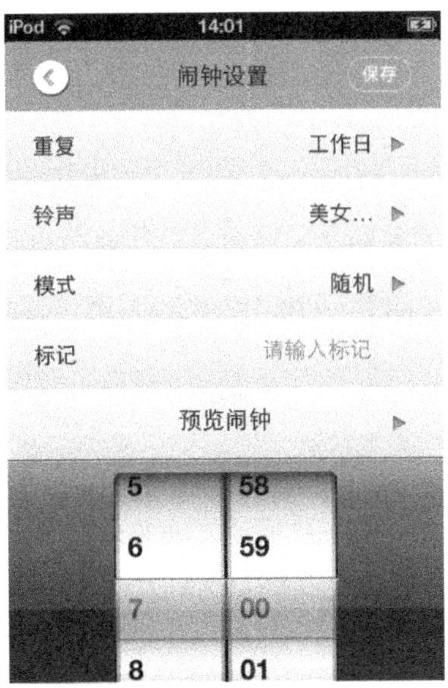

▲ 图3-20 闹钟设置界面

第4章

活动营销——**提高销量的法宝**

学前提示

在移动互联网时代，活动营销是指围绕活动而展开的移动营销，以精心策划、具有鲜明主题、能够引起轰动效应的活动为载体，以线上、线下渠道为依托，将企业活动广而告之，使企业品牌被更多人知道或者直接提升企业产品的销量。

要点展示

- 移动互联网的活动营销
- 活动营销的 5 大形式
- 移动互联网活动营销案例

4.1 移动互联网的活动营销

不管是在传统时代，还是在移动互联网时代，活动营销都是一种很经典的营销方式。什么是活动营销？所谓活动营销是指企业通过策划或介入某些大型或社会活动，来提高企业知名度，宣传企业产品、促进销售的一种营销方式，如图4-1所示。

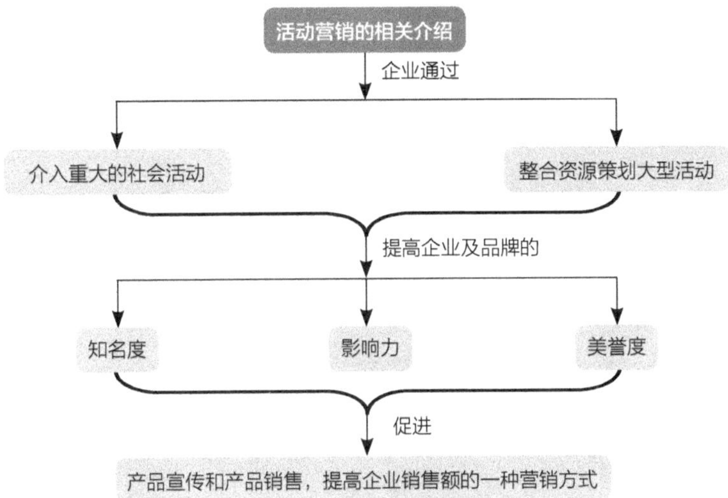

▲ 图4-1 活动营销的相关介绍

本节就活动营销的相关知识进行简单的介绍。

4.1.1 活动营销的优势

通常，企业开展的移动互联网活动是一种建立在场景、关系、数据、促销、公共、社群基础之上的全新营销模式。这种营销模式相对于传统的活动营销模式来说，具备两大优势。

1. 线上宣传、线下接触

相比传统的单纯的线下宣传、线下接触用户的活动营销模式来说，移动互联网时代的活动营销模式，则主要是采用线上宣传、线下接触的模式来开展的。这种模式最大的优势是线上宣传的效果好、范围广、受众多，能够让更多的人了解到活动并参与到活动中来。除了线上宣传、线下接触的活动之外，还有线上宣传、线上参与的活动模式，例如很多企业会在微博、微信公众号上发布各种促销、折扣、优惠、评比有奖等活动，让拥有智能手机的不同地方、不同城市的用户都能参与到这些活动中来。

2. 成本更低

传统的企业举办活动时的宣传方式往往是通过电视广告、网络渠道、新闻传播、报纸、杂志等渠道来进行宣传，宣传成本往往非常高。而移动互联网时代的宣传方式则更为多样化，而且成本更低，宣传效果更好。

4.1.2 如何打造有影响力的活动

活动的打造需要一定的说服力，也就是说，一个有影响力的活动营销需要把握五大关键点，如图4-2所示。

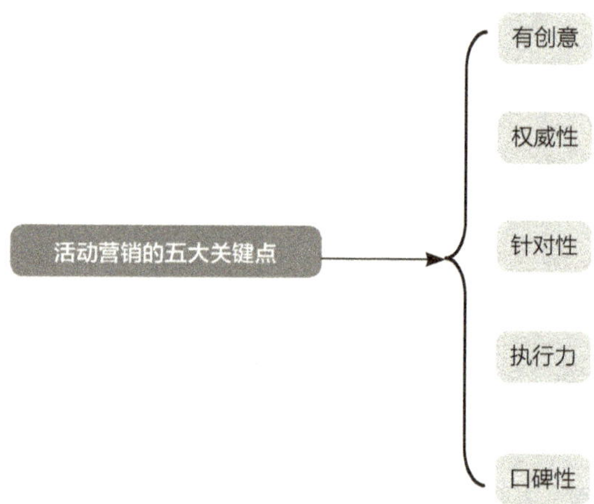

▲ 图4-2 活动营销的五大关键点

1. 有创意

有创意的活动才能激发用户的好奇心，能够激发出用户好奇心的活动才能吸引用户的注意力。因此在活动营销的策划中，商家要充分考虑用户的好奇心理和猎奇心理，策划出有丰富创意的活动，来吸引用户的眼球。

2. 权威性

商家策划活动，一定要有权威性，有可信度，让用户信任你，这样活动才能进行下去。对于那些没什么知名度的企业或者商家来说，如果用户没有听说过你的品牌或者店名，那么就算你的活动策划得再好，用户也会持有怀疑态度，不敢轻易参加活动，也不敢轻易购买产品，这样的活动营销就没有多大意义了。

那么，企业和商家遇到这种问题，该如何打破僵局呢？笔者介绍图4-3所示的几种方法，供大家参考。

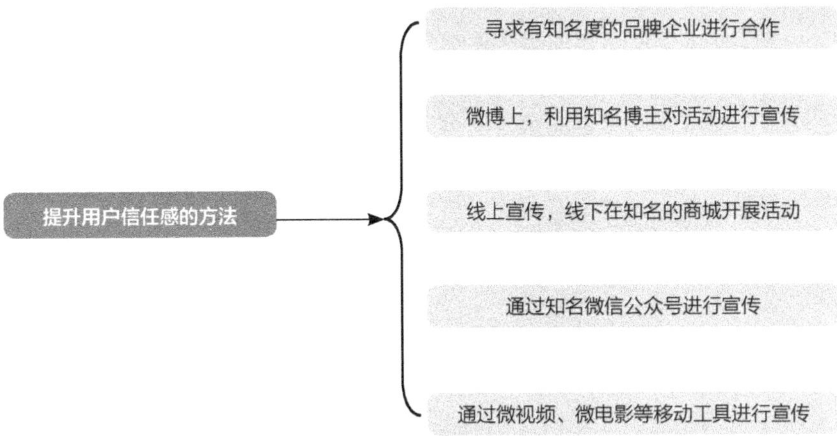

▲ 图4-3　提升用户信任感的方法

3. 针对性

企业策划活动前要进行用户定位、活动内容定位和活动方案定位。进行用户定位是第一步，在进行了用户定位之后，再进行活动内容和活动方案的定位，因为这样做有两大好处，如图4-4所示。

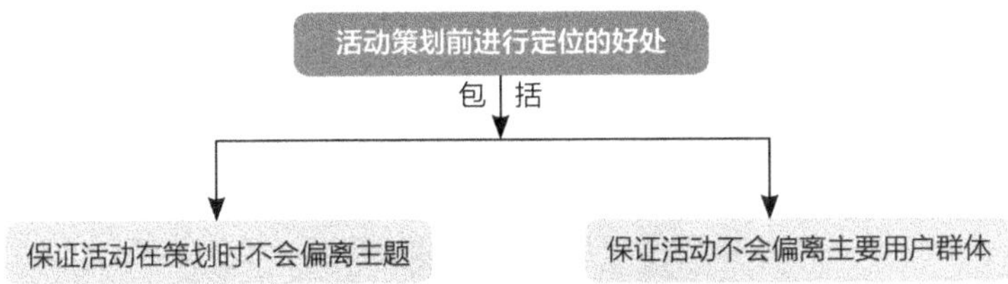

▲ 图4-4　活动策划前进行定位的好处

在用户定位之后进行内容定位，才是十分专业的、有针对性的活动策划步骤。为什么内容定位如此重要呢？

笔者就拿微信品牌来说明活动营销内容定位的重要性。微信品牌的活动营销对内容的要求很高，因为只有丰富的、有趣的内容才能够吸引用户。因此对于微信公众平台的内容定位，企业必须精耕细作，通过原创或者高质量的转载内容，来获得用户的赞赏和青睐才是正确之道。不要只会推送一些肤浅没有意义的内容或广告，这样不仅会让用户反感，还会让用户直接取消关注，而取消关注后的用户，一般是很难再关注企业的。因此，打造好的活动营销内容，对于企业进行相应的活动策划来说，是非常重要的一个环节。

4. 执行力

我们知道，在企业活动营销中，执行力是活动能达到最大营销效果的最终保障。如果一个活动，其执行力高，那么营销效果也一定会更接近营销目标，甚至超越原本的营销目标。因此，企业和商家必须重视执行力的作用。执行力主要表现在图4-5所示的几个方面。

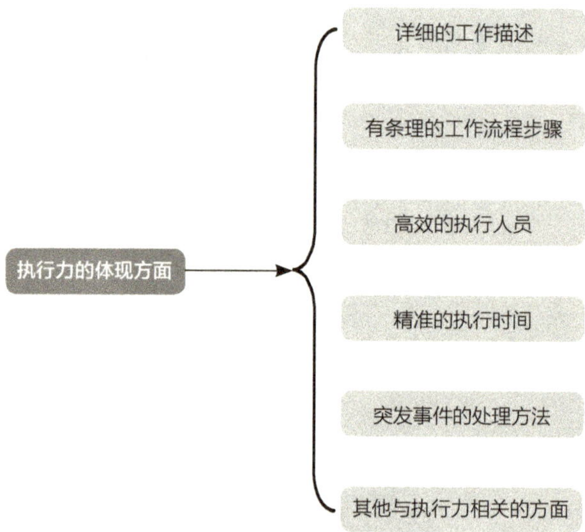

▲ 图4-5 执行力的体现方面

不管在活动的哪个环节中，如果企业的执行力不够，都可能会对活动营销造成一定的损失。因此，企业在策划活动之后，就应该将用户、活动流程和移动互联网的特征相结合，来推测活动中可能会遇到的问题，并检查是否还存在什么漏洞，以及遇到突发状况时，该如何处理等。

5. 口碑性

企业利用移动工具进行活动营销，目的是推广企业的网站、品牌和产品，扩大企业的知名度，把企业的品牌文化传递给更多的用户，提高企业品牌的知名度。为了实现这个目的，必须扩大活动营销的传播力。如何扩大活动营销的传播力呢？可以从活动前、活动中、活动后三个阶段入手。

- 活动前：利用移动工具将活动内容传播出去，通过有趣的活动内容和“亮点”勾起用户的兴趣。
- 活动中：通过移动平台与用户进行互动，把活动热点集中体现出来，让用户获得对品牌的印象和好感。

- 活动后：进一步扩散宣传效应，加深用户的印象。

4.1.3 用饥饿营销策略做活动

饥饿营销，是很多企业惯用的手段，它是指商家通过调低产量的策略，制造出供不应求的假象，从而推出抢购、秒杀、限量销售等一系列活动营销策略，为高价销售和未来大量销售奠定基础。

饥饿营销策略被运用在移动互联网活动里，有利有弊，相关介绍如图4-6所示。

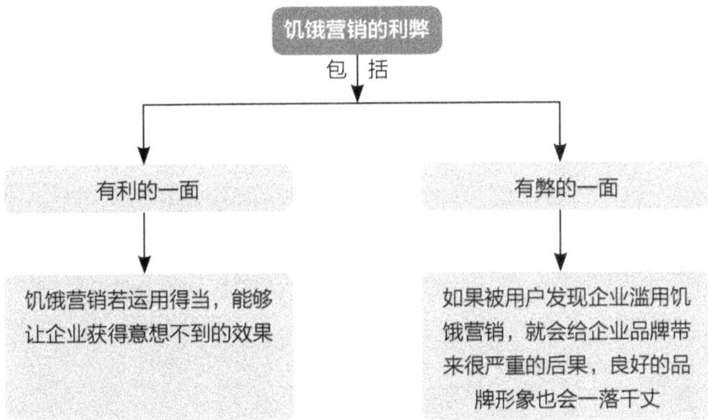

▲ 图4-6 饥饿营销的利弊

企业想要通过饥饿营销来做活动，就需要扣准网民们的消费心理，给他们制造一些供不应求、限时抢购的假象等。下面笔者就来讲解一下饥饿营销的三个步骤，如图4-7所示。

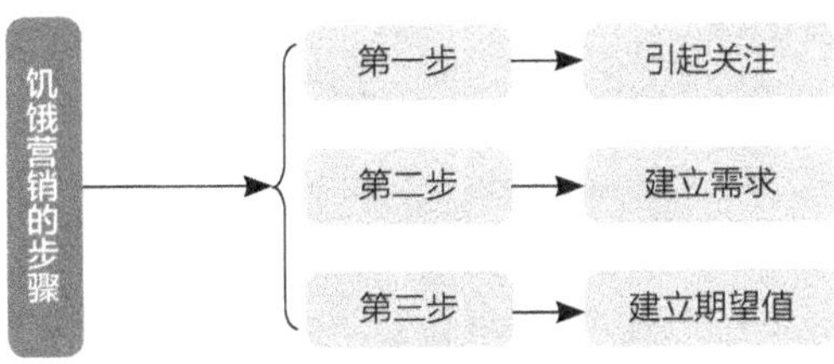

▲ 图4-7 饥饿营销的步骤

1. 引起关注

饥饿营销的第一步是引起消费者对品牌信息或品牌产品的关注，通常“低价”“免费”和“赠送”等方式是最能吸引用户的手段。

就拿小米手机来说，一直都拿供货紧张来作为饥饿营销的方式。小米手机的定价一般都比其他国产手机低一些，这些个定价也只是为了吸引别人的关注。等移动用户都关注小米手机的时候，小米手机宣布供货不足，这个消息顿时就在小米论坛上炸开了锅，出现了很多网友纷纷在线求预定号的相关帖子。

由此可见，小米手机饥饿营销的目的是达到了，小米公司利用前期在互联网、移动互联网上大肆宣传手机的好处，等到网民们有兴趣想购买时，小米手机再宣布供货不足，就引起了那些想买小米手机的“米粉”出现恐慌，从而想尽一切办法来购买。

2. 建立需求

在移动互联网时代下的企业活动营销中，网民们“只关注产品却不购买产品”对饥饿营销模式是没有什么价值的。企业只有在引起网民关注的同时，还要建立起网民们对产品的需求。

举个例子来说，假如企业要推出一款新面膜，先说它怎么怎么好、哪个明星推荐等，当然要按实际情况来说，不然那就是恶性的饥饿营销。然后再推出送价值多少多少的礼物、代金券等，抓住网民们喜欢占便宜的心理，就能很好地调动他们的购买需求。

3. 建立期望值

企业在引起消费者关注、建立消费者对产品的需求之后，还要让用户对产品的兴趣和拥有欲越来越旺盛，也就是要提升消费者对产品的期望值。

有很多卖场主持人在送出第一份礼物之后，就会对想要宣传的产品进行详细的介绍。为什么要这么做呢？原因有如下两点。

- 一来可以删除掉那些没有耐心和诚意的人。
- 二来就是说服大伙。

当然这时的介绍需要生动而形象，让大家感受到现场的那种火爆气氛，再加上主持人极具煽动力的语言，会使很多消费者在瞬间失去免疫力。

在移动端进行活动营销时，企业也需要树立消费者对产品的期望值，让消费者产生心理上的优越感和愉悦度，然后产品的销量才会好。

同时，企业不仅仅要掌握饥饿营销的步骤，还要掌握其营销技巧，那样在运行饥饿营销的时候就比较轻松，没有那么吃力，效果也提高了很多倍。下面笔者总结了几点饥饿营销的技巧，如图4-8所示。

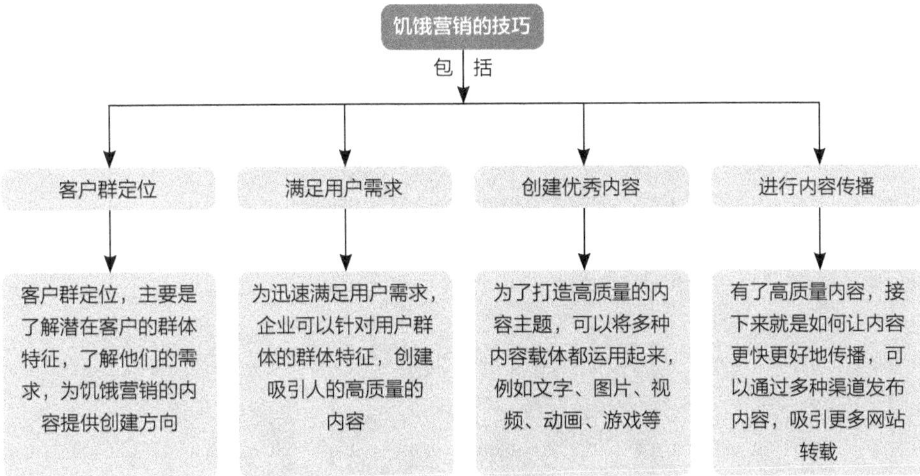

▲ 图4-8 饥饿营销的技巧

4.2 活动营销的5大形式

针对移动端的活动营销，商家们要如何做得更好？本节主要为大家介绍活动营销的5大形式，让企业和商家们在激烈的市场竞争中脱颖而出。

4.2.1 抽奖营销活动

在这个活动营销已经慢慢逼近移动化的年代，将互动活动延伸到移动端已经成为一种主流。在最初的时期，大部分活动营销都是通过“抽奖”的形式推出来的，然而当这种古老而稳定的活动方式被搬到移动端历史舞台的时候，依然遇到了难题，如下所示。

1. 兼容性差

传统的抽奖方式用到移动端，往往兼容性奇差，但如果换用兼容性好的软件开发，就会陷入以下这些境况。

成本差、效率低。

面对多样化的定制需求无法快速应对。

2. 界面变化小

移动端的界面非常小，这种界面不能接纳太过复杂的抽奖界面，因此对于商家和企业来说，对于那些比较复杂的抽奖活动，通常不会考虑移动端，只有简单的抽奖活动才会考虑到移动端。

针对这两个问题，有的企业提出了优化解决方案，如推出适合移动端又兼顾用户体验的抽奖形式，图4-9所示为某企业推出的移动端“幸运刮刮卡”活动的界面，用户在移动端上用手指刮开卡片的图层，就能看到抽奖信息。

▲ 图4-9 移动端“幸运刮刮卡”活动界面

4.2.2 签到营销活动

移动端的签到送优惠活动通常是为了培养用户对软件的使用习惯而设立的，如中国移动开展的一个签到送流量的活动，下面为大家介绍中国移动内蒙古公司签到送流量活动的规则。

活动期间，内蒙古移动用户成功登录手机APP，进入营业厅签到，当天即获赠10MB省内通用流量，流量即时入账，当月有效；内蒙古的移动用户每个人每日限参与一次签到送流量活动。

同时，中国移动还指出内蒙古用户如果符合图4-10所示的几种情况的话，就不能参加这次签到送流量活动。

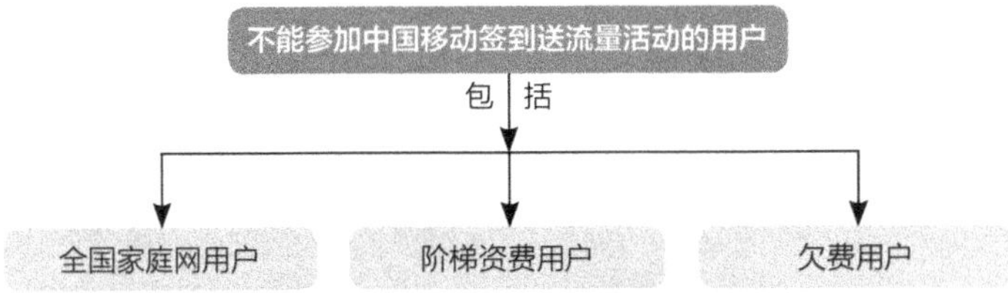

▲ 图4-10 不能参加中国移动签到送流量活动的用户

再比如腾讯QQ阅读手机端也推出了签到送阅券的活动，如图4-11所示，用户登录后点击“立即签到”按钮，就能获得相应的奖励。

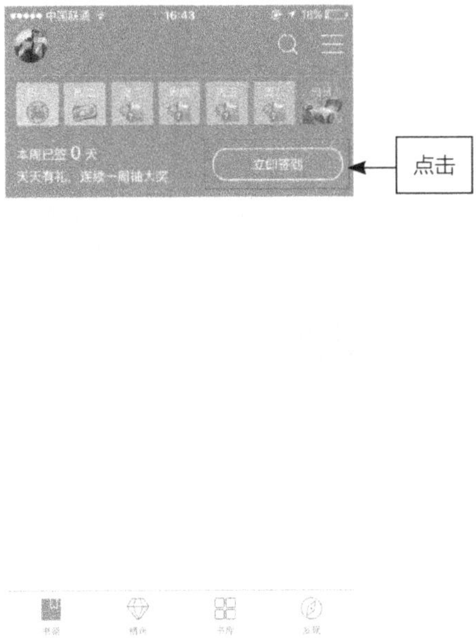

▲ 图4-11 腾讯QQ阅读的签到送礼活动界面

4.2.3 红包营销活动

自从微信红包火起来之后，发红包就成为了企业的一种营销手段。发红包其实就是将传统的打折优惠形式用另一种思维表现出来，因为“抢红包”字眼比传统的折扣优惠字眼更吸引人眼球，因此利用用户的这种猎奇心理，很多商家都推出了红包优惠活动。事实上，在移动端，红包营销活动比较适合电商企业，因为消费者获得红包之后，就能够立马在手机端的店铺里消费。这样一来，既达到了企业发布红包活动的目的，又促进了销量。

图4-12所示为手机淘宝客户端里发布的“付定金，送红包”的活动。

▲ 图4-12　淘宝客户端的“付定金，送红包”的活动

4.2.4　打折营销活动

传统商场往往是在周末或者节假日的时候才会采取折扣策略销售产品，而移动互联网时代，因为电商的兴起，打破了这一局限，同样的产品在线下可以卖出高价，但是在线上，高价产品是很难卖出销量的。因此在移动互联网时代，价格战略是非常重要的，线下高价，线上高折扣，是移动互联网时代的一大新型定价模式，图4-13所示为淘宝推出的折扣活动。

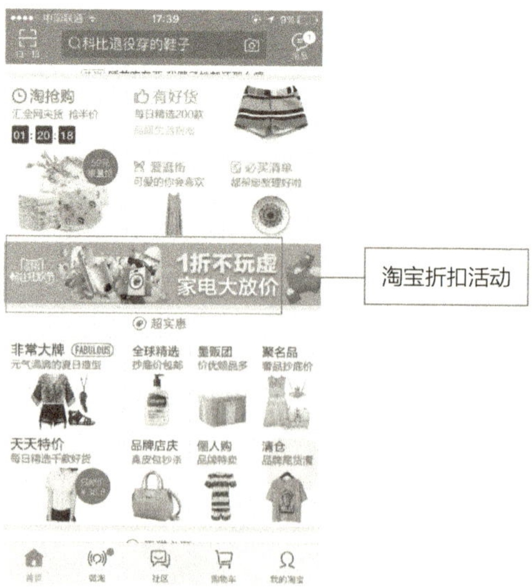

▲ 图4-13　淘宝折扣活动

4.2.5 预订营销活动

对于企业和商家来说，移动端预订营销活动有很多好处，例如了解用户消费习惯，了解消费者的需求，扩大企业影响力等，具体介绍如图4-14所示。

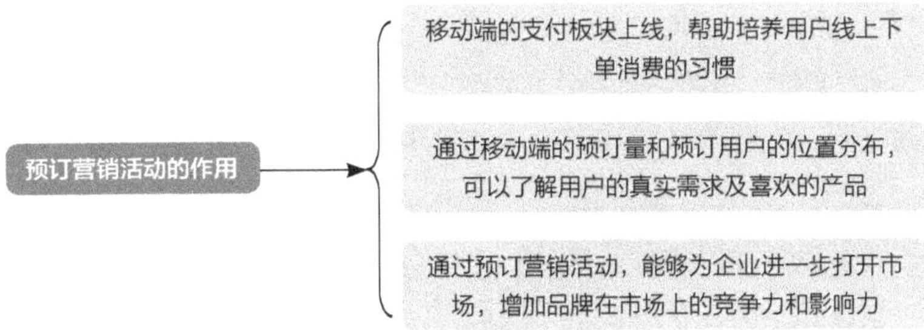

▲ 图4-14 预订营销活动的作用

小米就曾经在QQ空间通过饥饿营销战略发起过小米新品的预订活动。

当时，小米在经过大量的数据分析后，选择与腾讯企业合作，在QQ空间推广宣传产品信息的同时，实现了独家首发，而用户直接通过QQ号登录小米官网，就能下单预订产品，如图4-15所示。

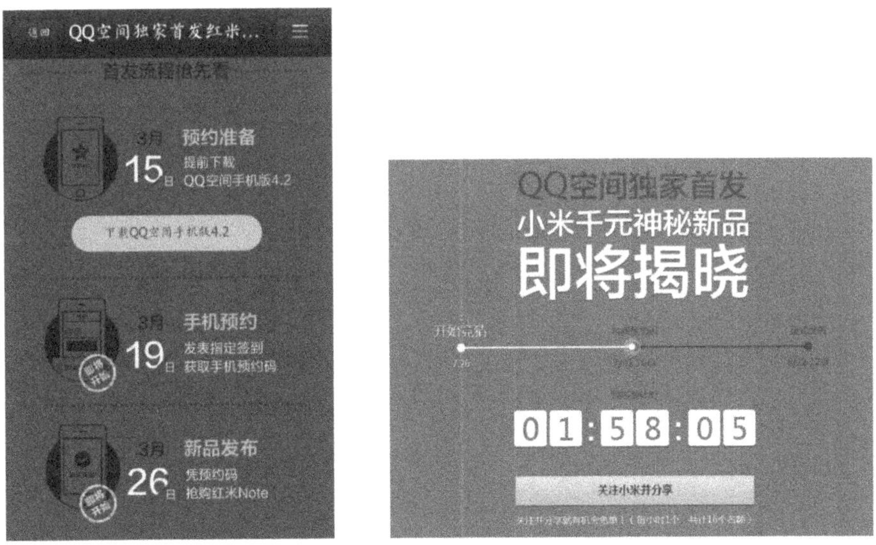

▲ 图4-15 小米QQ空间预订活动

4.3 移动互联网活动营销案例

移动端的活动营销是一种十分简单的营销模式，这种多功能的营销模式，对传统的活动营销有着比较大的冲击。本节就来看几个案例，让读者对移动端的活动营销有更深入的了解。

4.3.1 购买赠送活动：知名公众号推广

“一条”是上海一条网络科技有限公司的微信公众号，如图4-16所示。这是一个发布原创视频的平台，主要用于帮助其他商户推广产品，“一条”平台的宗旨是每天只发一条原创内容，内容主要由文字、图片和视频组成。

▲ 图4-16 “一条”微信公众号

一家来自美国加州的工艺创新公司Liquidiamond就借助“一条”平台发布了一条“你家厨房，只需要一把这样的刀就够了！前400名有赠送！”的广告，如图4-17所示。在这个广告中，“一条”主要为大家介绍了Liquidiamond主厨刀的材质和性能，并通过动态图展示了这把刀的最大优点——无比锋利，如图4-18所示。

“一条”同时还介绍了这把刀主要由非晶体合金制成，介绍了这个材料的背景，以此来突出这把刀的厉害之处，接下来介绍了刀刃的薄度以及高硬度、防腐蚀性，并告知人们：越锋利的刀其实越安全。同时，“一条”还贴心地向人们介绍了正确的握刀姿势，并给出错误姿势示范，让人们在使用的时候，避免误伤自己，如图4-19所示。

▲ 图4-17 广告

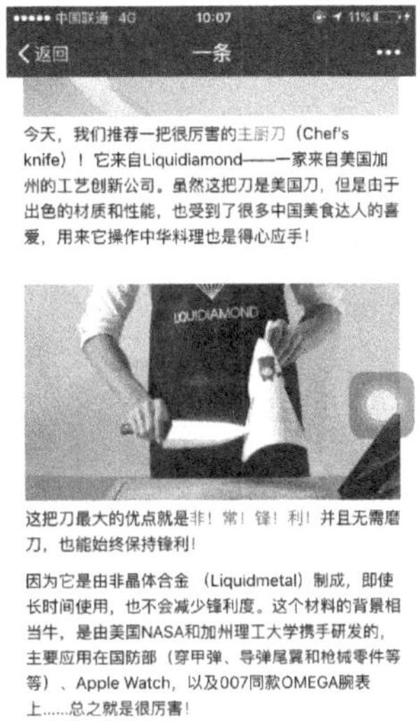

▲ 图4-18 刀的性能

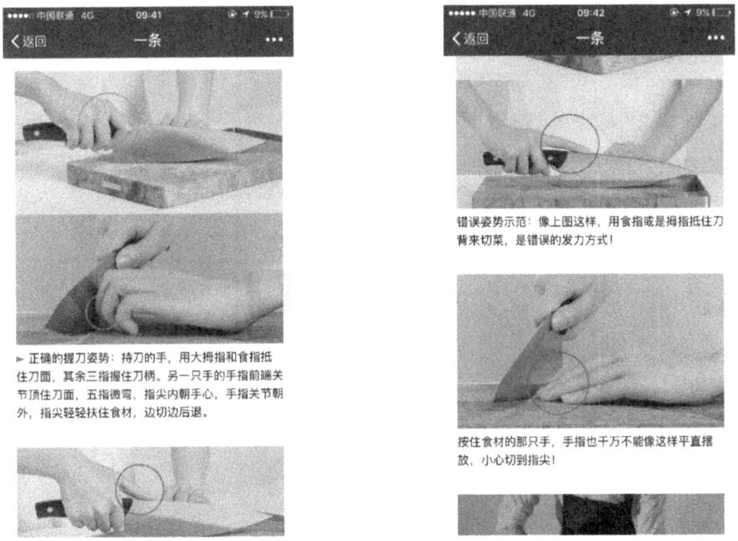

▲ 图4-19 握刀姿势

因为这是一篇带有广告性质的原创文，因此这篇广告最重要的部分其实在于最后Liquidiamond给读者带来的福利活动，活动内容为：前400名购买这款刀具的客人，可以获赠一个价值299元的Liquidiamond星空磁性刀架！

在活动的后面，附有这个星空磁性刀架的特点和优势，提升用户购买产品的欲望，如图4-20所示。

▲ 图4-20　福利活动

4.3.2　奔驰：微博活动齐上阵

梅赛德斯-奔驰（Mercedes-Benz）是世界知名的德国汽车品牌，该品牌创立于1900年，是世界上豪华的汽车品牌代表之一，图4-21所示为梅赛德斯-奔驰的官方微博。

▲ 图4-21　梅赛德斯-奔驰的官方微博

为了宣传梅赛德斯-奔驰全新C级轿跑车系列，奔驰在微博上开展了一系列的优惠活动。

1. 优惠活动一

2016年3月29日，奔驰在官方微博上发布了一条线上预售信息，如图4-22所示。

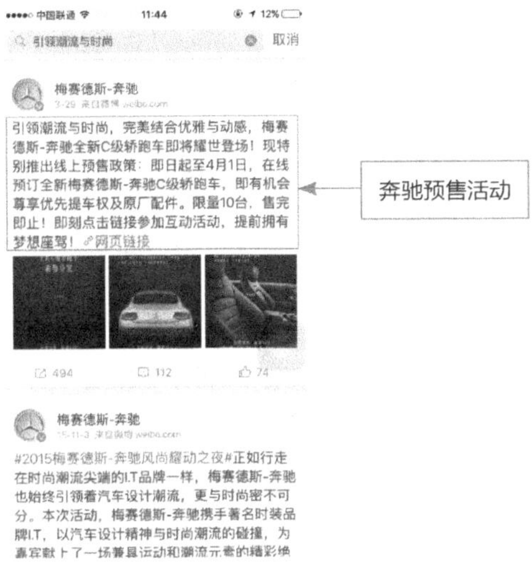

▲ 图4-22 奔驰的线上预售活动微博

从图中可以看出，该预售活动的主要内容是：

即日起至4月1日，在线预订全新梅赛德斯-奔驰C级轿跑车，即有机会尊享优先提车权及原厂配件，限量10台，售完即止。

如果用户想要具体了解活动详情，单击“网页链接”按钮，就能进入活动详情页面，如图4-23所示。

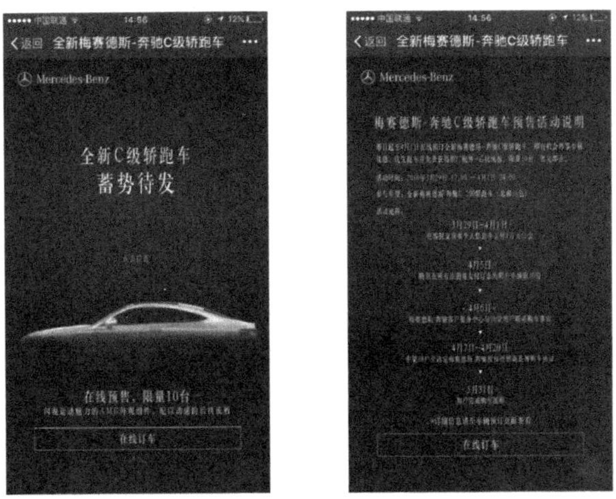

▲ 图4-23 奔驰活动详情页面

2. 优惠活动二

5月16日，奔驰官方微博针对全新梅赛德斯－奔驰长轴距C级轿车又发出了一个优惠政策——“先享后选－弹性购车新方案”，如图4-24所示。

▲ 图4-24 “先享后选－弹性购车新方案”

此优惠政策的主题内容如图4-25所示。

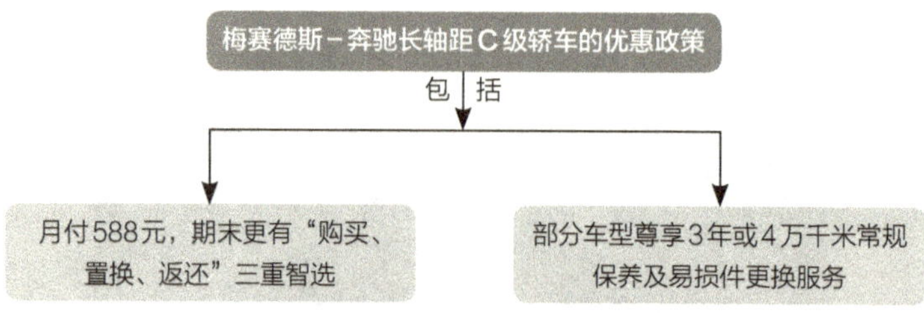

▲ 图4-25 梅赛德斯－奔驰长轴距C级轿车的优惠政策

用户如果想参与活动，只要单击“梅赛德斯－奔驰长轴距C级车”的链接，就能进入活动报名页面，如图4-26所示。

在该页面，有“活动报名”项目，用户只要在相应的位置填写信息，就能参与活动。除此之外，还有“金融政策”项目、汽车“配置表”介绍、“车型亮点”介绍、“精美图片”放送等。

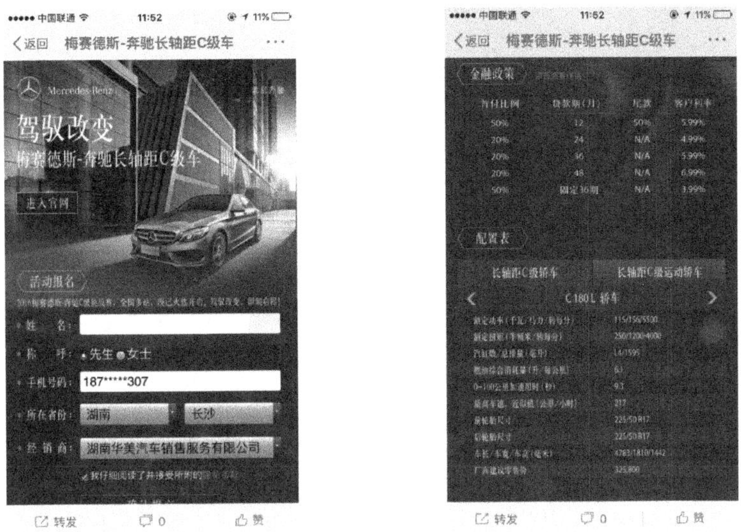

▲ 图4-26 梅赛德斯-奔驰长轴距C级车活动页面

第5章

事件营销——**用事件吸引眼球**

学前提示

在移动营销中，通过一系列的操作，将社会新闻、热点新闻做成有利用价值的新闻事件，并将这系列事件通过移动端传播出去，以达到广告的效果——这就是移动互联网时代的事件营销的深刻内涵。

要点展示

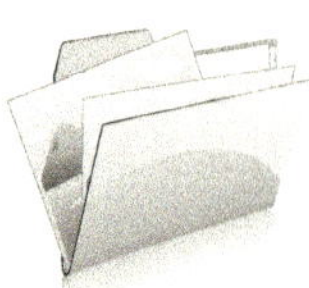

- 移动互联网的事件营销
- 事件营销的运作策略
- 事件营销的运作方法
- 移动互联网事件营销案例

5.1 移动互联网的事件营销

事件营销和活动营销有点类似，但两者也有区别。事件营销主要是指企业通过策划和新闻、名人有关的事件，来吸引消费者关注的一种营销方式，具体介绍如图5-1所示。

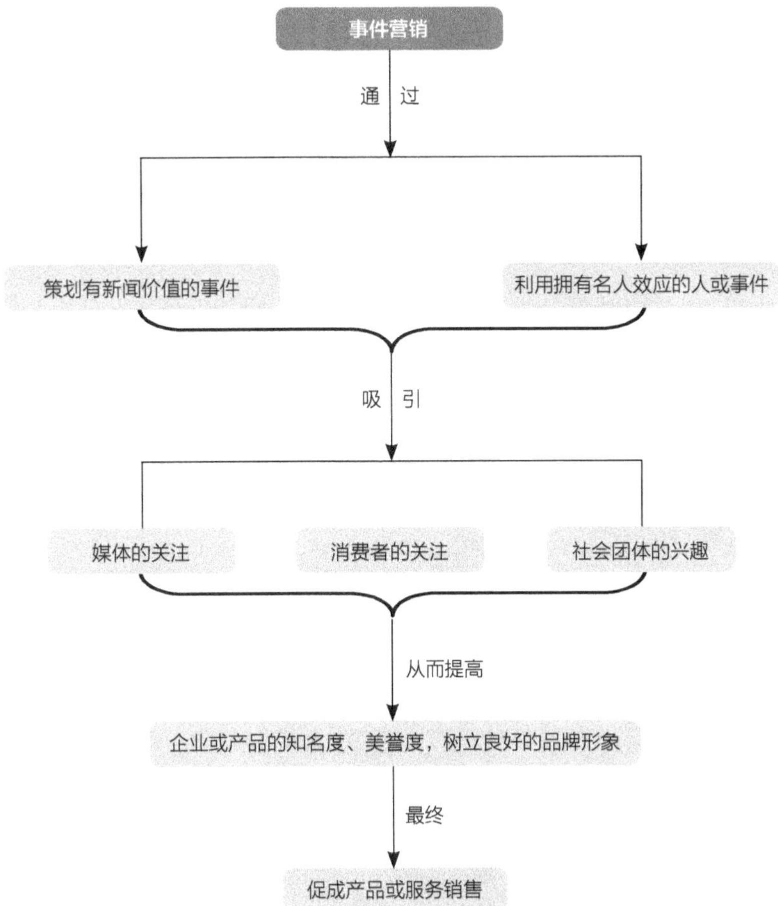

▲ 图5-1 事件营销的相关介绍

本节就事件营销的相关知识进行简单的介绍。

5.1.1 事件营销的特点

不管是在国内还是国外，事件营销都是一种非常流行的、快速提升品牌知名度的营销手段，有关事件营销的特点如图5-2所示。

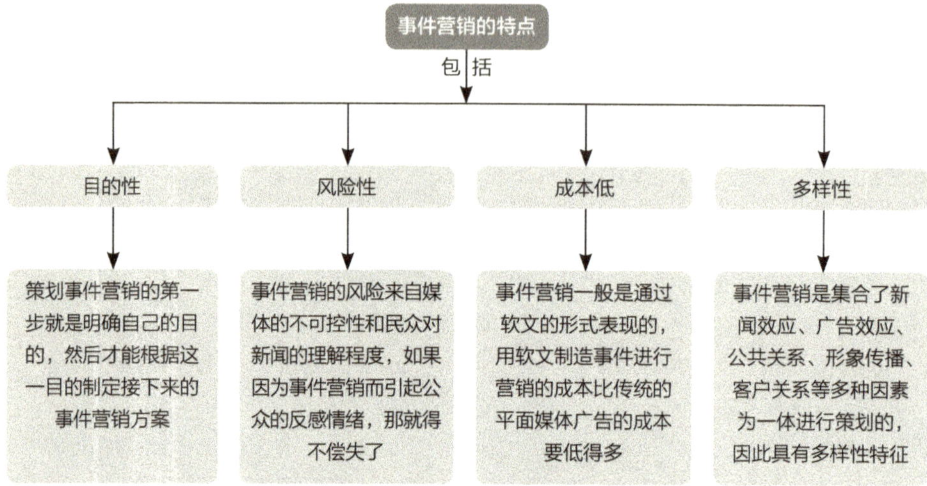

▲ 图5-2　事件营销的特点

5.1.2　策划事件营销的要点

企业在利用网络事件进行品牌或产品的推广时，需要把握一定的原则，才能在实际操作过程中遇到各种各样的危机和问题，达到最好的营销效果。策划事件营销的原则和要点如图5-3所示。

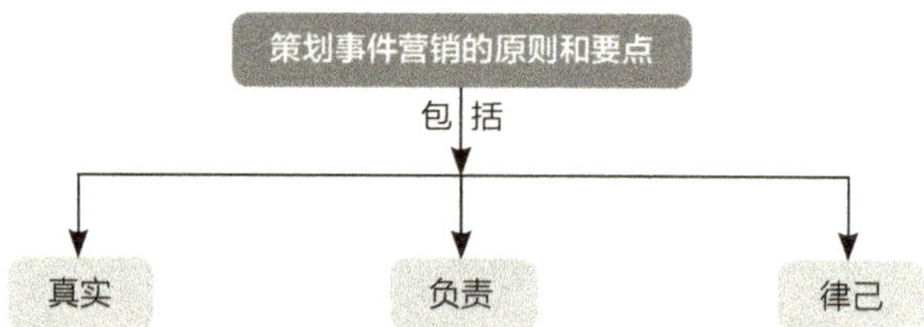

▲ 图5-3　策划事件营销的原则和要点

1. 真实

因为网络时代的高速发展，人们获得信息的方式和渠道不再那么狭隘，这种信息渠道的增加打破了传统企业和受众之间信息不对称的现象。因此，企业在基于新闻策划事件营销的时候，一定要秉着实事求是的态度，不要为了达到某种宣传效果，就弄虚作假。因为这样很容易被信息时代的网民发现，而且一旦被网民发现企业弄虚作假，企业的名誉就会受到极大的损害。

2. 负责

随着市场竞争越来越激烈，企业想要在众多品牌中脱颖而出，就需要有一种负责任的心态，这种负责任的心态主要表现在图5-4所示的方面。

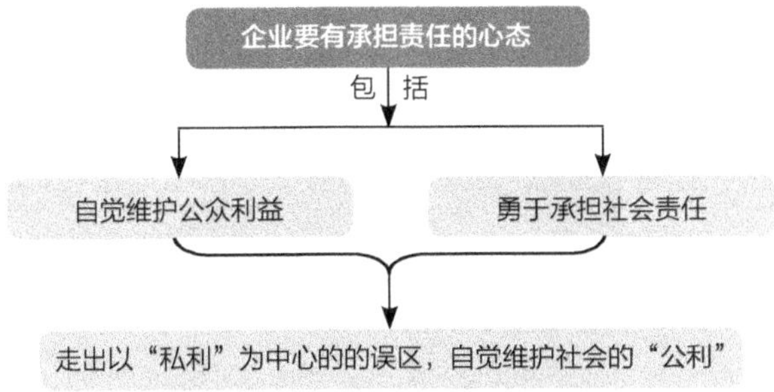

▲ 图5-4　企业要有承担责任的心态

企业在进行事件营销的时候，要将公众的利益考虑进去，这样做出来的营销事件才会被更多的用户接受，如果企业只考虑自身的利益，为达目的不择手段，那么最终可能会遇到各种各样的麻烦，损人而不利己。

3. 律己

虽然移动互联网是一个虚拟的世界，但是其信息的高速传输、接收、共享等特性又让其在人们的生活中发挥着重要的作用。一个小小的视频，一段简短的文字，甚至是一段截图，都有可能造成强大的网络效应。

因此在移动互联网时代的企业，想要做事件营销，就更加要注重公司的律己性。通常，良好的企业信誉都是建立在企业拥有严于律己行为的基础上的，因此，企业首先要完善、规范自己的行为，才能做出让人信服的营销事件。

同时在利用移动工具进行事件营销时，企业还要注重把控信息传播的过程，这样做有几点好处，如图5-5所示。

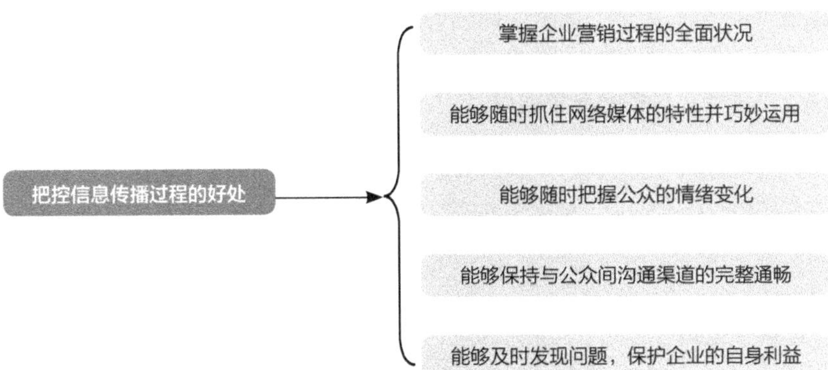

▲ 图5-5　把控信息传播过程的好处

5.1.3 解读新闻的特征

既然事件营销就是指企业借助新闻事件来策划营销方案，以此吸引消费者关注的一种营销方式。那么对于新闻事件，企业有哪些需要了解的要点呢？

首先要知道，什么是新闻事件。新闻事件就是指近期发生的或者正在发生的吸引公众注意的有一定社会价值的社会事件。

在了解了新闻事件的概念后，企业就要对新闻的特征有一定的了解，通常来说，适合做事件营销的新闻有哪些特征呢？如图5-6所示。

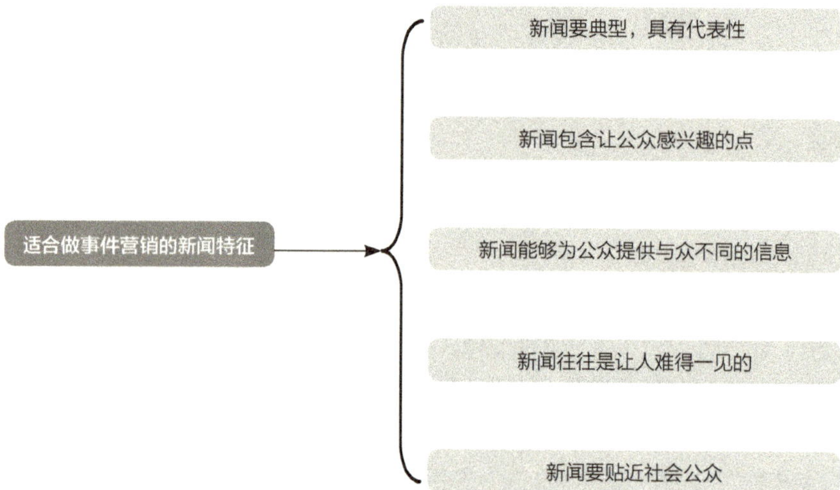

▲ 图5-6 适合做事件营销的新闻特征

总体来说，新闻事件需要满足的是受众的窥视欲和好奇心，这是最重要的一点。因为只有能够满足受众的窥视欲和好奇心，才能让新闻事件得到传播，为企业的事件营销助力。

5.1.4 策划有价值的新闻事件

对于企业来说，要学会制造有价值的新闻，怎么制造有价值的新闻呢？就是通过人的智慧和精心的策划，让原本不具备价值的事件赋予其新闻特性，或者让具有价值的事件在某个特定的时间点发生。这样策划出来的事件，就能够为企业营销带来高度的传播效应，如图5-7所示。

企业新闻策划是企业进行事件营销的基石，它与媒体的新闻策划不是一个概念，两者的区别如下。

媒体的新闻策划是真正意义上的发现新闻、寻找新闻。

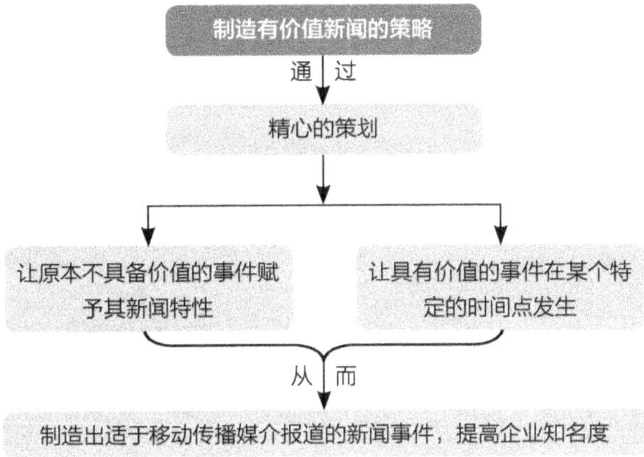

▲ 图5-7 制造有价值新闻的策略

企业新闻策划则是指，企业根据企业实际情况，人为制造有价值的新闻，然后通过摆事实等一系列手段造成新闻效应，以此来吸引受众眼球的一种策划方针。

企业的新闻策划，通常是企业和用户之外的第三方人员，例如媒体记者站在第三者的角度上用新闻事实说话，从而加深企业品牌的影响力的方针战略，因此，从某种意义上来说，新闻策划具备图5-8所示的几大优势。

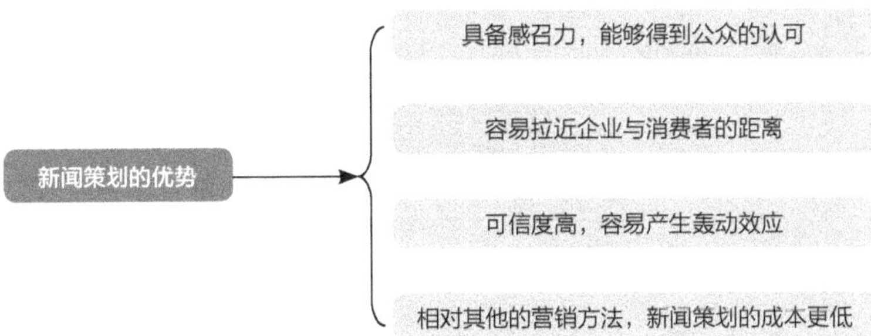

▲ 图5-8 新闻策划的优势

5.2 事件营销的运作策略

事件营销已经被广泛应用到企业的宣传管理中，足以说明事件营销的影响力之大。在实际营销中，事件营销的招数千奇百怪，但万变不离其宗，综合而言，可以总结为几点。本节笔者为大家介绍事件营销的主要运作策略。

5.2.1 明星策略

明星是适应社会发展并符合人类主观愿望而形成的团体，在马斯洛的需求层次理论中，对明星效应有这样的分析，如图5-9所示。

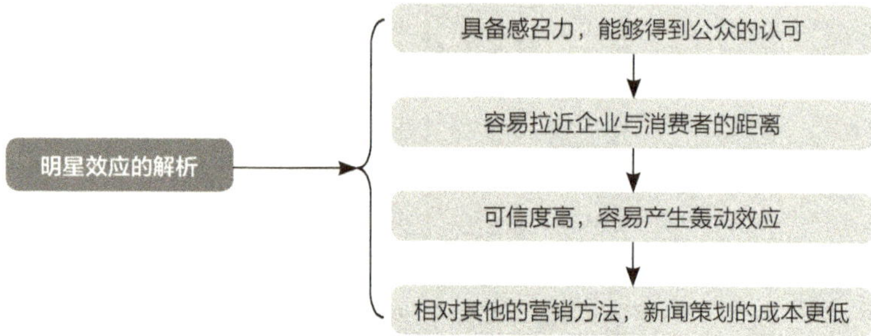

▲ 图5-9 明星效应的解析

对于任何一个企业品牌来说，想要保持品牌的知名度和影响力，就必须制造持续的公众关注度，否则，品牌的知名度与影响力便会迅速下降，为此很多企业选择利用明星的知名度来制造事件，以此吸引公众的视线，保持公众对品牌的持续关注度。

5.2.2 借势策略

什么是借势？借势就是指企业借助媒体，及时抓住被社会广泛关注的社会新闻，将企业品牌或产品推出去的一种营销策略，具体介绍如图5-10所示。

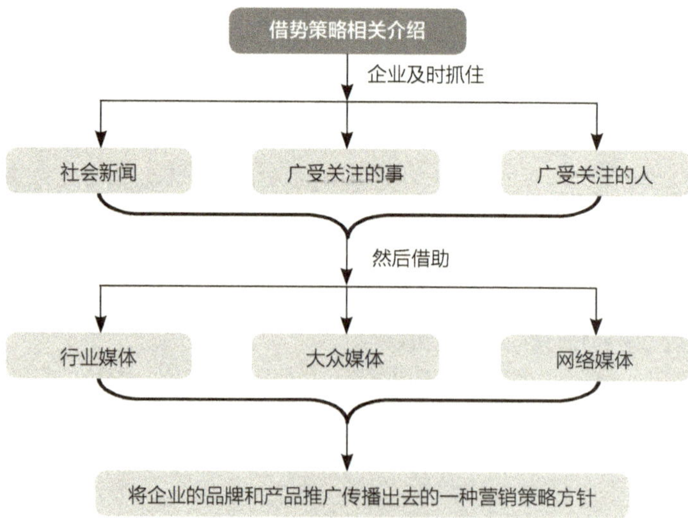

▲ 图5-10 借势策略相关介绍

借势营销策略，实际包含了两层含义。

- 一层是借助社会新闻、其他广受关注的人或事来策划新闻事件，吸引用户的关注。
- 一层是借助媒体的力量进行造势，为企业品牌的推广打下基础。

企业可以利用所有可以利用的资源，将借势营销做到最好。在借势、造势都做到位之后，还要持续关注后续的传播推广效果，争取在后续的推广中将事件的影响力持续扩大，以此达到事半功倍的效果。

5.2.3 合作策略

在事件营销中，合作策略主要就是通过赞助、冠名等手段，来推广企业品牌的一种手段，例如通过赞助体育活动来宣传公司就是一种不错的选择。随着体育赛事越来越多地被人们关注，它渐渐成为了一种不错的广告载体，因其巨大的商机和图5-11所示的特点，许多企业都加大了在体育营销中的投入力度。

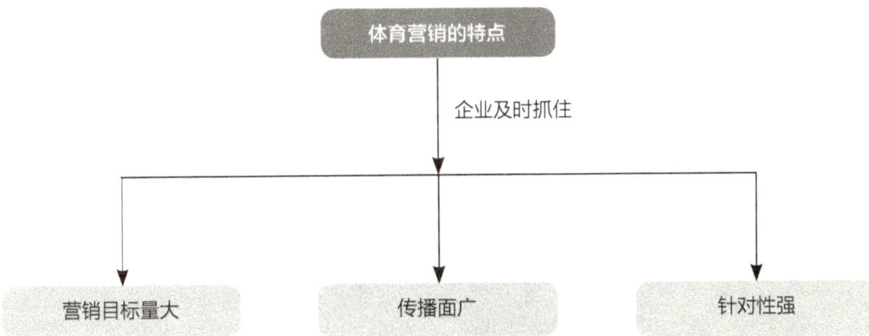

▲ 图5-11 体育营销的特点

5.2.4 主动策略

主动营销策略是指企业根据企业的实际情况，主动策划制造一些满足自身发展需求的事件，通过移动工具的传播，让这系列事件或者议题深入到普通民众的社交系统中，成为人们茶余饭后的议论点，得到公众的广泛关注。进行这类营销策略，必须遵循图5-12所示的几点原则。

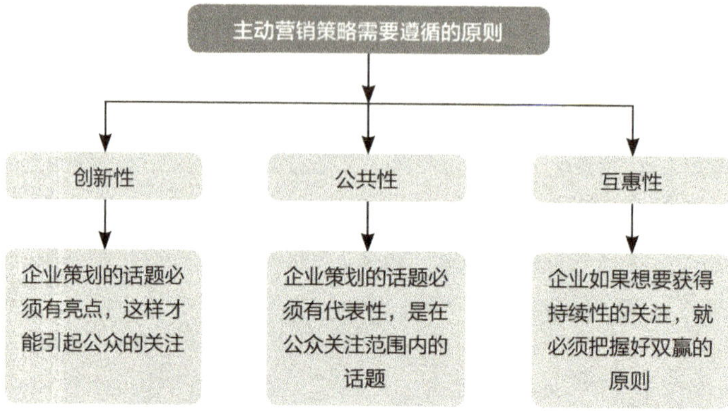

▲ 图5-12　主动营销策略需要遵循的原则

5.2.5　公益策略

随着社会的发展，人们对于公益事件的关注越来越多，而企业把营销策略转到公益事件上，也渐渐成为一种趋势。企业把公益事件作为切入点来进行事件营销是指企业通过支持公益活动来引起人们的注意，这样做有图5-13所示的几点好处。

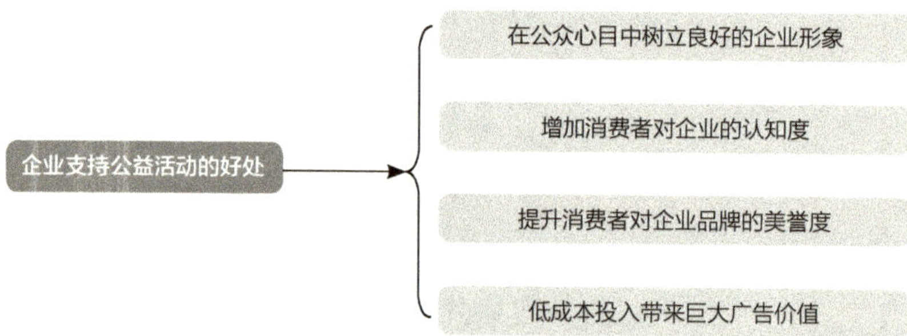

▲ 图5-13　企业支持公益活动的好处

5.2.6　实事策略

什么是实事策略？实事策略就是对突发的事件，采取一定的措施，开展特定的活动，以此来吸引用户注意力的一种营销策略。实事营销策略讲究前瞻性，即企业要有先知洞察性，提前做好准备，以便在竞争对手前面抢占先机。通常，实事分为图5-14所示的三类事件。

要说起实事营销策略最典型的案例，就不得不提到当年统一润滑油的横空出世。统一润滑油的面世是在某场战争的第二天，它巧妙地借助了战争话题，推出了“多一些润滑，少一些摩擦”的广告台词。一经推出，就立刻给人们留下了难以磨灭的印象，因为这一广告台词恰好契合了人们心中呼吁和平的期待。

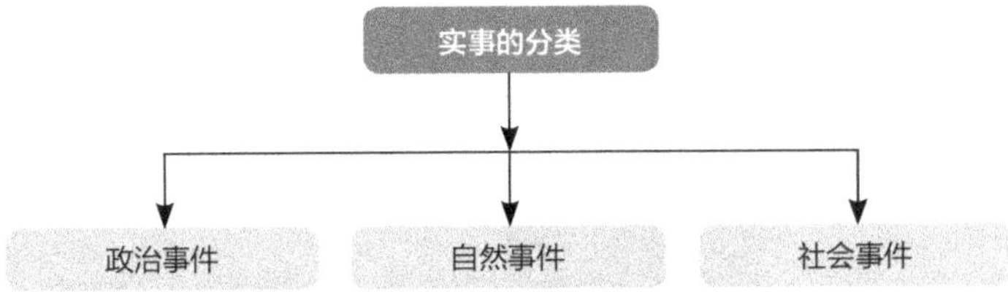

▲ 图5-14　实事的分类

5.3　事件营销的运作方法

事件营销也有一定的方法，但是在讲解事件营销的方法之前，企业需要注意图5-15所示的几大操作要点。

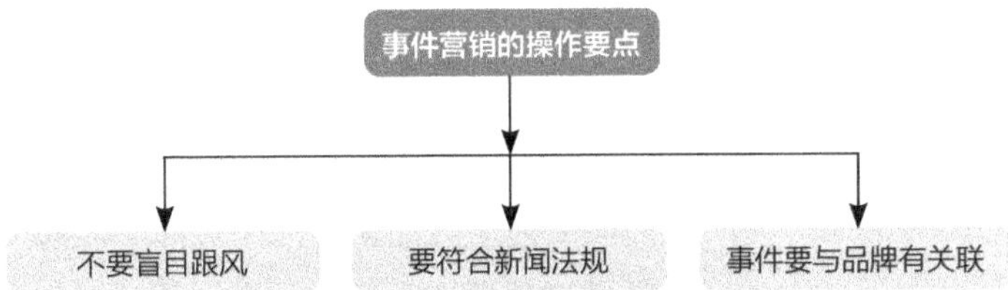

▲ 图5-15　事件营销的操作要点

在了解事件营销的操作要点之后，下面笔者就为大家讲解事件营销的方法和流程，如图5-16所示。

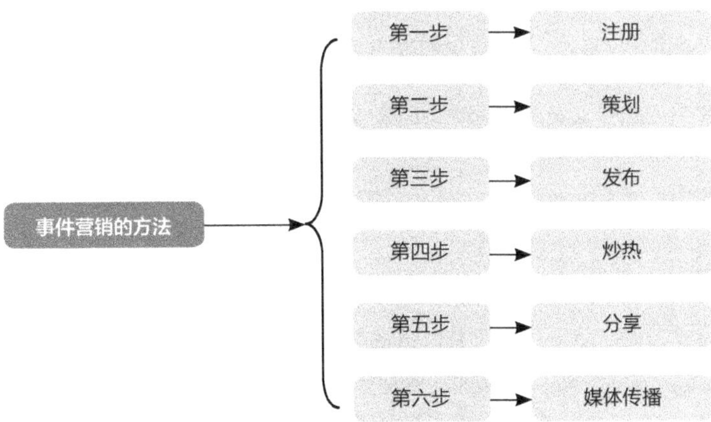

▲ 图5-16　事件营销的方法

5.3.1 注册

在移动互联网时代，企业想要开展事件营销，就必须借助一切辅助平台，例如微博平台、微信公众号平台、论坛平台等，然后在这些移动平台上注册多个账号，为之后的炒帖、转载、分享等营销战略奠定基础。

5.3.2 策划

在准备账号的时候，公司的策划部就可以开始策划营销事件的内容以及表现形式了，这个步骤是非常重要的，属于事件营销的主体，只有主体策划好了后续才会产生好的效果。

5.3.3 发布

策划人员将事件策划好之后，就可以将内容发布在移动平台上，发布时要尽量做到两点，如图5-17所示。

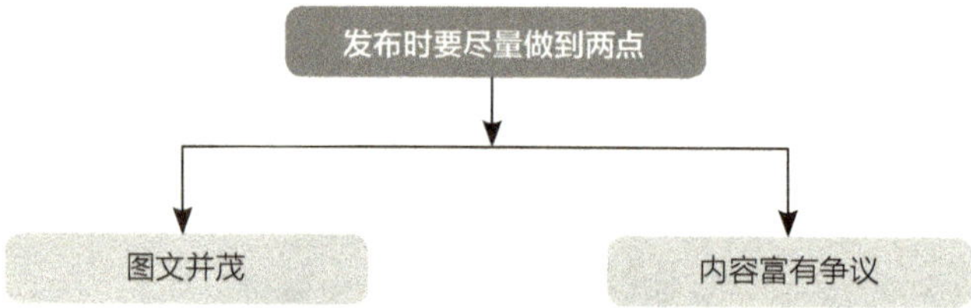

▲ 图5-17 发布时要尽量做到两点

> **专家提醒**
>
> 企业在论坛、贴吧发布帖子的时候，尽量要选择那些比较火的论坛、贴吧发布，例如天涯论坛、百度贴吧等；
>
> 企业如果选择在微信公众平台进行发布，那么前提就要确保平台有大量的粉丝，这样才能引起大量的转载，确保阅读和传播量。

5.3.4 炒热

将内容发布后，接下来就要想办法把帖子炒热了，炒热的方法可以用之前申请的账号进行转载、评论，形成网状式的传播效应。

5.3.5 分享

很多移动平台都是可以互相转载的，例如微信公众平台的文章可以转载到微信朋友圈、QQ空间上，如图5-18所示。

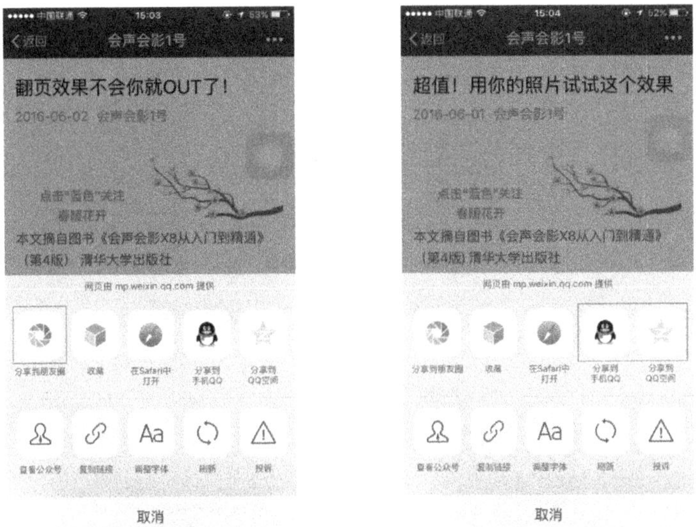

▲ 图5-18 微信公众平台的内容可以分享到不同平台

因此企业可以将内容在图5-19所示的社交媒体内互相分享转载，形成病毒式营销。

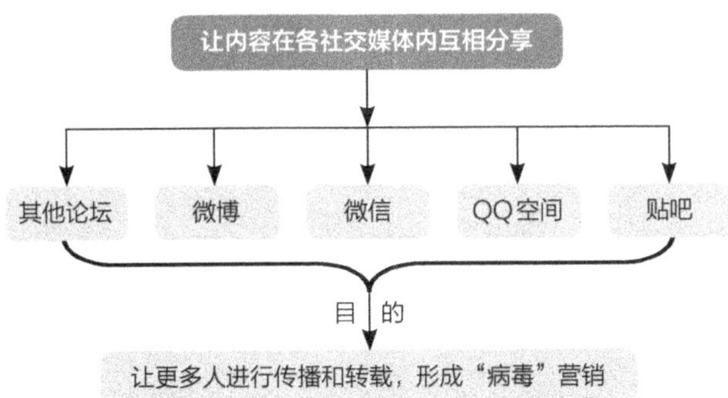

▲ 图5-19 让内容在各社交媒体内互相分享

5.3.6 媒体传播

如果企业把前面几步做到位了，而且事件本身确实具备新闻性，那么接下来就会有相关媒体主动找上门来，进行相应的采访。如果没有媒体主动找上来，企业可以自己主动出击，通过媒体将事件营销推向一个新的高度。

5.4 移动互联网事件营销案例

在移动互联网时代，事件营销方式往往能够在短期内，给企业的品牌传播带来比较不错的效果，而且，事件营销也比其他的营销方式成本要低得多，本节为大家介绍几个优秀的事件营销案例，让大家对事件营销有更深入的了解。

5.4.1 冰桶挑战：公益与营销的完美结合

ALS冰桶挑战是从国外流入我国的一种挑战游戏，在国内几位大佬率先接受该挑战后，便变得火热起来。而后，娱乐圈的各路明星也纷纷加入活动，如图5-20所示，使得冰桶挑战随着微博平台不断地扩散，渐渐形成了病毒式营销。

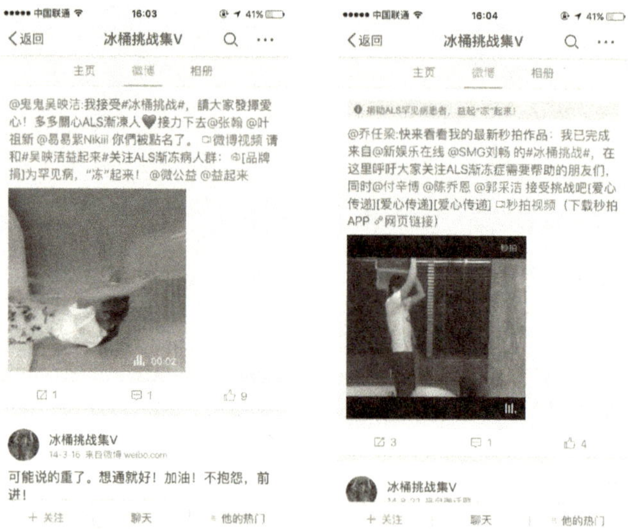

▲ 图5-20 明星加入冰桶挑战活动

冰桶挑战是一次公益与营销的完美结合，ALS的中文全称是"肌萎缩侧索硬化症"，为了让更多的人关注到这一疾病，波士顿学院的著名棒球运动员Pete Frates发起了该项挑战。在冰桶挑战火爆起来之后，很多品牌纷纷借助此活动展开借势营销，而很多民众也纷纷效仿，在微博上发起冰桶挑战的视频。

5.4.2 伊利舒化：用"活力"嵌入世界杯

在消费者的心目中，牛奶多是营养、健康的象征，很少会与"活力"这类具备动感的词语联系在一起，但是伊利舒化奶却在世界杯期间，通过这个词语，成功地与“世界杯”事件结合在了一起。

伊利通过分析世界杯与不同行业之间的契合点数据，兼顾广告商的各类营销诉求、产品价值与市场需求等数据，再运用移动思维将这些大数据进行整合分析，然后想到了一个优质的方案：让营养舒化奶和“活力”有机关联起来，然后嵌入世界杯活动中。

同时，在世界杯期间，伊利营养舒化奶通过与新浪微博的深度合作，打响了品牌的知名度，相关介绍如图5-21所示。

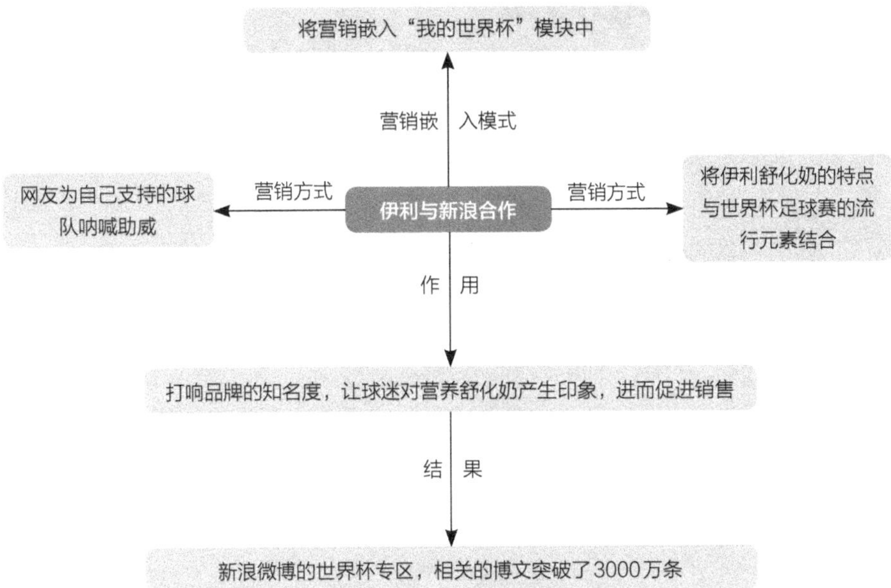

▲ 图5-21 伊利营养舒化奶的具体营销方法

伊利成功地运用移动互联网思维和微博营销思维，借助世界杯这个世界性的事件，将世界杯球迷与营养舒化奶有机地联系在了一起。

第6章

“病毒”营销——以小博大的力量

学前提示

在移动互联网时代，病毒式营销已成为一种十分独特的营销手段。相比其他营销手段，“病毒”营销因其几何式的扩散速度及超低的营销成本被越来越多的商家和网站成功利用。

要点展示

- 移动互联网的“病毒”营销
- 移动互联网的“病毒”营销案例

6.1 移动互联网的“病毒”营销

在移动互联网营销中，“病毒”营销，又称病毒式营销、病毒性营销、基因行销或核爆式行销，是网民们通过社会人际网络，将企业的品牌信息或产品信息像病毒一样不断地复制给其他网民的一种营销方式。以传播效果明显，传播速度非常快，传播范围广等优势深得企业家的喜爱，是企业做网络营销常用的营销手段，相应介绍如图6-1所示。

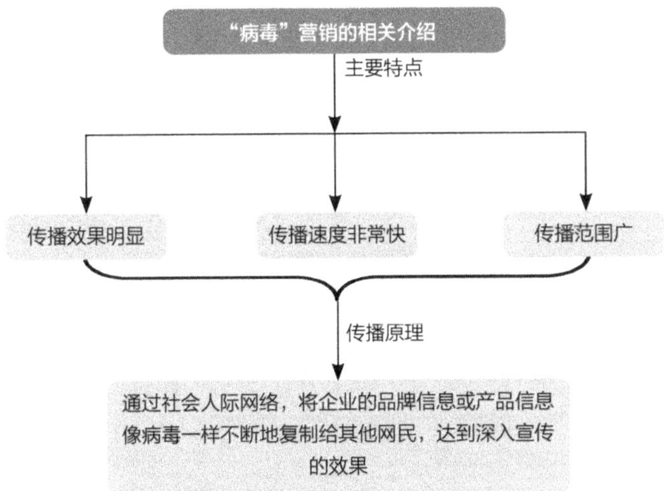

▲ 图6-1 “病毒”营销的相关介绍

本节就“病毒”营销的相关知识进行简单的介绍。

6.1.1 “病毒”营销的核心

“病毒”营销的核心是如何让受众将信息呈现几何级数增长，让每个受众既做接收者，又做传播者，增加推广信息的曝光率的同时，达到营销的目的。“病毒”营销的信息推广方式有很多，如下。

- 通过电子邮件传播。
- 通过聊天室传播。
- 通过论坛、贴吧传播。
- 通过微博传播。
- 通过微信传播等等。

对于企业来说，在进行“病毒”营销的时候需要考虑图6-2所示的几个问题。

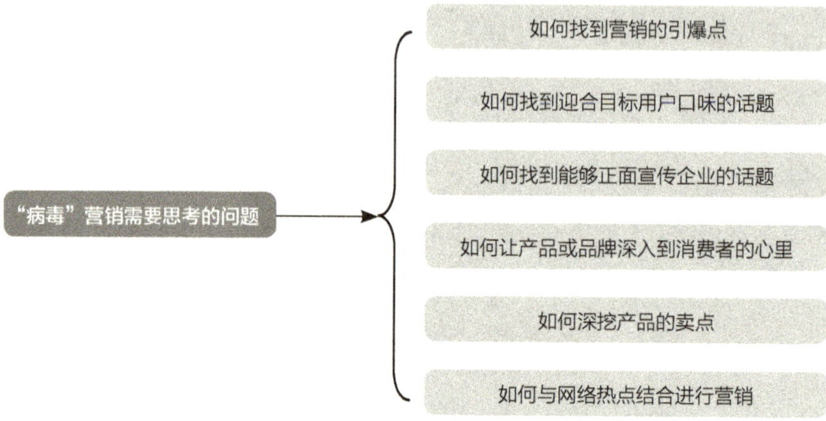

▲ 图6-2 "病毒"营销需要思考的问题

企业如果能够解决以上的这几个问题，那么做"病毒"营销绝对是没有问题的。

6.1.2 "病毒"营销的主要特点

"病毒"营销之所以这么受品牌企业的青睐，是因为企业通过"病毒"营销可以让营销信息快速复制，然后像病毒一样向数以万计、百万计的受众传播和扩散。在笔者看来，"病毒"营销具备区别于其他网络营销方式的特点，如图6-3所示。

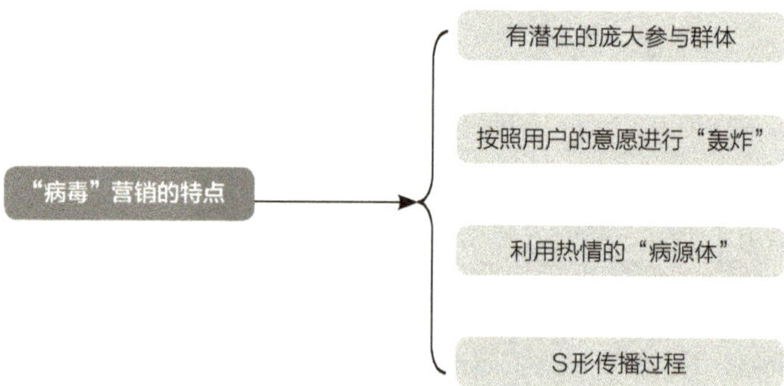

▲ 图6-3 "病毒"营销的特点

1. 有潜在的庞大参与群体

"病毒"式营销其实就是一种人际传播方式，它是一种群体效应，通过人际社会关系传播的渠道，将产品和品牌信息与用户之间建立某种联系，从而达到向受众植入品牌的目的。如一个网民在微博上看到了一个十分有趣的微博，他的第一反应或许就是转发这篇微博并@好友或私信好友，于是无数个参与的"转发军团"就构成了庞大的传播的主力军。

2. 按照用户的意愿进行“轰炸”

“病毒”营销主要就是提高企业的知名度。起初有很多企业不管网民的感受，就轰炸式地发给网民观看，很容易让网民反感。随着网络营销的快速发展，企业也注意到了这一问题，几乎没有什么企业不考虑网民的感受轰炸式地逼着网民违愿接收。

“病毒”营销主要是通过人际关系进行传播，因此受众在接受的时候，意愿度更高，而且接收渠道也比较私人化，诸如下面方式。

- 手机短信。
- 电子邮件。
- 封闭论坛。
- 朋友圈。
- QQ 空间。
- 微博 @ 好友等。

这样的传播方式让消费者更容易接受些，比那种不顾消费者的感受进行轰炸式的传播方式更让人容易接受些。

3. 利用热情的“病源体”

“病毒”营销是利用目标受众对品牌和产品的热情而发展壮大的，是几乎不需要成本的。而网民为什么会傻傻地帮企业打广告呢？原因有两点，如图6-4所示。

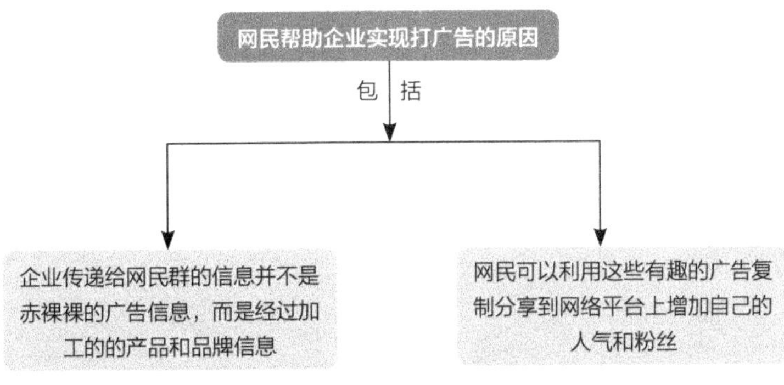

▲ 图6-4 网民帮助企业实现打广告的原因

4. S形传播过程

“病毒”式营销通常呈现出S形曲线的传播过程，即在开始时很慢，当其扩大至受众的一半时速度加快，而接近最大饱和点时又慢下来。因此，企业要针对这一理论，在消费者热情度冷却下来之前，尽快将传播力转化为购买力。

6.1.3 “病毒”营销的基本要素

前面笔者提到过，“病毒”营销是网民们通过社会人际网络，将企业的品牌信息或产品信息像病毒一样不断地复制给其他网民的一种营销方式，简单来说，就是通过给用户提供有价值的产品或服务，来引起用户的自主传播。

那么实现一个成功的“病毒”营销，需要具备哪些基本要素呢？美国一位著名的博士将“病毒”营销的基本要素归纳为六点，如图6-5所示。

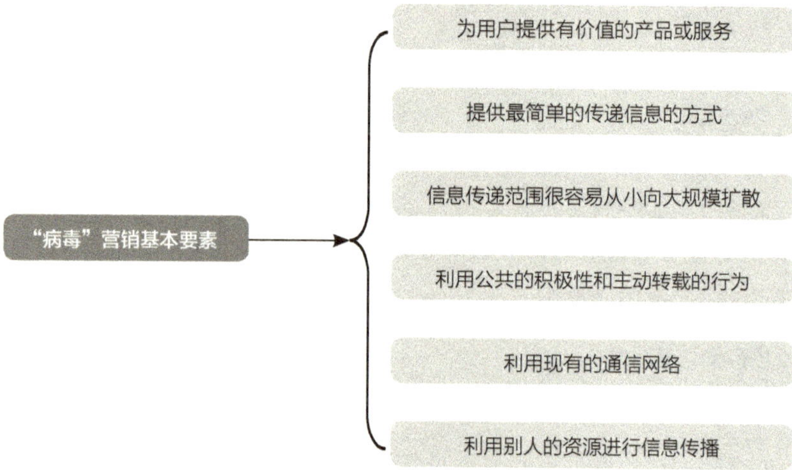

▲ 图6-5 “病毒”营销的基本要素

专家提醒

通常来说，企业在执行“病毒”营销战略时，包含的要素越多，得到的营销效果越好。但是，也并非一定要包含以上的所有要素，企业可以根据自身的实际情况而定。

6.1.4 “病毒”营销的步骤和流程

任何营销在实际应用中都要遵循一定的规律，“病毒”营销也不例外。通常“病毒”营销需要遵循图6-6所示的六个步骤。

1. 规划并设计“病毒”营销方案

在规划设计“病毒”营销方案的时候，需要考虑图6-7所示的几点内容。

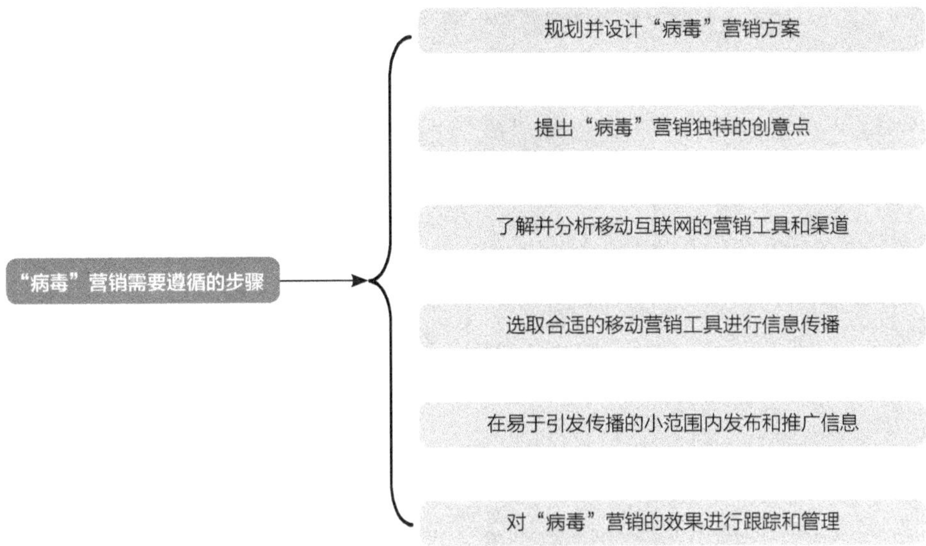

▲ 图6-6 "病毒"营销需要遵循的步骤

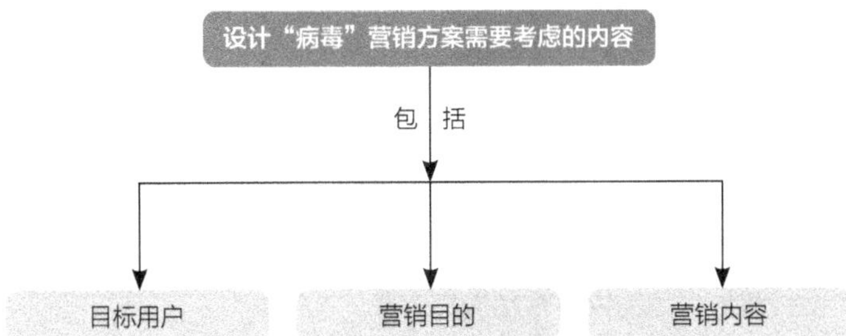

▲ 图6-7 设计"病毒"营销方案需要考虑的内容

2. 提出"病毒"营销独特的创意点

"病毒"营销的创意点可以从多个角度进行发散思维，如下所示。

- 从情感角度出发，通过情感类的营销策略，引起用户的情感共鸣。
- 从搞笑角度出发，用恶搞内容吸引消费者。
- 从实用角度出发，给用户提供有实际价值的内容。
- 从实事角度出发，通过有价值的新闻事件吸引用户。
- 从视觉角度出发，利用有创意的图片给用户带来视觉享受。
- 从浪漫角度出发，通过文字、图片或者视频打造浪漫的氛围。
- 从需求角度出发，通过满足用户的心理、精神、现实意义的需求来引发病毒式的传播等等。

3. 了解并分析移动互联网的营销工具和渠道

移动互联网的营销工具和营销渠道如图6-8所示。

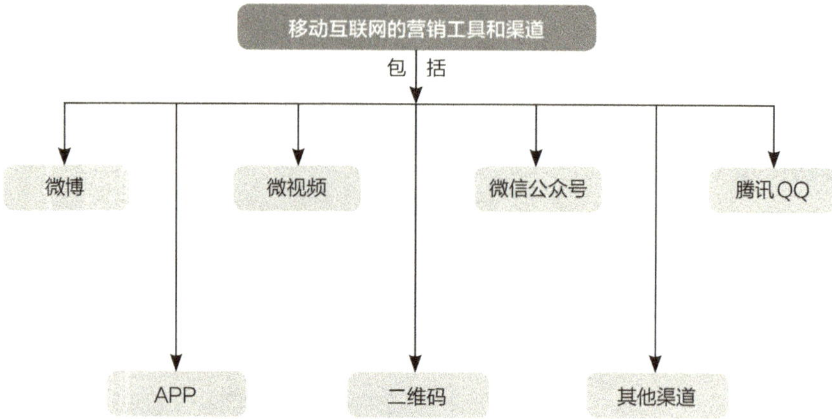

▲ 图6-8 移动互联网的营销工具和渠道

企业最好能够对这些移动工具有个全面的了解，这样才能得心应手地展开“病毒”营销策略。

4. 选取合适的移动营销工具进行信息传播

在对移动营销工具有了相应的了解之后，企业就要选取合适的移动营销渠道进行信息的发布和传播。

5. 在易于引发传播的小范围内发布和推广信息

在发布和推广信息的时候，企业只需要在小范围内进行，但是在选择小范围用户进行信息的推广传播的时候，需要选择那些比较容易对传播信息进行扩散的人群，例如年轻人、相关爱好者等。

6. 对“病毒”营销的效果进行跟踪和管理

进行“病毒”营销之后，在后续还需要对“病毒”营销的效果进行跟踪管理，对“病毒”营销进行有效的分析，为企业未来的“病毒”营销策略提供数据支持。

6.1.5 “病毒”营销与口碑营销的不同之处

很多人会把“病毒”营销和口碑营销混淆在一起，其实它们还是有一些区别的。不要看它们都是利用网民的互相传播就混为一谈，其区别如图6-9所示。

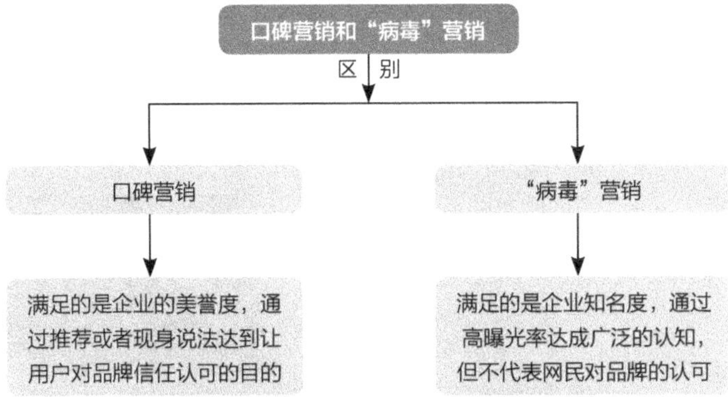

▲ 图6-9　口碑营销和"病毒"营销的区别

6.1.6　打造"病毒"营销内容

"病毒"营销的内容往往具备图6-10所示的特点。

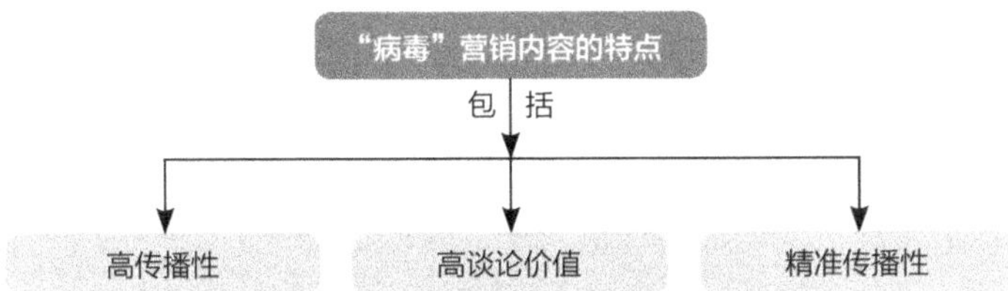

▲ 图6-10　"病毒"营销内容的特点

同时，在进行"病毒"营销时需要注意图6-11所示的两个方面内容。

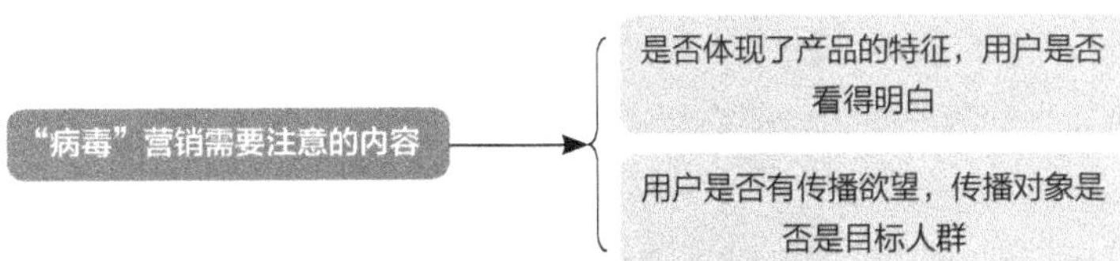

▲ 图6-11　"病毒"营销需要注意的内容

6.2　移动互联网的"病毒"营销案例

近年来，"病毒"营销的流行让许多相关人员激动不已，正所谓"只要有一点火星，就能造成燎原之势"，"病毒"营销正是这个原理，其数以百万计的传播数量让企业从中看到巨大商机。本节为大家介绍几个移动互联网时代的"病毒"营销案例。

6.2.1 多芬：视频短片“病毒”营销

多芬曾推出过一部月浏览量突破1.14亿的视频短片，该视频短片名叫“我眼中的你更美”，图6-12所示为手机微博上找到的有关该视频的资源。

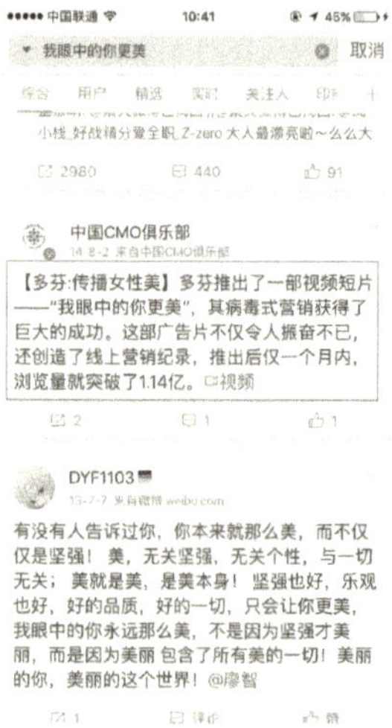

▲ 图6-12 手机微博上的视频资源

该视频的主旨是为女性用户寻找一个答案：女性的容貌在自己和他人眼里，究竟有多大的差异？拍摄该视频的初衷源于多芬的一份调查报告，该报告显示：全球有50%以上的女性用户对自己的容貌不满意。因此，为了解决女性用户的这一困惑，多芬拍摄了这部短片。

短片的内容大致为：让FBI人像预测素描专家Gil Zamora为坐在帘子另一端的女性勾勒外貌，双方都看不见彼此，该视频中，勾勒外貌的具体步骤和结论如下所示。

- 先让女性用户描述自己的外貌，然后让Gil Zamora根据女性用户的描述将她的外貌勾勒出来。
- 然后，让一名陌生人对同一个女性用户的外貌进行口头描述，Gil Zamora根据这位陌生人的描述勾勒出这位女性用户的外貌。
- 于是，两张素描就这样被勾勒出来了，虽然勾勒的是同一个人，但是经由自己和他人口中描述出来的内容不同，因此勾勒出来的画像完全不一样。
- 得出的结论是：他人眼中的自己比自己眼中的自己要美得多，女性完全可以自信地看待自己的外貌。

这个短片一经推出，便取得了非常出色的成绩，成为病毒式营销中的一个经典案例，除了在推出一个月内获得高达1.14亿的浏览量之外，还获得了图6-13所示的成绩。

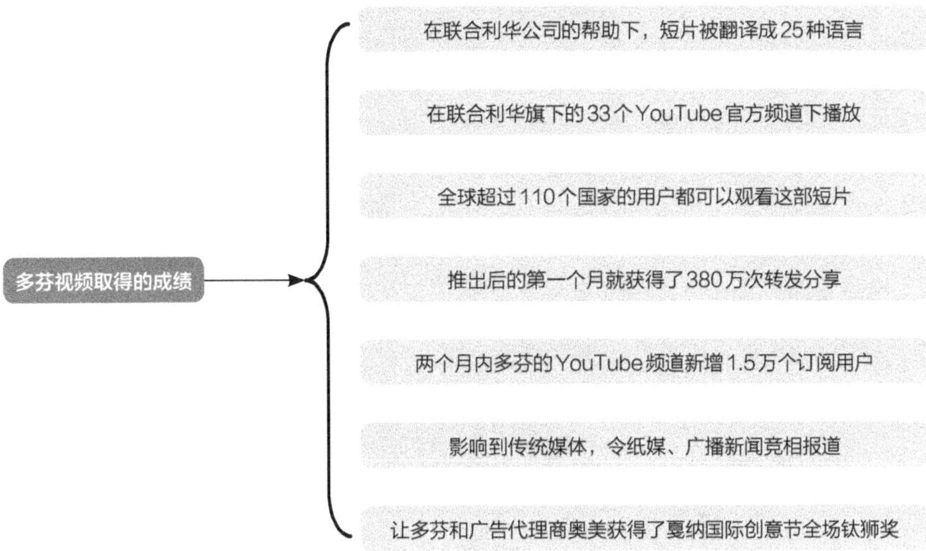

▲ 图6-13 多芬视频取得的成绩

毋庸置疑，多芬的这次视频营销是病毒式营销的一次巨大成功。

6.2.2 乐事：搜集创意薯片口味

乐事推出了一个搜集创意薯片口味的活动，该活动设置的奖励主要分为两种，如下所示。

- 获胜者获得 100 万美元大奖。
- 或得到这款口味薯片销量净利润 1% 的提成。

该活动的流程如图6-14所示。

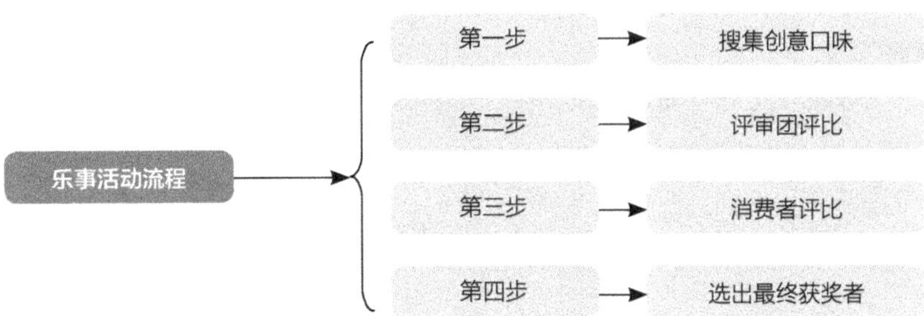

▲ 图6-14 乐事活动流程

1. 搜集创意口味

乐事首先通过图6-15所示的两大渠道搜集了400万个薯片口味创意。

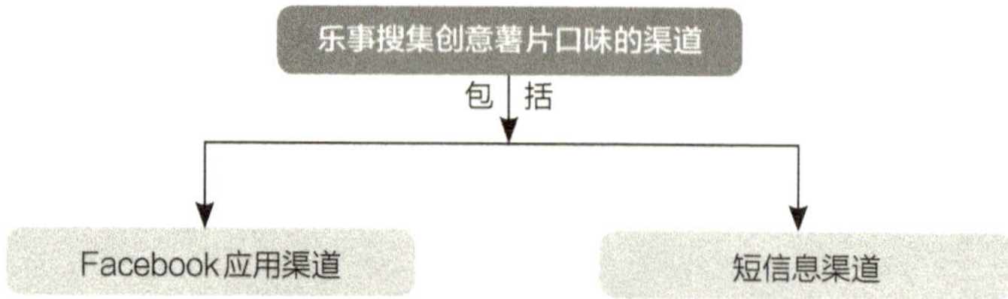

▲ 图6-15　乐事搜集创意薯片口味的渠道

2. 评审团评比

活动的评审团由图6-16所示的成员组成。

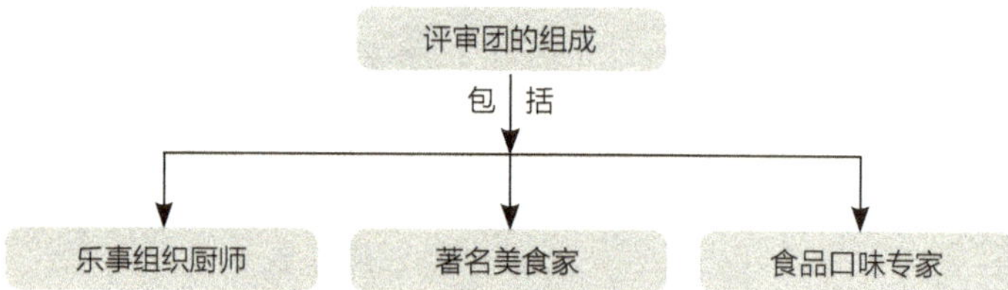

▲ 图6-16　评审团的组成

经过评审团的评比之后，评选出了三种最佳口味，如图6-17所示。

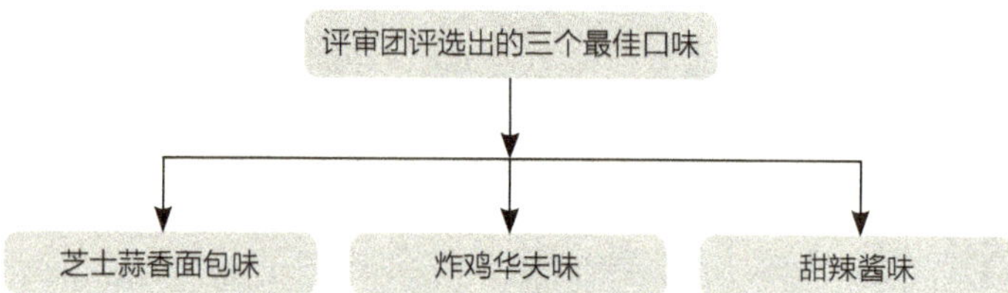

▲ 图6-17　评审团评选出的三个最佳口味

3. 消费者评比

在评审团评比出三个最佳口味之后，乐事选取了100多万名消费者在图6-18所示的三个渠道中进行投票。

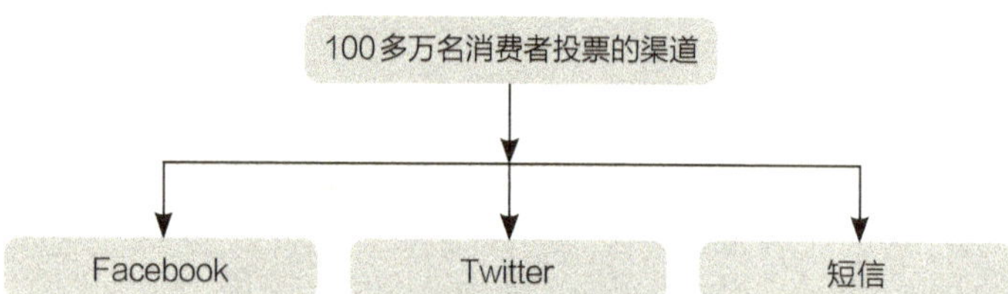

▲ 图6-18　100多万名消费者投票的渠道

4. 选出最终获奖者

经过100多万名消费者的投票评比，芝士蒜香面包口味的参赛作品获得了最终大奖。

对消费者来说，乐事的这个创意薯片口味活动对消费者的意义有两层，如图6-19所示。

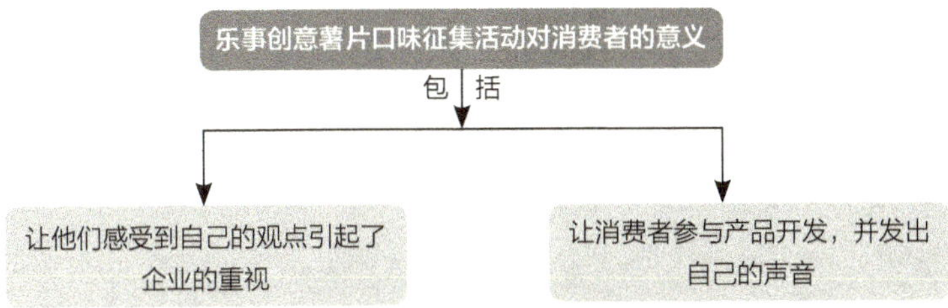

▲ 图6-19 乐事创意薯片口味征集活动对消费者的意义

对于乐事母公司菲多利来说，这场营销竞赛让他们获得了非常满意的结果，如图6-20所示。

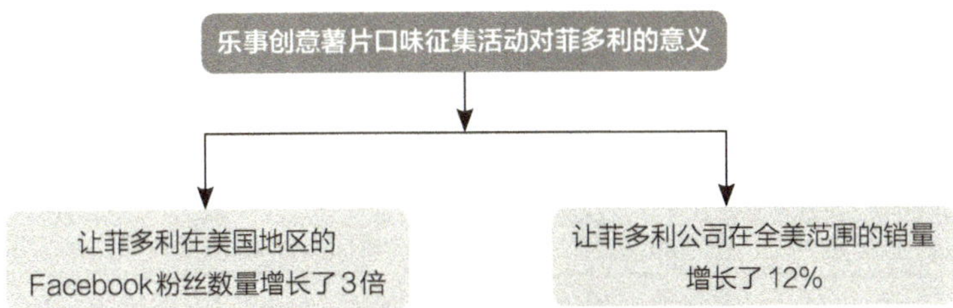

▲ 图6-20 乐事创意薯片口味征集活动对菲多利的意义

第7章

新媒体——互联网+时代新营销

学前提示

相对传统媒体而言，新媒体就是以数字信息技术为基础，以互动传播方式为主，为大众提供个性化内容的媒体，是人与人之间利用数字技术、网络技术、移动技术，通过移动互联网、有线网络等渠道及手机、计算机等终端设备，进行信息的传播和接收的媒体形态。

要点展示

- 新媒体入门知识
- 新媒体运营思维
- 移动互联网+新媒体：改变各大传统行业

7.1 新媒体入门知识

新媒体是相对传统媒体而言的，它的概念至今众说纷纭，没有统一的定论，在笔者看来，有关新媒体的介绍大致如图7-1所示。

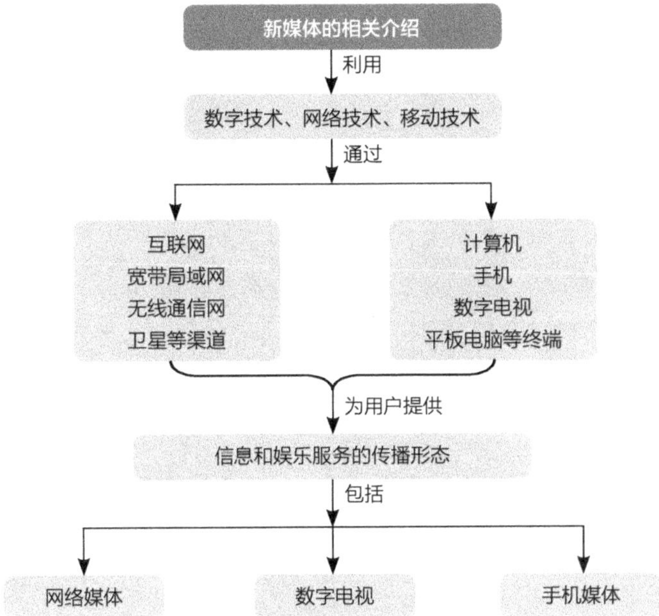

▲ 图7-1 新媒体的相关介绍

本节主要为大家介绍新媒体的相关知识。

7.1.1 新媒体的特征

在数字杂志、移动电视、数字电影、手机网络等新技术的支撑下，新一代媒体形态诞生了，它就是"新媒体"。新媒体相对于四大传统意义上的媒体（如图7-2所示）来说，被业界人士形象地称为"第五媒体"。

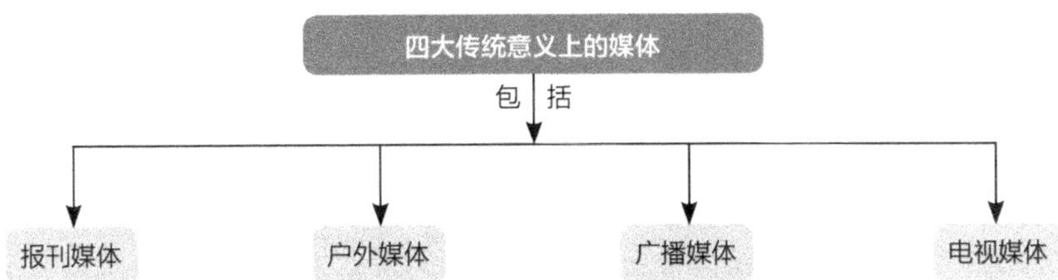

▲ 图7-2 四大传统意义上的媒体

新媒体诞生在这个新时代，就必须跟上这个时代的步伐，并被赋予一定的特征，如图7-3所示。

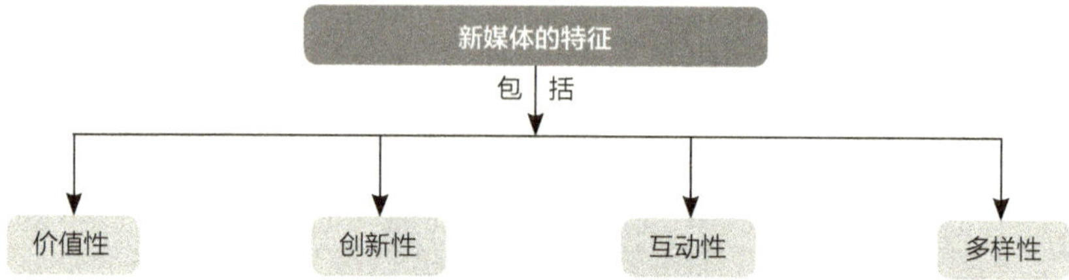

▲ 图7-3　新媒体的特征

1. 价值性

什么是媒体？媒体是通过信息载体，将信息传递给用户的一种方式，其最大的价值表现在两方面，如图7-4所示。

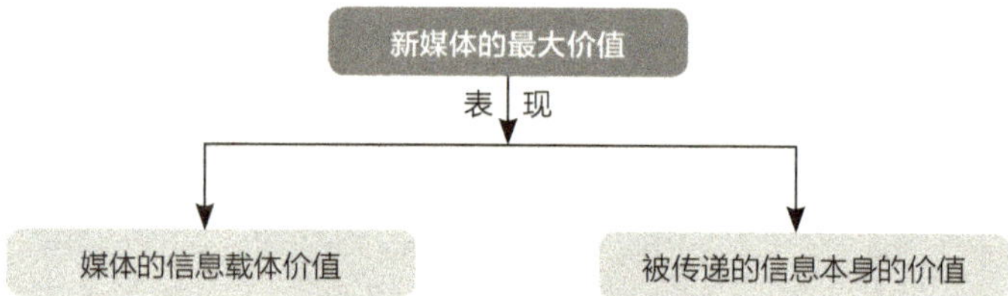

▲ 图7-4　新媒体的最大价值

同时，信息载体又具备如下所示的几种综合价值。

- 信息载体拥有一定的受众。
- 信息载体能够控制信息传递的时间。
- 信息载体拥有一定的传递条件。
- 信息载体的信息传递具有一定的空间性。

2. 创新性

新媒体是一种创新性媒体，这种创新主要体现在其原创性上。这里的原创性，是一种跨时代意义的革新，是时代赋予的新的内容的创新，不仅仅限制于单人或团体的创作性内容。例如分众传媒就是一种新媒体，这种新媒体主要以独创的商业模式、媒体的分众性而得到业界的认可，而且它将原有的媒体形式嫁接到特定空间上，从理念上看，这种“嫁接”已经达到了原创的高度。

除了分众传媒之外，很多细分受众的媒体都在理念上具备一定的原创性，例如：

- 聚众传媒。
- 框架传媒等。

3. 互动性

在移动互联网时代，信息的传播方式发生了巨大的变化，同时由于各种技术的发展，人与媒体、媒体与媒体、人与人之间的互动越来越便捷，越来越多样，这也是新媒体的特征之一。

4. 多样性

新媒体涵盖的内容非常广，而且其表现形式也非常多样，例如社区媒体、移动电视媒体、手机媒体等。

7.1.2 新媒体的分类

新媒体可以从图7-5所示的几个方面进行分类。

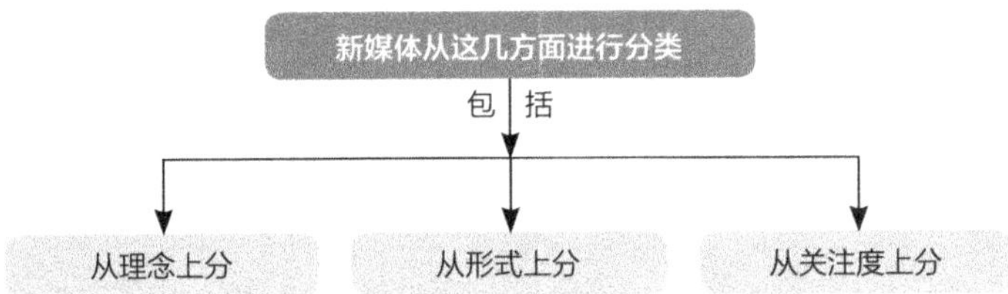

▲ 图7-5 新媒体从这几方面进行分类

1. 从理念上分

从理念上分，可以将新媒体分为图7-6所示的两类。

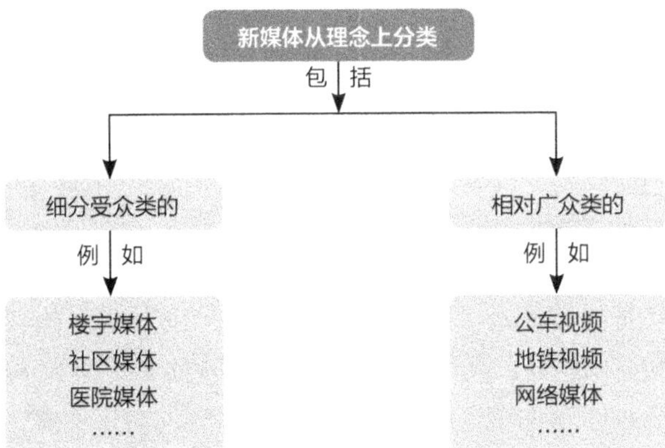

▲ 图7-6 新媒体从理念上分类

2. 从形式上分

从形式上分，可以将新媒体分为图7-7所示的两类。

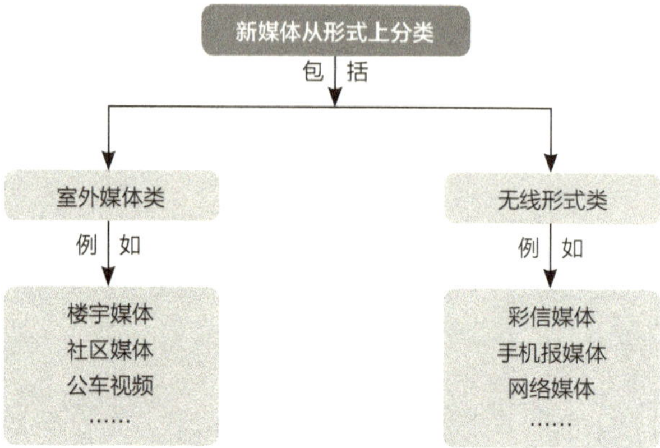

▲ 图7-7 新媒体从形式上分类

3. 从关注度上分

从关注度上分，可以将新媒体分为图7-8所示的两类。

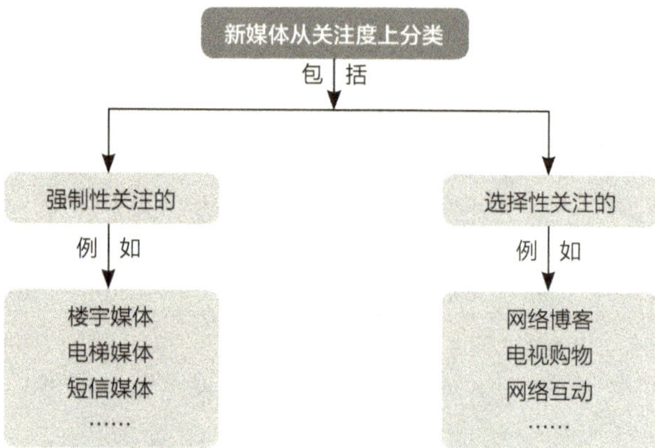

▲ 图7-8 新媒体从关注度上分类

7.2 新媒体运营思维

在移动互联网时代，粉丝经济变得越来越重要，一个媒体平台，最重要的就是吸粉，有流量的平台才有价值，没有粉丝，那么这个平台也就没有价值可言。为了吸收流量，众商家可谓各种手段齐上阵，如下。

- 二维码扫描。
- 优惠活动。
- 有创意的内容。
- 明星效应。
- 提供有价值的内容等。

在移动互联网时代，新媒体最重要的运营思维就是粉丝经济，获得高质量的粉丝，制造有价值的内容，那么这个媒体平台就成功了一半。

下面来谈谈移动互联网时代，新媒体运营需要具备哪些思维，如下所示。

- 互动思维。
- 娱乐思维。
- 平台思维。
- 渠道思维。

7.2.1 互动思维

传统意义上的互动是指一群人聚集在一起，通过脑力去解决某个问题，而移动互联网时代的互动思维是指网络信息的双向互通。因为网络的特殊性，改变了传统单向的信息流动方式。网络舆论的生成让企业可以看到用户内心的想法，每个人都是互动的主体，每个人都有属于自己的不同观点和意见，这些观点的交流和交融能够为新媒体运营带来全新的面貌。

7.2.2 娱乐思维

移动互联网时代，消费者喜欢任何具备娱乐化性质的事物，新媒体在运营的时候要抓住这个要点，打造一套创新的娱乐化新媒体营销策略。

娱乐化的新媒体营销方式也是传播的一种手段。它主要指企业在利用移动互联网进行新媒体营销的过程中，利用各种娱乐化元素，吸引消费者的目光，达到信息传播的目的。

娱乐化新媒体营销策略有图7-9所示的要点。

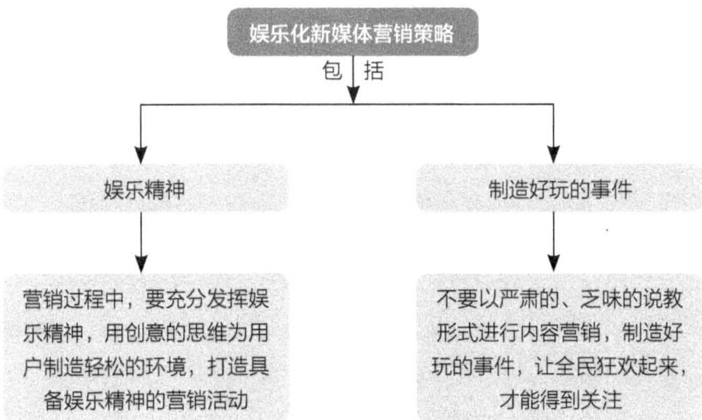

▲ 图7-9 娱乐化新媒体营销策略

7.2.3 平台思维

对于公众平台来说，平台思维其实也是“打造精品内容”思维，即通过优质的、对用户有价值的内容吸引用户、留住用户。打造一个好的平台，除了要在内容上下功夫之外，还需要在排版、图片、文字等细节上入手，通过舒适的版面、高清的图片和有料的文字来吸引用户是平台思维的核心。

同时平台内的资源运作，也是平台思维的思想之一。什么是资源运作？资源运作就是当一个平台，其粉丝量达到一定程度的时候，那么这些粉丝可以成为一种资源，与平台成为利益共存体。这样的平台，不仅能够留住粉丝，还能实现平台和粉丝的利益最大化。

7.2.4 渠道思维

移动互联网时代，想要保证新媒体平台的活跃度，就需要通过多个有效渠道进行内容的输出。为什么要通过多个渠道来进行信息的推广呢？因为对于新媒体运营平台来说，常常会遇到图7-10所示的问题。

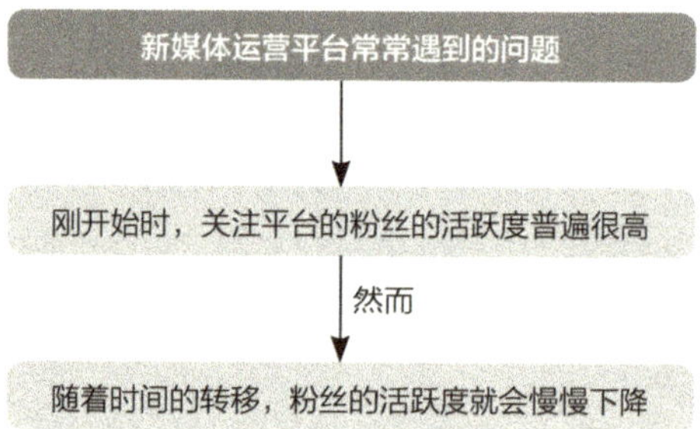

▲ 图7-10　新媒体运营平台常常遇到的问题

当新媒体平台遇到粉丝活跃度下降的问题的时候，就必须想办法让平台的粉丝不断增加，以保证平台粉丝的活跃度，这时就需要通过多个输出渠道，来增加信息的曝光度，确保粉丝每天都能源源不断地增加。

7.3 移动互联网＋新媒体：改变各大传统行业

智能终端的普及以及移动业务应用的蓬勃发展，促使移动互联网新媒体呈现出一种迅猛的发展趋势。而手机已经成为开创媒体新时代的重要工具，它打破了人们接受信息的时间、空间的限制，让人们能够在任何时间、任何场所都能够与他人进行交流沟通，还能够接收各类信息、发布分享自己的心情。

毫无疑问，手机为人们开启了一个信息海量共享、即时互动的新时代，是继报刊、广播、网络等传统媒体之后，顺应潮流诞生的新媒体形态。本节笔者将为大家介绍移动互联网时代，新媒体对各个行业的影响。

7.3.1 房地产：新媒体时代思维改变

传统房产和新媒体时代下的房产之间，已经发生了质的变化。传统的房产行业思维是“以土地为本”，而新媒体时代下的房产行业思维，则是“以人为本”，如图7-11所示。

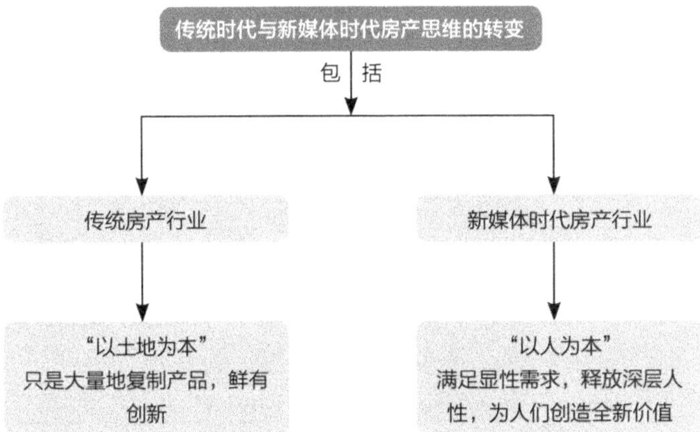

▲ 图7-11 传统时代与新媒体时代房产思维的转变

新媒体时代的房产思维恰好契合了移动互联网时代的“用户思维”。这一思维的本质如图7-12所示。

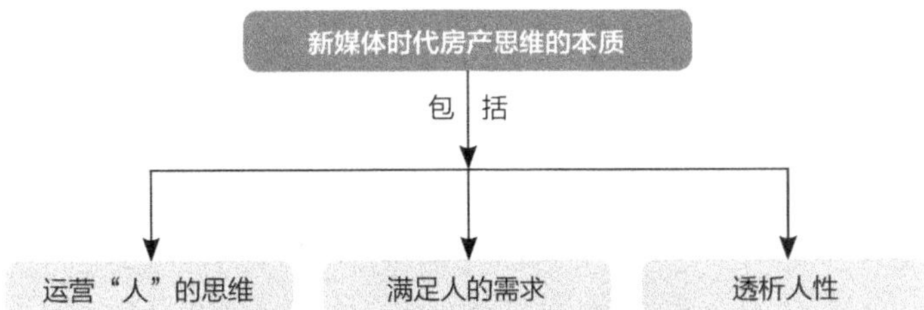

▲ 图7-12 新媒体时代房产思维的本质

因此，传统房产思维向新媒体房产思维转变其实就意味着一场变革，意味着房产界的一种颠覆。

7.3.2 出版业：一场阅读的革命

新媒体为当下的移动用户提供了一个崭新的平台，这个平台广泛受到人们的喜爱，尤其对于年轻受众来说，这个平台已成为他们生活中不可或缺的存在。而随着新媒体发展的深入，人们开始把注意力进行重新分配，越来越多的人将注意力集中在新媒体平台上，因此，新媒体对传统出版业也造成了一定的影响。

那么，新媒体有哪些优势是传统出版业无法比拟的呢？笔者总结为图7-13所示的几点。

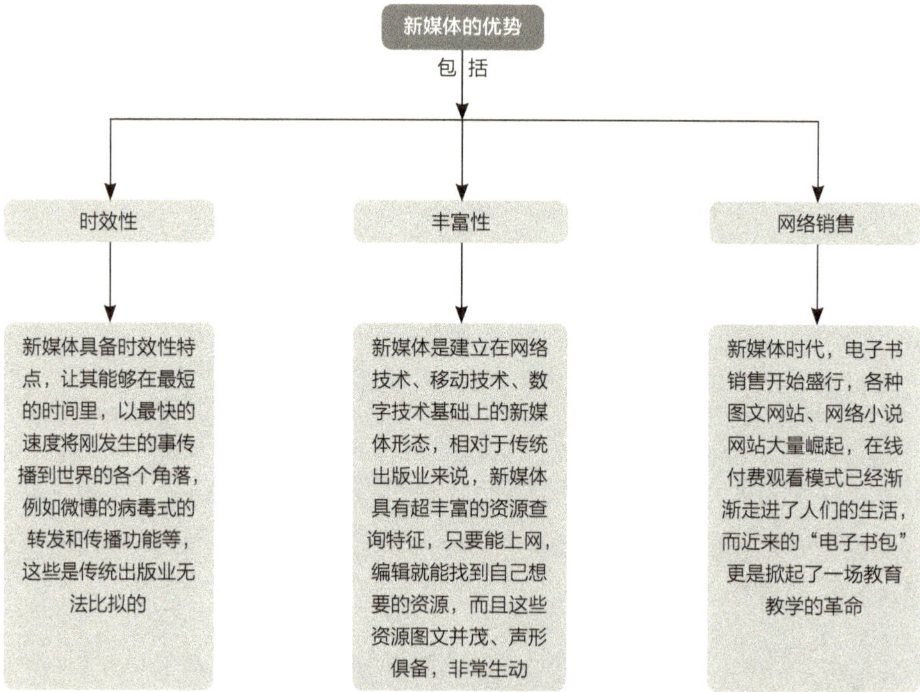

▲ 图7-13 新媒体的优势

相对于符合新时代发展的新媒体业来说，传统出版业则显得有些滞后了，脱离书籍，通过移动电子设备进行学习、阅读、了解新闻实事，很可能是未来新媒体发展的趋势和必然。传统出版业想要改变这种境况，就必须迎合市场，打造具备新媒体特征的运作模式，并且从内容上下足功夫。

在新媒体来袭之后，也有不少公司纷纷布局，向全媒体转型，如图7-14所示。

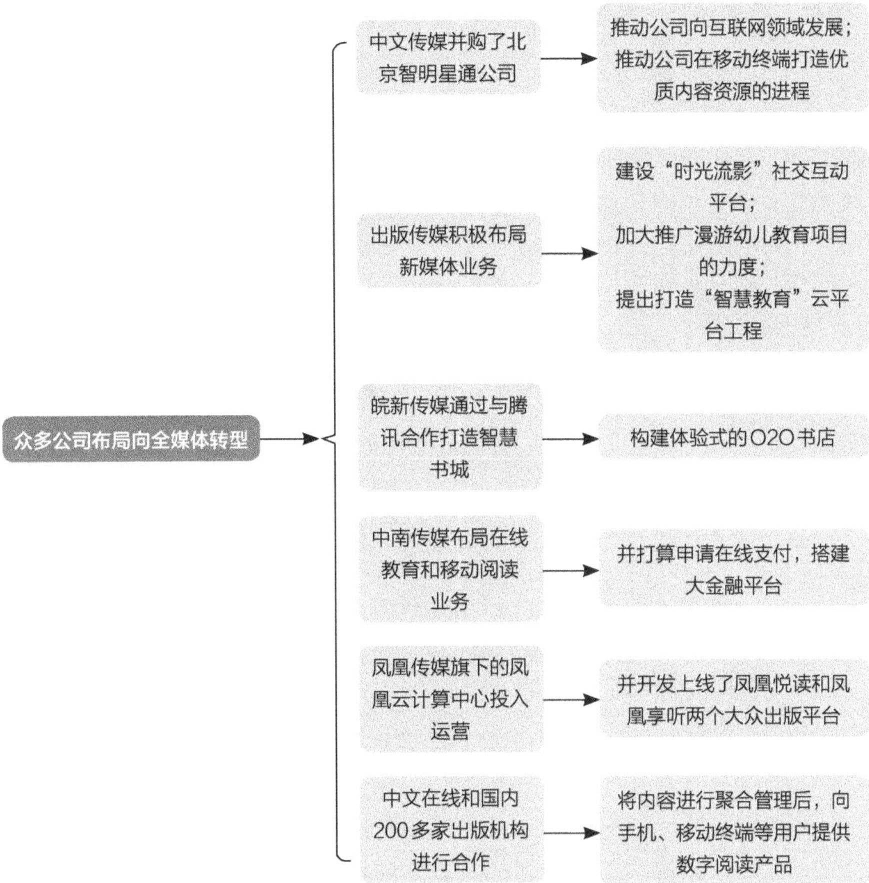

▲ 图7-14　众多公司布局向全媒体转型

7.3.3　餐饮业：美味无需排队

随着新媒体的深入发展，餐饮业也在发生着重要的变化。以前面对一家新开的餐饮店，人们总想走进店里看看菜单，了解一下这家店的特色菜，但是在新媒体时代，完全不用如此麻烦。人们只要有一台智能手机，就能在各种餐饮、团购类的移动应用上查看如下信息。

- 各个餐饮店的菜单。
- 各个餐饮店的菜品。
- 各个餐饮店的装修情况。
- 其他客人对餐饮店的评价。

以上这些信息都会以文字、图像的形式展现在所有人面前，更加形象生动、丰富多彩，还可以为人们选择餐饮店提供参考。

同时，新媒体平台对网络餐饮、移动餐饮的各类推广，更是让餐饮O2O呈现不可抵挡的模式。现在，线下餐饮的消费主力军是70后、80后，他们大部分愿意为了美味去排队等候，而90后、95后，更多的是在网上订餐，接受送饭上门的服务。传统派和新媒体时代下的创新派的差异如图7-15所示。

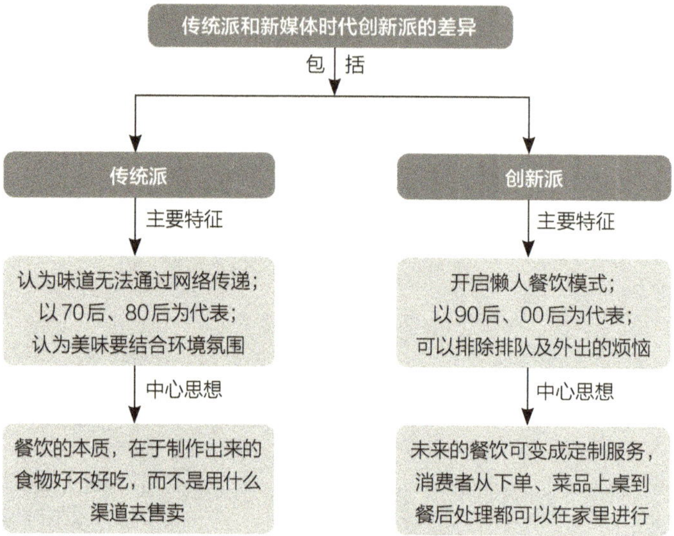

▲ 图7-15 传统派和新媒体时代创新派的差异

在互联网技术还不发达的时期，人们主要是通过电视、报纸、杂志等传统媒体了解自己想要了解的信息，餐饮界则是通过在美食杂志上投稿、在电视上打广告的方式来宣传推广自家的餐饮门店。而随着新媒体的出现，网络、移动终端渐渐成为人们日常生活中最主要的信息传载工具，人们对移动工具的依赖越来越强，生活也越来越方便，例如用户想要查询餐饮信息，直接在手机上查看即可。

7.3.4 教育业：改变传统传播方式

新媒体在教育领域也发挥了巨大的作用，网络技术、互联网技术、移动互联网技术，让传统教育开始向互联网+转型，通过网络、移动端进行在线教育的方式在新媒体的带动下诞生了。传统教育的教学方式，主要是通过图7-16所示的几种形式进行。

而新媒体所具备的图7-17所示的特点，不仅满足了现代青年娱乐的心态和需求，而且让传统教育获取信息的方式和渠道发生了巨大的变化。

同时在新媒体时代，信息的传递不再像传统教育那样遵循单向传递的模式，知识信息的传递者和接收者因可以互动交流，所以信息的传递是双向的。知识信息在经过了图7-18所示的环节后，实现了全方位的增值。

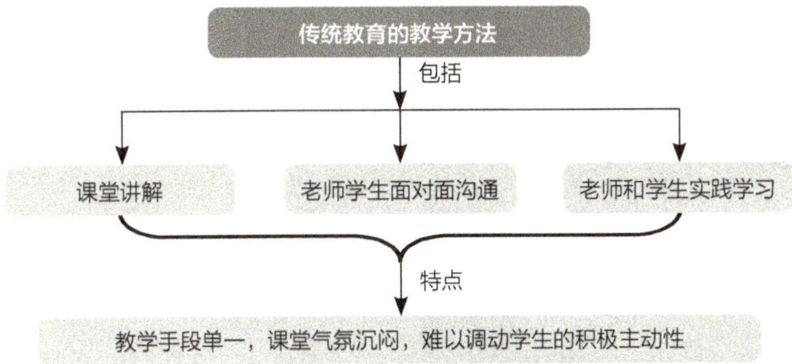

▲ 图7-16 传统教育的教学方法

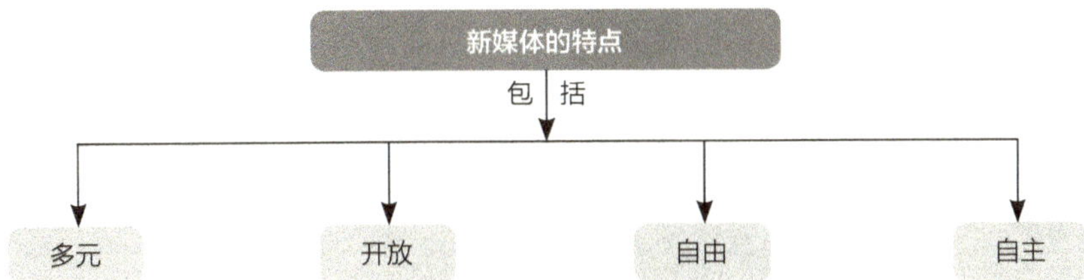

▲ 图7-17 新媒体的特点

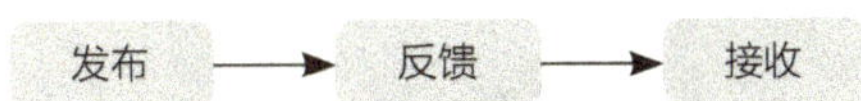

▲ 图7-18 知识信息交流的环节

同时移动端的新媒体教育模式，也变得越来越多样化，例如APP模式、手机报模式，相关介绍如图7-19所示。

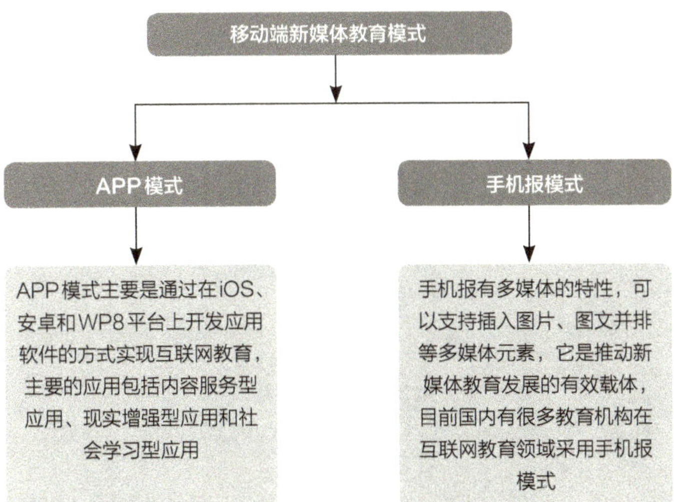

▲ 图7-19 移动端新媒体教育模式

第8章

微博——
随时随地分享

学前提示

移动端微博作为新兴的社会化媒体工具，无疑对传统的媒体营销工具产生了巨大冲击。目前，微博已经成为了品牌营销的利器、市场调查与产品开发的创新工具、危机公关的理想选择。本章主要探讨移动端微博的营销技巧。

要点展示

- 微博入门知识
- 关于微博营销的价值
- 干货：微博营销的技巧
- 移动时代微博营销的案例

8.1 微博入门知识

微博营销是微博诞生后催生出来的一种新兴营销模式，通过一对多的互动交流方式，以及快速广泛传播的特性，为企业带来了良好的微博推广平台。

企业主要是利用微博140字内容信息功能来跟粉丝进行互动交流，在这个大社交舞台上，企业只要通过一定的营销策略就能推广企业的品牌和产品信息，树立良好的企业形象和产品形象，从而达到营销的目的。

本节主要为大家介绍微博营销的相关知识。

8.1.1 微博平台进行营销的特点

每个营销平台都有其独特的特点，微博营销也不例外，其特点主要体现在以下的几个方面，如图8-1所示。

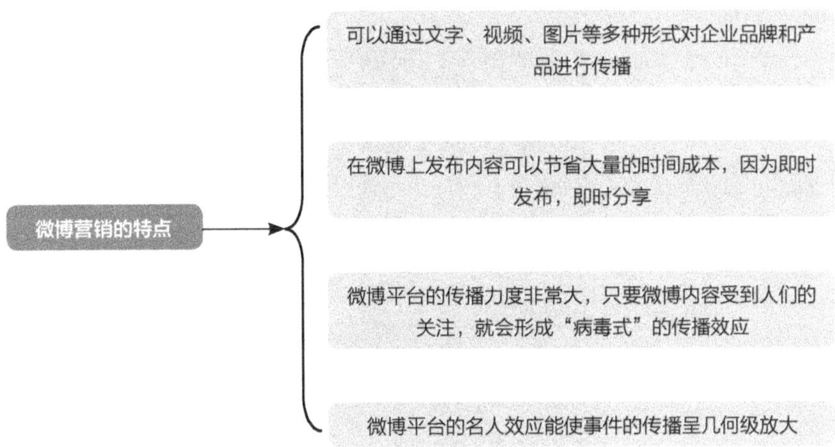

▲ 图8-1 微博营销的特点

8.1.2 微博平台进行营销的优势

微博原本只是一个单纯的社交平台，后来，企业发现通过微博平台能够为消费者创造价值。发现消费者各类需求之后，微博就慢慢发展成了一种重要的网络营销推广工具。

因为微博营销是基于微博的传播特性而发展起来的，因此微博营销具有图8-2所示的优势。

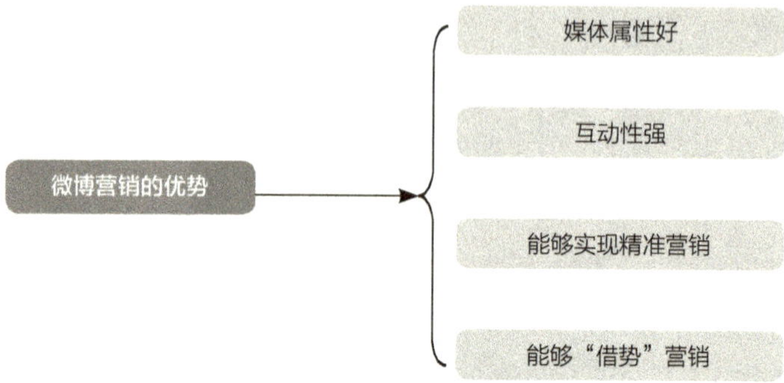

▲ 图8-2 微博营销的优势

1. 媒体属性好

微博具有媒体属性，但是与广告媒体相比，微博营销有着得天独厚的优势，如图8-3所示。

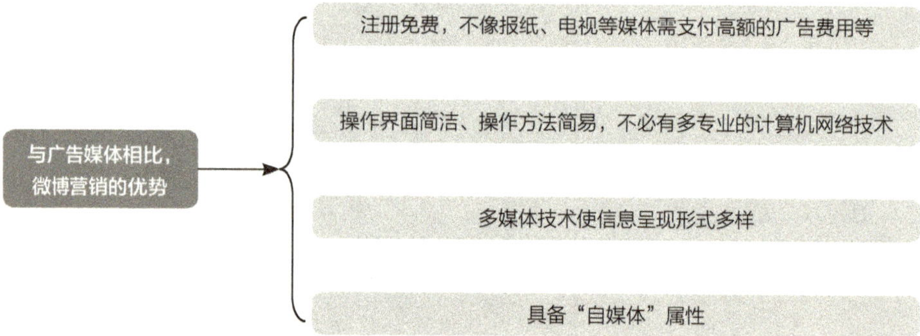

▲ 图8-3 与广告媒体相比，微博营销的优势

2. 互动性强

社交媒体时代，人性化的传播不仅可以拉近企业与用户之间的距离，还能够提升品牌的影响力，促进产品的营销。

在微博上，企业运营者能够通过风趣、幽默、富有人情味的语言与消费者进行互动，也可以通过相关的活动宣传自身的产品，让品牌在目标消费群中得到广泛的传播。这种互动式的传播方式，更容易获得消费者的认可，因为它已经脱离了单纯的买卖关系，更多的是与消费者和粉丝之间建立起一种“友谊”关系。

这种“友谊”关系的建立对于提升品牌的忠诚度和美誉度有很大的帮助，是实现口碑营销的绝佳途径。

3. 能够实现精准营销

在微博上，企业能够建立自己的“微博矩阵”。什么是“微博矩阵”？“微博矩阵”是指企业基于不同的目标群体，开设多个不同功能的微博，与不同的粉丝进行沟通，从而使企业内部资源在微博上实现最优化排布以达到最大效果的一种微博营销方式。微博矩阵包括两个必须项和四个选择项，如图8-4所示。

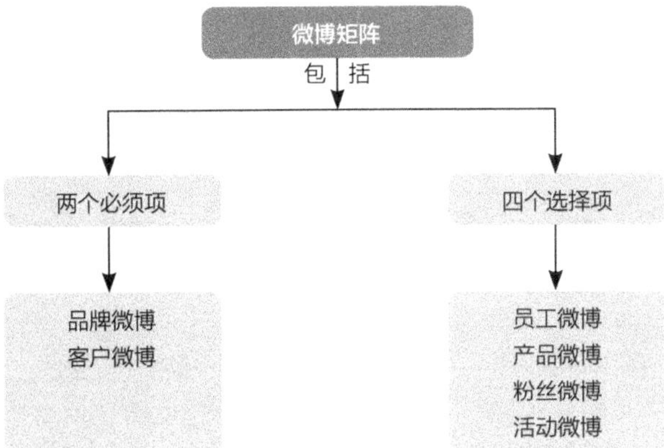

▲ 图8-4 微博矩阵包含的内容

企业的品牌策略只要运用得当，就能够植入到微博矩阵中去，而且运用微博矩阵，更利于企业针对不同的产品用户进行精准营销。

专家提醒

值得注意的是，不同的企业适用于不同的微博矩阵类型，因此，企业要根据自身情况，因地制宜，才能达到最理想的微博推广营销效果。

4. 能够“借势”营销

众所周知，在新浪微博中，企业微博的影响力主要由以下三个因素决定，如图8-5所示。

因此，企业如果想提升微博的影响力，就要从以上三大因素入手。

例如借助拥有大量粉丝的知名博主之手，帮助企业进行品牌推广，实现更好的营销效果。借助知名博主进行营销主要有如下所示的两点优势。

- 知名博主粉丝众多，借助知名博主，可以让更多的潜在用户接触到企业品牌，达到广而告之的效果。
- 知名博主在某些专业领域或者趣味生活方面比较精通，因此具有引导消费的功能。

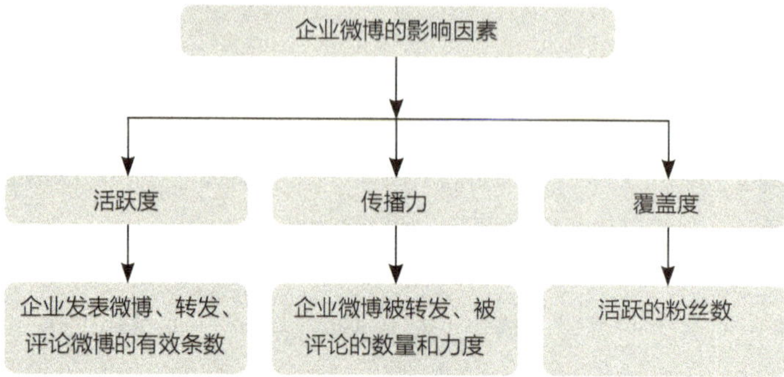

▲ 图8-5　企业微博的影响因素

> **专家提醒**
>
> 企业借助知名博主进行品牌推广和营销的方式，本质上就是打广告，因此是有偿服务，根据知名博主的粉丝量来确定价格。

8.2　关于微博营销的价值

在移动互联网时代，微博为企业品牌营销带来的商业价值是无可估量的。就目前而言，微博营销主要有5大商业价值。

- 了解用户需求。
- 提供战略依据。
- 避免公关危机。
- 开展促销活动。
- 客户分类管理。

下面为大家介绍这5大商业价值。

8.2.1　了解用户需求

因为微博具有自由发表、转载、评论等功能，所以微博用户完全是根据自身的爱好、需求、兴趣等参与信息的传播。企业可以通过用户传播的信息和传播习惯，了解到用户的生活习惯、消费习惯、生活需求、情感需求等各种信息，这些信息对于企业在制定产品策略和营销策略时，有很好的参考价值。

8.2.2　提供战略依据

从消费者转载、传播的信息中，企业可以“倾听”到消费者最真实的想法，因此企业可以根据消费者传播出来的愿望随时制定、修改、调整相关的产品战略和营销手段，以此来满足消费者的需求，提高他们的满意度。这种“柔性”的沟通战略，更加深了消费者对企业品牌的认知。

8.2.3 避免公关危机

微博不仅为企业提供了一个传播推广的平台，还为企业提供了一个及早发现、处理公关危机的平台。在企业与粉丝的日常交流互动中，企业一旦发现了公关危机的苗头，就可以立马采取措施将危机扼杀在摇篮中。

如果危机事件已经发生了，企业则可以利用微博大众对危机事件的态度，迅速采取适当的处理措施，防止事态恶化，对品牌形象造成不可挽回的后果。在处理公关危机事件时，企业为避免事态扩大，要对粉丝进行主动、透明、公开的回应，消除公众的误解。

8.2.4 开展促销活动

微博营销具有扩散成本低、转载性强、分享范围广等特点，其最大的商业价值就是企业能够在微博平台上开展各种促销活动，例如打折优惠、抽奖或者免费派送等。

8.2.5 客户分类管理

对客户进行分类管理，能够让品牌传播或产品营销更加精准化。在微博上，企业能够对客户进行分类管理，根据情况，能够将客户按以下几方面进行分类，如图8-6所示。

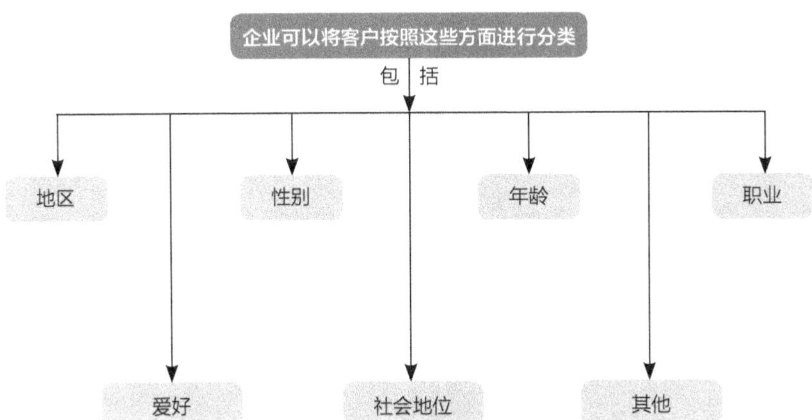

▲ 图8-6　企业可以将客户按照这些方面进行分类

8.3 干货：微博营销的技巧

对于移动互联网营销来说，微博是一把双刃剑，运用得当，会收获意想不到的效果；运用不当，就会给企业自身形象带来严重的后果。因此，企业在进行移动互联网营销的时候，要掌握一定的微博营销策略。本节主要探讨微博营销几大核心策略。

8.3.1 平台大数据分析

大数据营销是一种应用极其广泛的营销方式，将大数据应用到微博营销中，主要是通过大数据对目标用户、发布的消息类型、发布时间等进行精准的把控。下面介绍如何运用大数据进行微博营销。

1. 用户定位

企业想要进行移动互联网营销，就必须通过一系列的活动吸引用户，增加用户流量，才能进行更有效的营销活动。而通过大数据分析，企业能够快速建立用户的兴趣图谱，然后根据兴趣图谱，开展符合目标用户口味的活动，从而吸引更多人关注企业微博。

2. 量化目标

大数据能够帮助企业将市场宣传、客户服务和公关关系这三者的关系化繁为简，通过具体的量化目标来重新梳理三者之间的关系，如图8-7所示。

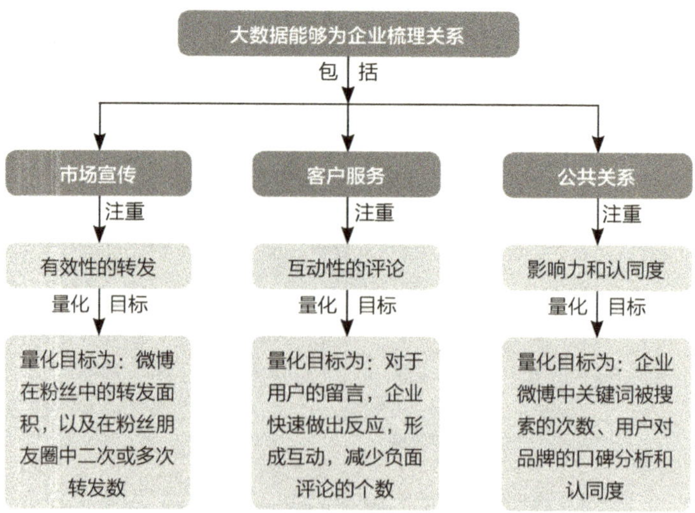

▲ 图8-7 大数据能够为企业梳理关系

3. 消息定位

微博发布消息的形式多种多样，企业通过大数据分析，就可以根据目标用户的偏好，用不同形式进行信息内容的展示。可以用文字、视频，也可以用图片和音频，还可以将多种形式进行整合。

据统计，98%以上的热门微博都是通过图片形式发布微博的，原因主要有图8-8所示的两点。

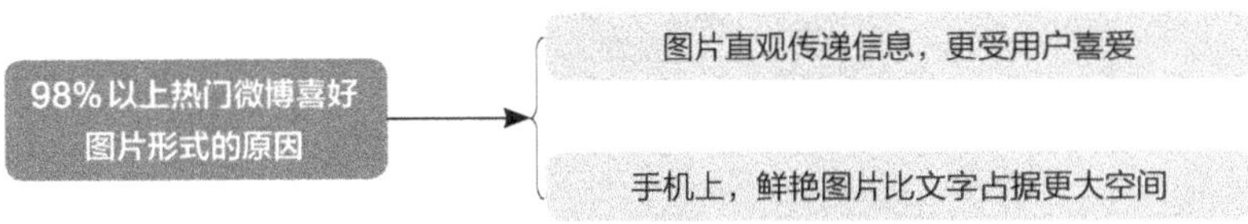

▲ 图8-8 98%以上热门微博喜好图片形式的原因

4. 发布时间定位

微博用户碎片化阅读特征非常明显，因此，企业在运用微博进行品牌营销时，要注意微博信息发送的时间段，以获得更多的关注。通过大数据，可以精准定位微博发布的时间。

同时，可以通过大数据对微博的营销效果进行评估，来评估微博的影响力，通常来说，微博营销效果评估的内容包括以下几方面，如图8-9所示。

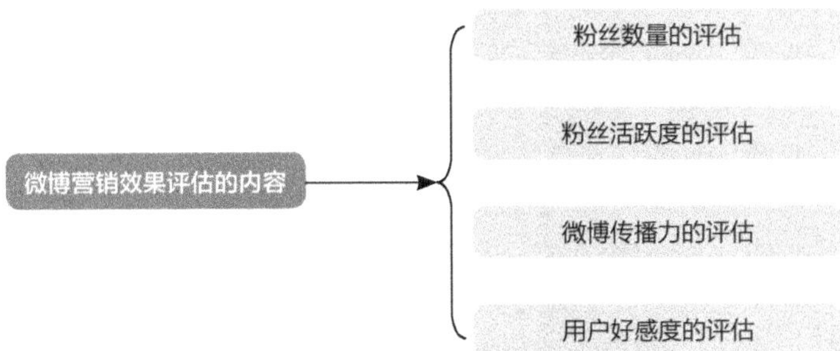

▲ 图8-9 微博营销效果评估的内容

专家提醒

从字面上看，大数据与微博营销并没有直接的联系，但是从内容上看，从本质上看，哪里有数据，哪里就有大数据。大数据技术已经被广泛应用在微博营销中，从用户定位、用户需求数据分析，到微博营销客户关系管理、消息发布的时间定位以及营销效果评估，都离不开大数据的作用，因此，企业在微博营销中，一定要好好把握大数据与微博营销之间的关系。

8.3.2 平台形象营销要点

在这个移动互联网时代，形象的打造有时候比其他因素更加重要，微博在构建移动互联网品牌形象时需要注意一定的策略。

1. 打造外在形象

企业在开通微博之前，首先要打造一个恰当的标识，提高自身外在形象的辨识度，让公众对企业产生一定的记忆，形成良好的第一印象。

通常，企业的标识一般由如下所示的元素组成。

- 辨别度高的头像。
- 容易记住的名称。
- 符合企业风格的页面背景。

对于品牌企业来说，企业官方微博的标识通常是和企业的Logo、名字保持一致的。例如肯德基的微博头像就是用肯德基创始人及KFC这几个字母做头像的，如图8-10所示。

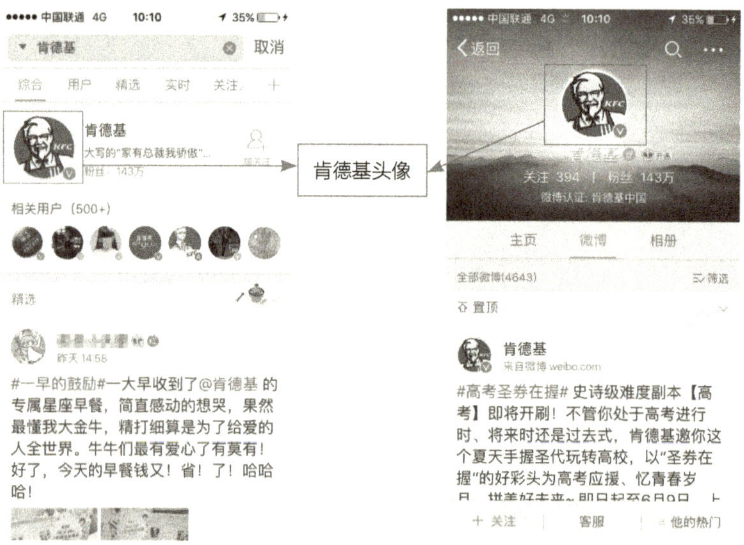

▲ 图8-10 肯德基官方微博标识

2. 优秀人才维护平台

运营微博不是一件轻巧的事情，每个想要通过微博来打造互联网品牌的企业，都必须招纳专门的微博运营维护人才。

微博运营人才，通常需要具备如下的职业素养。

- 具备企业经营范围内的专业知识。

- 具备一定的媒介洞察力和素养。

有这样职业素养要求的原因如图8-11所示。

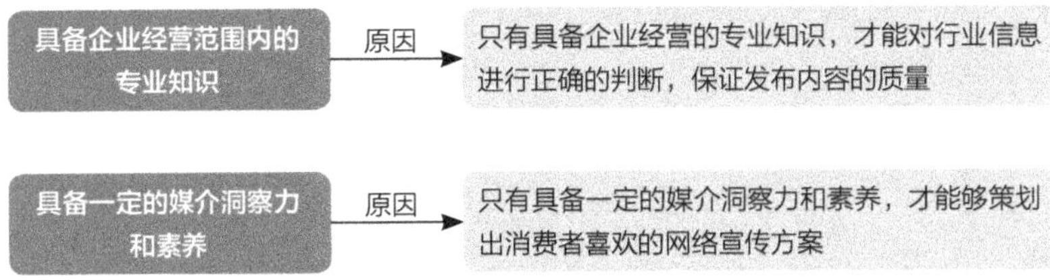

▲ 图8-11 对微博运营人才有职业素养要求的原因

3. 对数量和质量上的要求

在微博数量上，企业要注意两点，如图8-12所示。

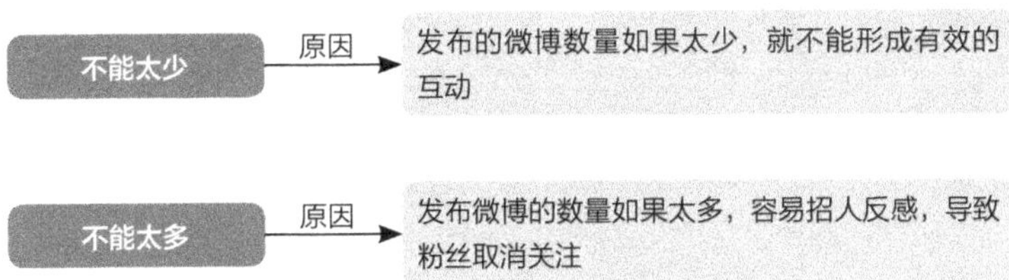

▲ 图8-12 对微博数量的要求

因为企业形象的构建是一个长期而复杂的过程，因此在微博内容质量上，企业要注意图8-13所示的几个方面的内容。

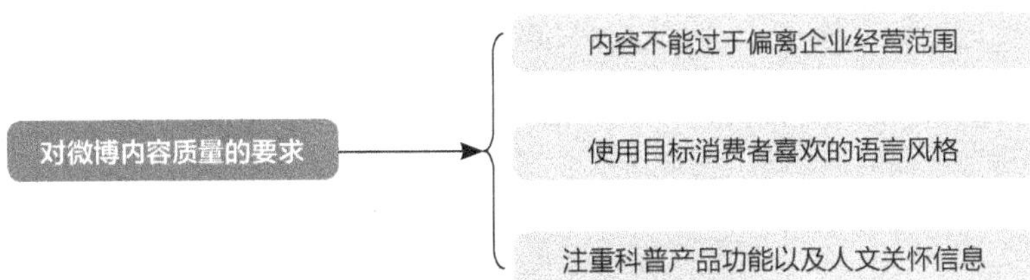

▲ 图8-13 对微博内容质量的要求

4. 坚持长期更博

企业要长期坚持更新微博，因为只有保持微博的活跃度，才不会被粉丝遗忘，因此企业要将企业微博运营作为长期品牌建设的战略。

5. 把握发布时机

我们都知道，微博营销具有时效性的特点。因此，企业在进行微博营销的时候，要注重微博发布的时间，一则有价值的微博信息，很容易在网络上形成“病毒式”传播的效应，而一旦错过时机，微博信息可能很快被淹没在人潮中。

6. 用互动和反馈打造亲民形象

如果企业想要在用户心目中树立起一个和蔼可亲的形象，加深用户对企业的信任，就必须时常与用户进行互动。通过互动来加深用户对企业的认知度，通过用户的反馈来了解用户对企业的看法和需求。

企业进行微博互动的对象，不仅仅是指企业的目标用户，还包括图8-14所示的几种对象。

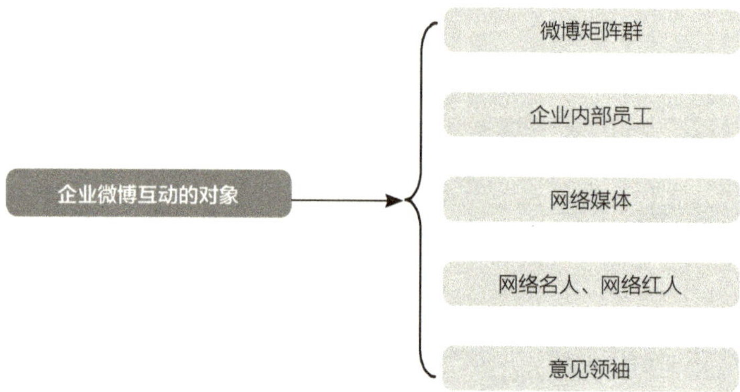

▲ 图8-14 企业微博互动的对象

8.3.3 平台互动营销策略

微博平台互动营销策略就是企业举办一些网民感兴趣的活动，与用户之间形成互动，然后通过激励手段，让参与活动的用户直接加入到微博信息的传播扩散阵容中来，借助用户的转载，将品牌信息一层一层地传递出去，形成“裂变式”的传播模式。微博互动营销策略可以从以下几方面入手，如图8-15所示。

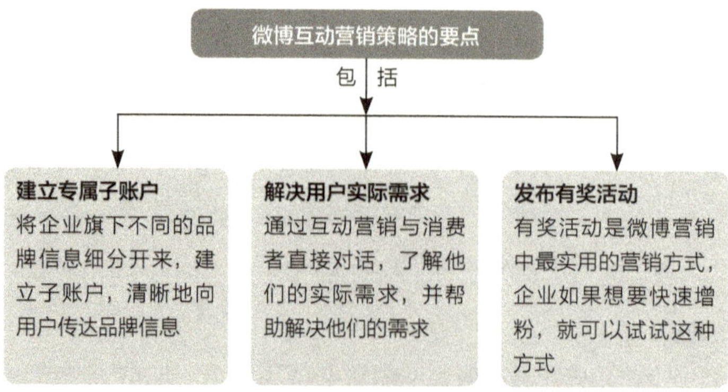

▲ 图8-15 微博互动营销策略的要点

专家提醒

笔者认为，微博互动营销策略不仅能够帮助企业传递品牌信息，还能够增加消费者对企业的信任感。

8.3.4 平台热点营销策略

热点营销在很多网络营销工具中都起到广泛的作用，懂得利用热点事件、新闻来炒作是企业必学的一门技能，在微博上，企业也可以借助新闻事件、名人等备受关注的事物来进行移动互联网品牌营销，相关内容介绍如图8-16所示。

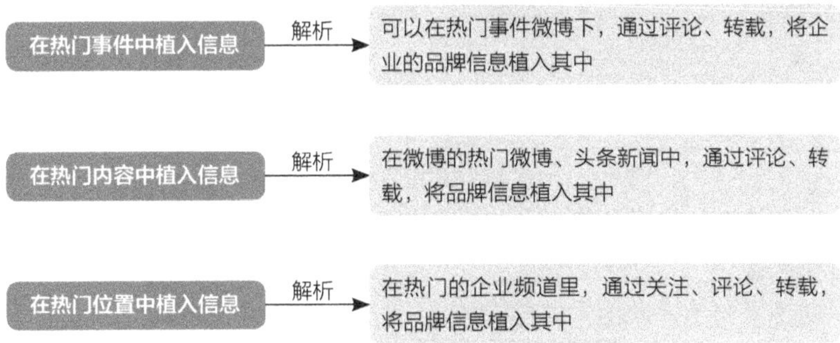

▲ 图8-16 微博平台热点营销策略

8.4 移动时代微博营销的案例

企业在了解移动微博营销的相关知识和营销策略后，就应该试着去展开实际的操作，接下来介绍几个优秀的微博营销案例，给企业提供参考。

8.4.1 可口可乐：情感营销和明星效应

著名的国际品牌可口可乐在发现微博具有强大的商业化作用后，就开始通过微博与用户进行情感互动，网罗了大量粉丝，图8-17所示为可口可乐移动微博端的主页和微博界面。

可口可乐常常会推出一些活动来吸引用户的关注，下面就例举出一些相关的活动内容。

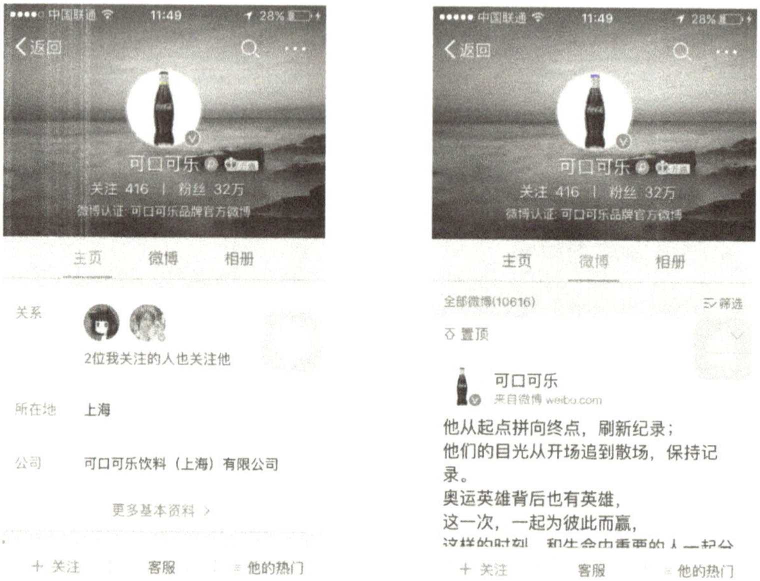

▲ 图8-17　可口可乐微博主页和微博界面

1. 明信片活动

通过调查，可口可乐发现下面两点信息。

- 微博用户喜欢在微博上通过 @ 好友的方式表达自己想要表达的事。
- 运用微博社交媒体，可以进行线上线下品牌营销。

基于这两点发现，可口可乐在圣诞节来临之前，运用微博进行了一次明信片传递情感的营销活动，该活动的内容如图8-18所示。

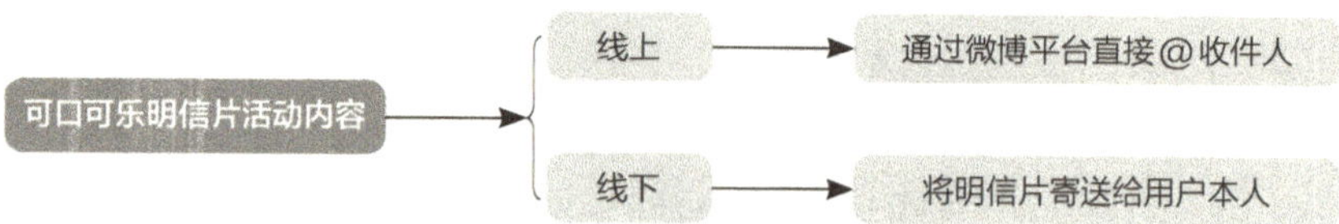

▲ 图8-18　可口可乐明信片活动内容

可口可乐的这一举动创造一种社交媒体情感营销新模式。当人们过惯了钢筋水泥的生活，玩够了虚拟网络游戏之后，能够收到这样一份带着质朴味道、充满真挚情感的明信片，内心一定是愉悦的。可口可乐抓住了受众心理，通过一张小小的明信片激发出人们内心对传统文化的记忆。当亲朋好友收到来自远方的明信片之后，正如可口可乐传递的信念那样：整个冬天都是温暖的。

专家提醒

微博线上信息的传播与线下活动举办的营销模式，绝对是企业营销的亮点。在移动互联网时代，微营销与O2O营销兴起，可口可乐正是掌握了这两种营销方式，将微博营销与O2O完美结合，打造了企业品牌。

为了让微博平台覆盖更多的用户群体，可口可乐利用HTML5技术，在新浪微博平台上搭建APP，以此来提高用户的满意度。

可口可乐的APP平台拥有自动图件生成功能，即用户在发送虚拟祝福时，该功能会自动抓取发信人和收件人的头像，做成GIF动画版圣诞贺卡，在微博上发出。

2. 与明星分享歌词瓶活动

“与金秀贤分享歌词瓶”活动是可口可乐推出的一个有奖转发活动，活动详情如图8-19所示。

▲ 图8-19 “与金贤秀分享歌词瓶”活动

该活动通过明星效应引起了两万用户的参与，得到推广的同时，加大了企业自身的影响力。

8.4.2 凡客：用活动吸引用户

作为新浪微博的最早一批广告主，VANCL在微博营销方面，已经积累了很多丰富而成熟的经验，图8-20所示为VANCL微博首页。

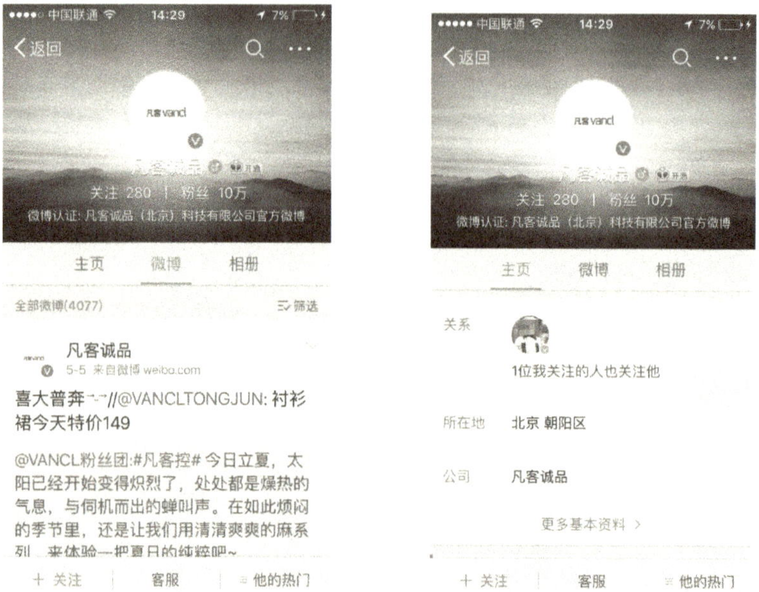

▲ 图8-20 VANCL微博首页

在VANCL以往的微博活动页面上，常常可以看到各种各样的微博内容和营销活动，如图8-21所示。

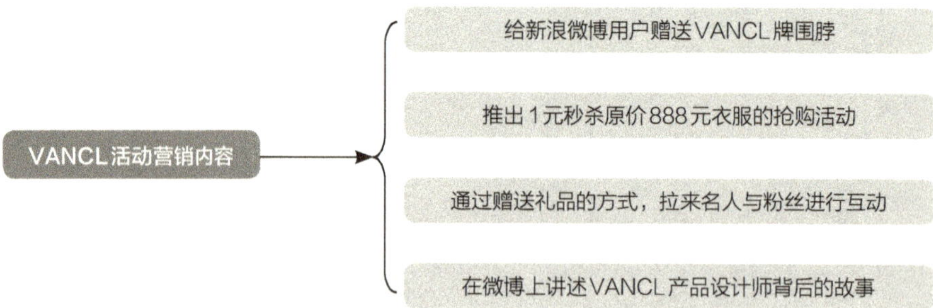

▲ 图8-21 VANCL活动营销内容

同时，VANCL还推出了“凡客怒放体”，其主旨和内涵是任何人都渴望“有一个怒放的生命”。这一元素的注入，让VANCL的品牌形象变得更加积极向上了。

第9章

微视频——新时代的营销利器

学前提示

视频是一种能够让企业广告打得非常直观的营销方式。一则有价值的视频，不仅能够吸引用户观看与分享，还能制造出病毒式的传播效应。在移动互联网快速发展的时代，视频的微小化、移动化的特性让其成为了企业发展的一把利器。

要点展示

- 微视频入门知识
- 干货：微视频营销的技巧
- 微视频营销的广告形式
- 两大突出的视频营销技巧
- 移动时代微视频营销的案例

9.1 微视频入门知识

在移动互联网时代，微视频营销的到来，让移动互联网营销重新洗牌。

微视频，拥有着时间短、播放快、内容精、可随时随地观看的特点，是顺应时代潮流而诞生的产物。因此，将微营销与其他的移动营销工具结合起来，能够为企业占据广阔的移动互联网市场打造出一片天地。

本节主要为大家介绍微视频营销的相关知识。

9.1.1 微视频营销入门

微视频营销是指个体通过手机、摄像头、MP4等多种视频终端摄录、上传视频到移动互联网，以达到一定宣传目的的营销手段。

微视频的播放时间通常比一般的电影视频要短，其内容广泛，涵盖小电影、纪录短片、广告片段、视频剪辑等。

微视频的营销方式多种多样，下面4种是最受企业看重的微视频营销方式，如图9-1所示。

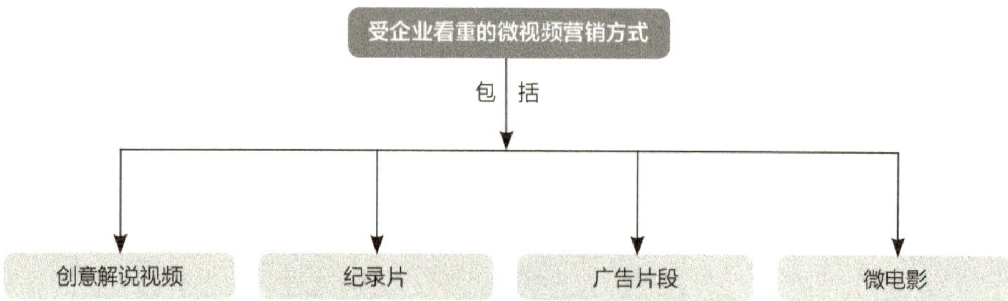

▲ 图9-1 受企业看重的微视频营销方式

1. 创意解说视频

创意解说视频主要是一种以轻松并富有说服力的方式将产品内容传递给广大网民的微视频营销模式。

2. 纪录片

纪录片主要是通过一些成功人士的创业历程或者品牌的诞生过程的纪录片，来向消费者传达企业品牌的理念和内涵。

图9-2所示为在爱奇艺网站播放的纪录片《经典传奇：影响世界的成与败 可口可乐创业神话》，讲述的是可口可乐的诞生史。

▲ 图9-2 可口可乐诞生史纪录片

3. 广告片段

广告片段是一种将广告投放到网络上的营销方式。例如在电视剧、综艺节目、电影、网剧播放之前，通常会先播放几十秒的广告。企业将广告投放在这些位置，不仅能够吸引大量的用户群体了解企业的品牌和产品，还能提升品牌的知名度。图9-3所示为《女不强大天不容》电视剧播放前，可口可乐公司投放的广告。

▲ 图9-3 电视剧播放前的广告投放

4. 微电影

微电影是网络时代的一种电影形式，因为微电影常常将人类的情感诉求融入其中，因此各大网络视频平台喜欢用这种方式传递品牌价值和品牌观念。微电影具备图9-4所示的特点。

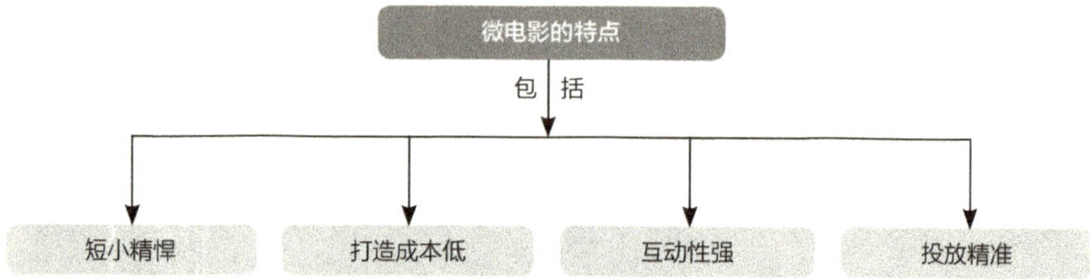

▲ 图9-4　微电影的特点

9.1.2　微视频营销的特点

随着微营销的崛起，微视频营销也渐渐受到人们的关注，凭借图9-5所示的特征，微视频营销渐渐发展成为企业营销的一大利器。

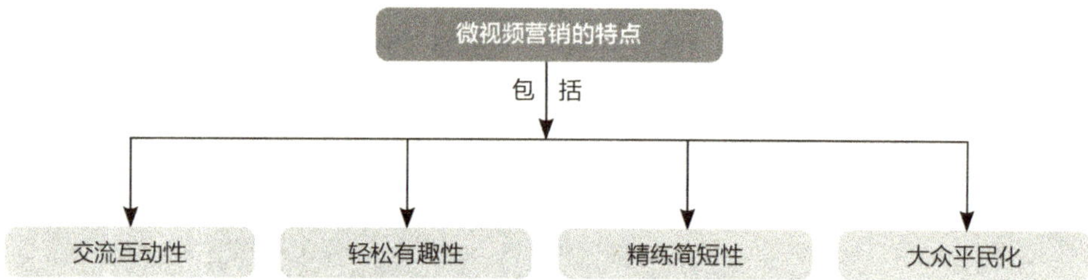

▲ 图9-5　微视频营销的特点

1. 交流互动性

微视频是一种能够让企业与用户进行多向交流的媒介，这种双向或者多向的互动特征能够将用户的反馈信息传递给企业。此外，用户的回复与分享也能够为企业的微视频营销起到一定的造势作用，比如，对于一些有争议性的内容，如果用户在回复中，产生了激烈的讨论，那么视频的点击率也会直线上升，这样就会进一步扩大企业品牌的知名度。

2. 轻松有趣性

如今的微视频，大多是轻松、有趣或者有娱乐精神的，因为这样能够为大众带来娱乐舒缓的内容，为用户缓解生活中的精神压力，所以颇受大众的喜爱。

3. 精练简短性

微视频的时间短、播放快、内容精、可随时随地观看的特点恰好符合这个快节奏时代的发展需求。人们已经不再向往那种精英式的文化，更希望通过极其精练、简短的内容获得心理需求。

4. 大众平民化

现在，很多网站的微视频都是用户个体发放的，没有群体性，也没有权威性，仅仅代表个人行为，因此显得更加大众平民化。

9.2 干货：微视频营销的技巧

微视频营销是企业营销的一把利器，尤其是在移动互联网快速发展的时代，微视频营销变得更加“移动化”“便捷化”和“快速化”，同时也让企业找到了低成本的营销商机，本节主要介绍微视频营销的技巧和营销策略。

9.2.1 从标题和内容入手

微视频推广营销的兴起，给移动互联网营销带来了不小的冲击力，因此企业相继运用微视频进行推广，希望从中得到一定的收获。但是经常观看视频的朋友们都会发现，视频的点击量有多有少，在视频点击量少的时候，企业就开始琢磨：究竟怎样才能获得高点击量呢？为了不让企业走太多的弯路，下面就着重讲几点提高用户点击量的技巧，仅提供参考。

1. 从标题入手

一个具有吸引力的标题，绝对能为微视频带来不少的移动用户关注度，因此，企业在选择广告投放对象时，要注重标题的重要性，同时，视频出品商在选择视频标题的时候，也要注意图9-6所示的几点内容。

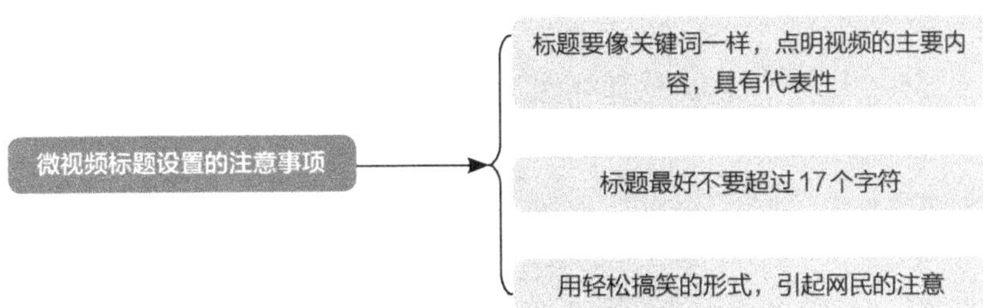

▲ 图9-6 微视频标题设置的注意事项

为什么说视频的标题对于企业来说十分重要？因为每个视频都有自己特定的观众群，视频的标题有时候决定着观众对视频的兴趣程度。如果一个视频的标题符合人们的期望，那么观看视频的人就会多很多。

2. 从内容入手

微视频的内容决定微视频营销传播的力度和广度，目前具有吸引力的内容通常是有趣、搞笑等类型的视频，也就是说，相比传统的视频来说，移动互联网时代下的视频更注重于趣味性。通常情况下，如果一段视频不能在短时间内吸引观众，那么企业就很有可能失去一部分受众，因此企业在选择投放广告的视频时，要尽可能选择那种有亮点、能够吸引观众的视频。

9.2.2 将视频放置平台首页

对于快消品企业来说，有两种办法把自己的视频放置到视频网站平台的首页上，如图9-7所示。

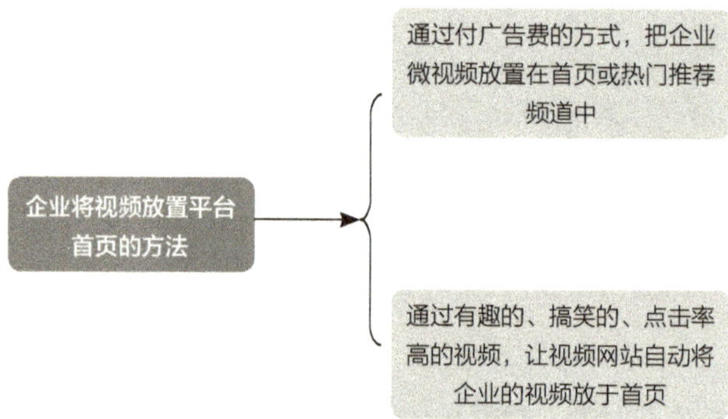

▲ 图9-7 企业将视频放置平台首页的方法

9.2.3 用创意吸引用户

一个拥有优秀创意的视频能够帮助快消企业吸引更多的用户。创意可以表现在很多方面，新鲜有趣只是其中的一种，还可以是贴近生活、关注社会热点话题、引发思考、蕴含生活哲理、包含科技知识和关注人文情怀的。

对于微电影、微视频、电视剧来说，如果内容缺乏创意，那么整部剧只会成为广告的附庸品，沦为庸俗的产品，因此企业在进行微视频内容策划的时候，一定要注重视频内容的创意性。

9.2.4 兼具商业性和艺术性

虽然企业投放广告的目的是为了扩大品牌影响力、增加产品的销量，但是不能因此就趋向于投放太过于商业化的视频或电影，因为太过商业化的视频或者电影容易发生图9-8所示的情况。

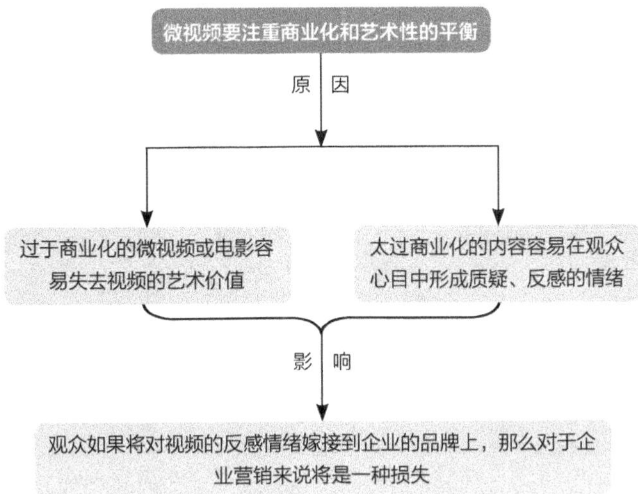

▲ 图9-8 微视频要注重商业化和艺术性的平衡

专家提醒

企业在投放广告之前，要注意选择投放广告的视频不能过于商业化，要在艺术性与商业性之间寻找一种平衡，这样才能达到吸引观众与传播品牌的目的。

9.2.5 适当运用弹幕功能

如今视频弹幕功能运用非常广泛，是网民之间互动的好工具。企业与其等待网民被动地接收视频中的广告信息，不如让网民主动参与到传播的过程中，这样更有利于视频营销的传播效率以及更进一步达到营销目的。因此企业可以通过弹幕功能让网民之间形成品牌传播效应，从而将企业品牌和产品进一步推广出去。

专家提醒

弹幕功能：是指网民在观看视频的过程中，利用弹幕功能发表自己的想法，这样正在观看视频的其他人就可以看到，视频发布者想要达到一定的营销效果，就可以充分利用这一功能，与线上的其他用户形成互动。

用户点击“弹幕”按钮，就能跳出弹幕如图9-9所示。

▲ 图9-9 弹幕功能

9.2.6 借助平台推广

企业在移动端上利用视频进行推广营销时，可以借助各种视频平台来达到好的效果，下面着重介绍两种视频平台：土豆视频和社交平台。

1. 土豆视频

土豆视频是一款受大众喜欢的视频应用，图9-10所示为土豆移动端界面。

▲ 图9-10　土豆移动端界面

企业在土豆网上传视频的时候有图9-11所示的三点技巧。

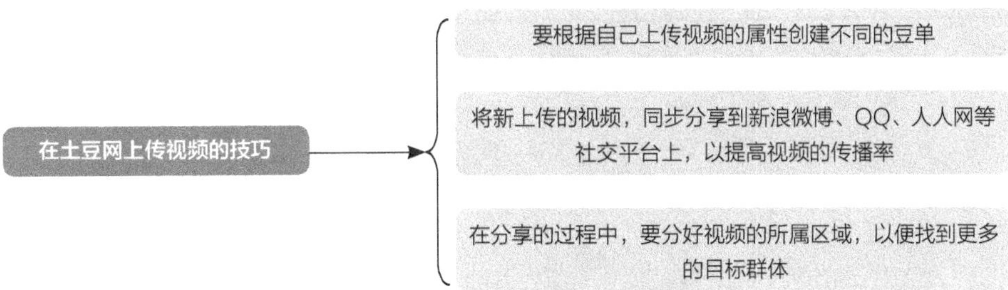

▲ 图9-11　在土豆网上传视频的技巧

2. 社交平台

随着移动互联网的发展，社交网络在人们的心目中占据着越来越重要的地位，这也就为企业的营销奠定了基础。通过视频营销与社交网络营销相结合的方式，将企业的视频广告分享到社交网络上，对企业品牌或产品进行推广宣传，也是一种比较理想的推广方式。

9.3 微视频营销的广告形式

在微营销翻滚的浪潮中，微视频已经成为企业营销的有利法宝，而视频中的广告更是如雨后春笋般崛起，本节主要为读者介绍企业视频营销中有哪些广告形式。

9.3.1 前置广告

前置广告是一种在视频区域内的强制性广告推广营销形式，即在视频播放之前，附上一段数秒钟的视频广告。图9-12所示为微视频中云南白药的前置广告。

▲ 图9-12 微视频中云南白药的前置广告

前置式广告有两方面的优势，如图9-13所示。

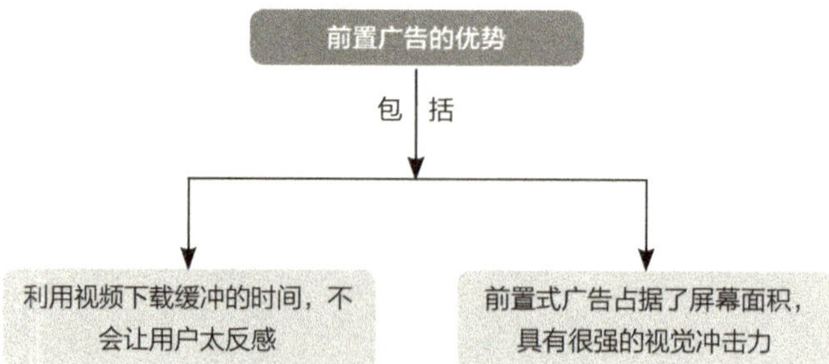

▲ 图9-13 前置广告的优势

目前，这种视频推广营销形式已经成为企业最喜欢的方式之一，因为除了以上的两方面优势之外，这种广告还能让企业针对用户行为采集到所有想要的指标，这些指标包括图9-14所示的内容。

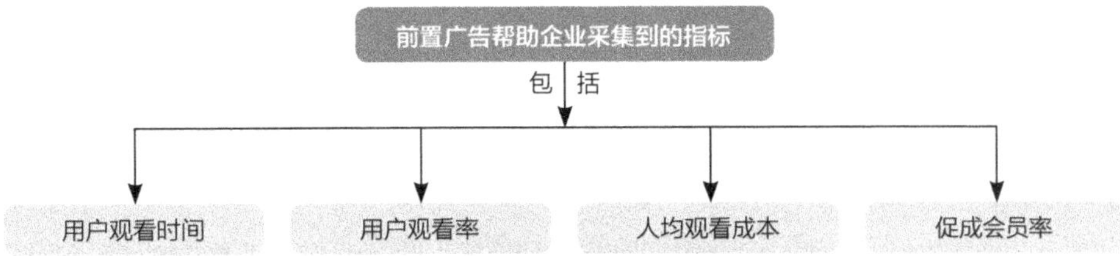

▲ 图9-14 前置广告帮助企业采集到的指标

专家提醒

前置广告最大的不足之处在于，无法充分利用移动互联网独有的互动性特点。

9.3.2 贴片广告

视频贴片广告也是一种在视频区域内播放的强制性广告形式，分为在视频片头播放、片尾播放或者片中播放三种形式。

- 电影贴片广告通常是在放映正片之前播放的。
- 电视台的贴片广告通常是在节目播出前或播完后播放的。

贴片广告已经成为商家的一种非常重要的推广营销方式。1998年，《泰坦尼克号》在中国上映，快消产品“水晶之恋”果冻抓住机会播出贴片广告，在短时间内迅速风靡全国。

贴片广告之所以受企业的器重，主要因为贴片广告具备如下所示的特点。

1. 送达率100%

因为贴片广告是伴随某个视频播出的，因此只要观看这个视频的观众都不会错过这个广告，因此具有100%送达的特点。

2. 覆盖面广

在这个多媒体时代，贴片广告可随剧的热播程度，在全国范围内迅速形成传播效应，让观众立马记住企业品牌和产品。

而且贴片广告可以在多个场所进行传播，例如大型连锁超市、零售出租专卖店、专柜、网络平台等，传播范围覆盖全国，能够帮助企业快速打通市场。

3. 投资回报率高

企业可根据不同类别的产品选择不同的目标消费群体进行贴片广告的传播。目前，贴片广告市场还处于高速发展阶段，尚未成熟，因此成本相对来说要低廉许多。

同时，贴片广告可以在各个视频种类中播放，针对特定的人群，达到理想的推广宣传效果，价格实惠、收益高，因此是企业不能放过的广告领域。

4. 具备强制性的特点

在电视剧的播放过程中，突然跳出来贴片广告，会达到强制式收看的效果，而且由于这种突发性跳转，很容易给观众造成一种强烈的视觉冲击。

9.3.3 浮层广告

视频浮层广告又称视频覆盖广告，是一种与视频内容同步进行的广告形式，通常的表现形式是：在视频的播放过程中，广告界面弹出来，然后短时间内浮于原视频的顶端或者底部，对观众进行强制性的推广。

9.3.4 背景广告

视频背景广告是一种视频区域外的广告形式，主要表现形式是：当用户打开视频节目时，广告会以精美的海报图片形式展现在视频区域周围，作为视频页面的背景。

9.3.5 UGA视频植入式广告

UGA视频植入式广告，是一种把广告元素巧妙地嵌入视频中的一种广告形式，其主要特点如图9-15所示。

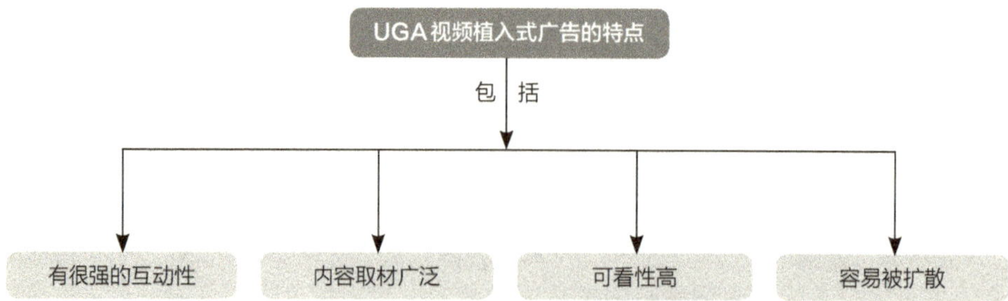

▲ 图9-15 UGA视频植入式广告的特点

UGA视频植入式广告的出现，使企业的广告竞争更加激烈了，同时也使企业的视频推广营销变得更加繁荣。

9.4 两大突出的视频营销技巧

在前面介绍了那么多的视频营销技巧和广告形式之后，本节笔者将为大家介绍两种比较突出的视频营销技巧——整合营销和事件营销。

9.4.1 整合营销

在这个移动互联网时代，每个用户使用的移动平台媒介有所不同。根据自身的习惯，有的人喜欢用微博分享信息、有的人喜欢用QQ聊天、有的人喜欢逛贴吧、有的人喜欢看视频……正是因为移动端的繁杂性和人们使用习惯及行为的不同，才导致单一的视频营销很难取得很好的效果，因此，企业必须和其他移动平台进行整合才能达到营销推广的目的。

例如红星美凯龙通过微信朋友圈发布了一则视频广告，用户点击界面就能观看广告完整版，如图9-16所示。

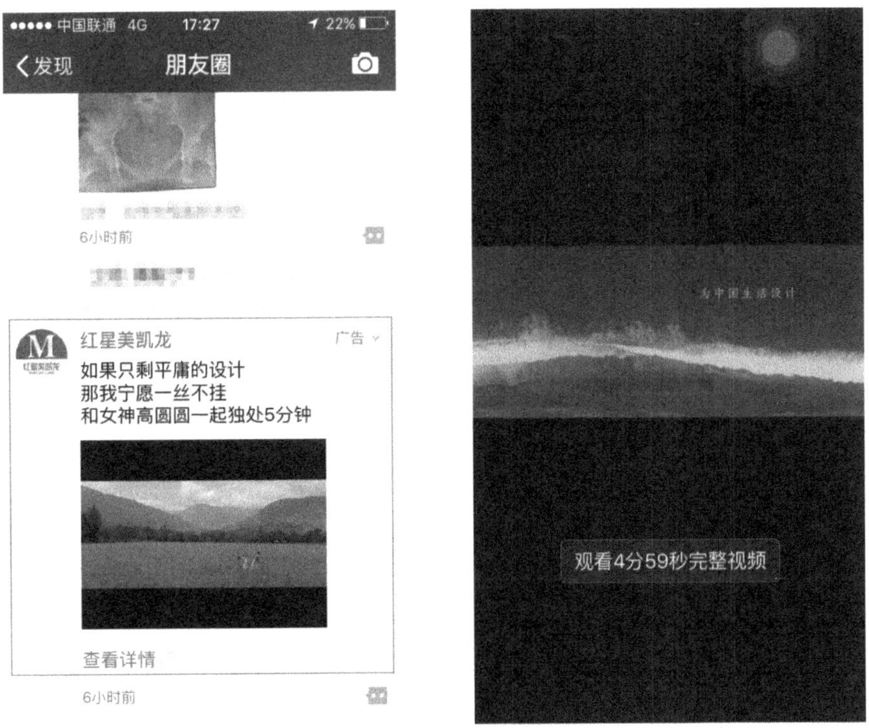

▲ 图9-16 红星美凯龙在微信朋友圈发布广告

如果用户想查看该广告的具体内容，就可以点击图9-16的“查看详情”按钮，进入到广告详情界面，如图9-17所示。

▲ 图9-17 查看广告详情

9.4.2 事件营销

对于企业来说，利用热点事件进行视频营销是一个非常不错的选择，主要的营销流程如图9-18所示。

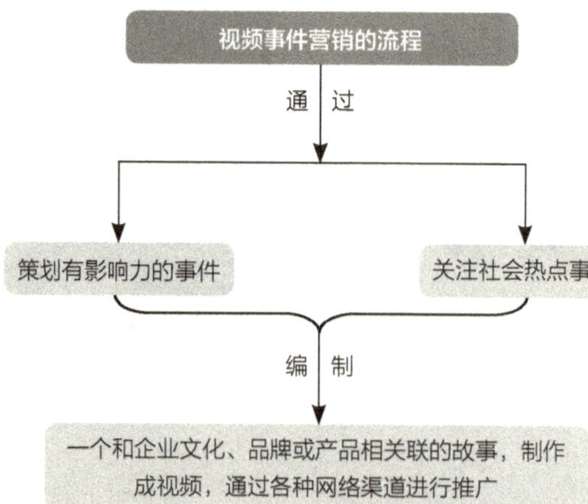

▲ 图9-18 视频事件营销的流程

利用热点事件进行视频营销的意义在于：如果事件营销做得好，那么该视频很容易被网民在网上进行传播，最终形成口碑营销，大大提升企业的影响力和知名度。

9.5 移动时代微视频营销的案例

视频推广营销发展到今天，已经有了比较成熟的体系。对于企业来说，视频营销的作用已经毋庸置疑，本节主要为读者介绍几大经典的视频营销推广案例。

9.5.1 可口可乐：品味感觉视频广告

为了更好地开拓国内的饮料市场，可口可乐将“Open Happiness（畅爽开怀）”的品牌口号进行了修改，改成了“Taste the Feeling（品味感觉）”。

在“Taste the Feeling”推出来的过去几十年里，可口可乐公司一共推出过17个品牌口号，而“Open Happiness”这个品牌口号一直沿用了7年时间，因此这次的战略调整，对可口可乐企业来说意义重大。

为了这次更换的标语，可口可乐共推出了6则电视广告，以及一系列平面广告，图9-19所示为可口可乐“Taste the Feeling”的平面广告图。

▲ 图9-19 可口可乐“Taste the Feeling”平面广告图

在可口可乐“Taste the Feeling”视频中，有一则“Taste the Feeling”的压力篇广告，如图9-20所示。

▲ 图9-20 “Taste the Feeling”压力篇广告

该广告视频通过情景画面快速跳转的方式向人们展示了生活中遇到的各种各样的困境，譬如令人紧张的告白前夕、害怕紧张的寿星、足球比赛的犯规失误、高台跳水的失败、与亲人之间的争吵……当人们在生活中遇到各种各样的事情的时候，压力也会接踵而来，而这时，“可口可乐”出现了，帮助人们品味感觉、释放压力。

视频的结局，自然是美好而愉悦的：年轻人告白成功了、寿星克服了心理障碍得到了众人的祝福、被判红牌的球员成功将球踢进球门、游泳队员成功完成一次高台跳水、亲人得到了双方的谅解拥抱在一起……这一切的美好，都是“可口可乐”想要传达给人们的精神。

“释放压力”“品味感觉”成了这一视频广告最深刻的寓意，除了“Under Pressure压力篇”之外，还有5则同系列的广告，如下所示。

- Anthem 颂歌篇。

- Break Up 分手篇。
- Brotherly Love 兄弟篇。
- Supermarket 超市篇。
- What is a Coca-Cola For? 意义篇。

在全球消费者对碳酸饮料的兴趣呈现下降趋势的情况下，可口可乐公司开始考虑重塑品牌形象。让产品回归本质、让消费者拥有简单的快乐、对可口可乐感同身受，就是可口可乐公司这次更换品牌口号的最终目的。

9.5.2 加多宝：冠名《中国好声音》

无论是电视节目还是网络节目，基本上所有受欢迎的节目都会有冠名商。例如这几年一直很火的《中国好声音》，加多宝用了2.5亿冠名这个节目，获得了非常不错的效果，图9-21所示为加多宝冠名《中国好声音》海报。

▲ 图9-21 加多宝冠名《中国好声音》

加多宝冠名《中国好声音》完全是针对自己的目标消费群体而制定的策略，通过借助收视率较高的视频节目进行精准营销，能够达到一定的营销效果。下面为读者分析加多宝和《中国好声音》的消费群和收视群情况，如图9-22所示。

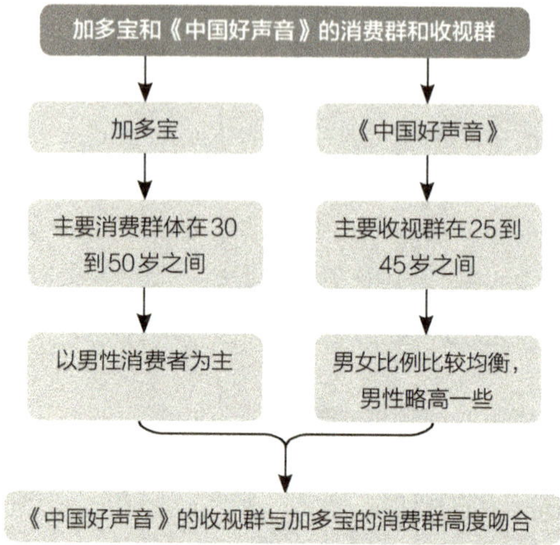

▲ 图9-22 加多宝和《中国好声音》的消费群和收视群

在移动互联网时代，移动端视频营销是建立在对移动端视频收视数据的分析基础之上的，加多宝冠名《中国好声音》节目，对于加多宝和节目制作方来说，具有如下所示的作用。

- 对冠名企业来说：可以为冠名企业提供精准营销的平台。
- 对节目制作方来说：可以为节目制作方带来收视率和可观利润。

第10章

微电影——
将品牌植入其中

学前提示

相比微视频来说，微电影拥有更加强大的功能，因为它能在无形中为企业建立强大的品牌势能。21世纪，微营销时代来临，如何利用微电影做好品牌微营销，将是企业重点探讨的话题之一。

要点展示

- 微电影入门知识
- 微电影营销的创作要素
- 干货：微电影营销技巧
- 移动时代微电影营销案例

10.1　微电影入门知识

微电影的出现不仅给电影界带来了新的发展方向，还为广大的企业与商家提供了一条微营销新渠道，有着很大的商机。微电影的投资规模小，不需要企业耗费太大的成本就能完成营销推广活动，而且其覆盖内容十分广泛，包括图10-1所示的各种主题，能够帮助各种不同类型的企业与商家创新微营销的发展模式。

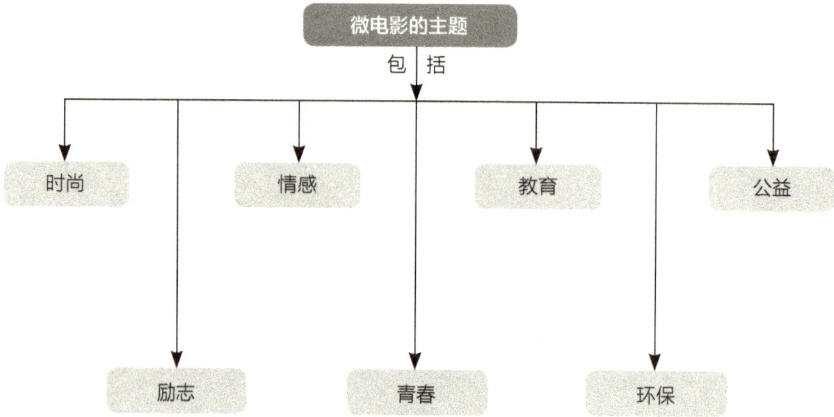

▲ 图10-1　微电影的主题

10.1.1　微电影营销入门

21世纪，越来越快的生活节奏压迫着人们。在这样快节奏、高强度的工作和生活压力下，时间是最重要的成本。当人们想要以最短的时间获取更多信息时，微电影出现了，而微电影的出现恰好迎合了大众这种便捷迅速的需求。

微电影是微时代衍生出来的电影形式，因短小精悍、让人记忆深刻的特点而风靡移动互联网，在笔者看来，微电影主要具备图10-2所示的特点。

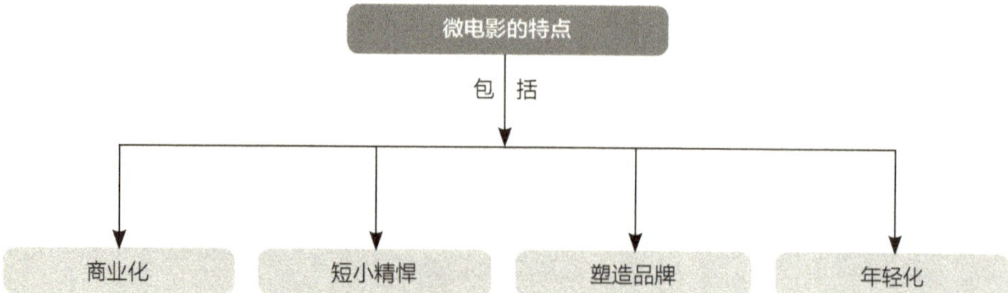

▲ 图10-2　微电影的特点

1. 商业化

和视频短片比起来，微电影更具商业化特征，它主要是通过一个十几分钟或者几分钟的故事来打动读者，如果是用在微电影营销中，背后一定有一支强大的商业制作团队，打造出来的微电影通常十分精致，而且和品牌故事挂钩，给用户带来和商业电影一样的享受。

2. 短小精悍

微电影和微博一样，都是通过短小精悍的内容来打动读者和观众，两者的相关介绍如图10-3所示。

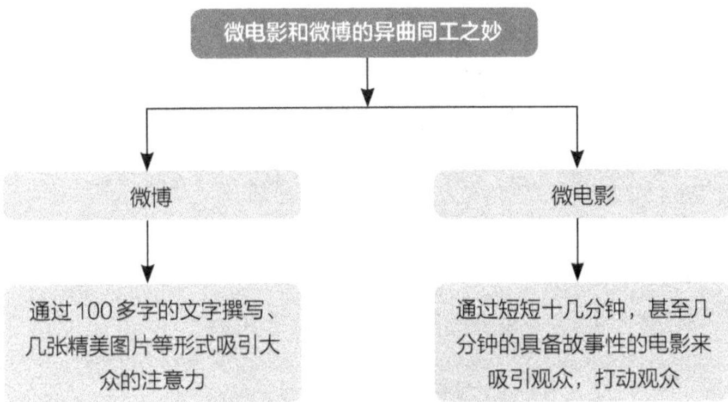

▲ 图10-3 微电影和微博的异曲同工之妙

3. 塑造品牌

在微电影营销中，品牌信息往往被嵌入到故事情节中，通过故事情节和品牌信息相结合的方式，让读者在观看故事的过程中，不知不觉就记住了企业品牌。

比如，大众银行推出的感人飙泪电影——《梦骑士》，讲述的是一群老人骑车环岛旅行的故事。其故事情节与品牌十分契合，吸引了众多的电影观看者关注品牌，成功完成了微电影的营销活动，树立了品牌形象。图10-4所示，为老人环岛旅行微电影——《梦骑士》。

专家提醒

在笔者看来，微电影营销的核心是能够触动观众的心灵，让用户自动关注企业的品牌信息，而不仅仅是打一个广告，然后在观众心中什么都没留下。

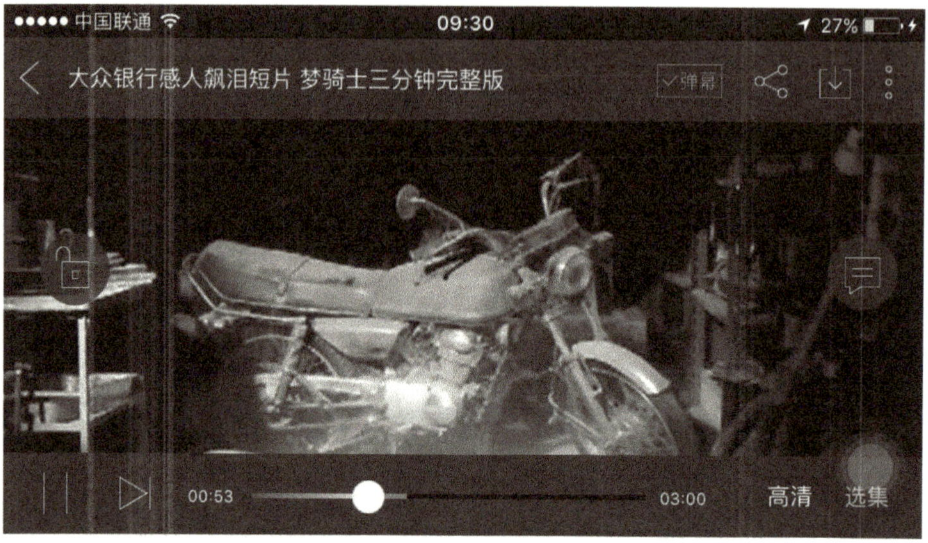

▲ 图10-4　老人环岛旅行微电影——《梦骑士》

4. 年轻化

微电影可以在多个移动终端上播放，如图10-5所示。

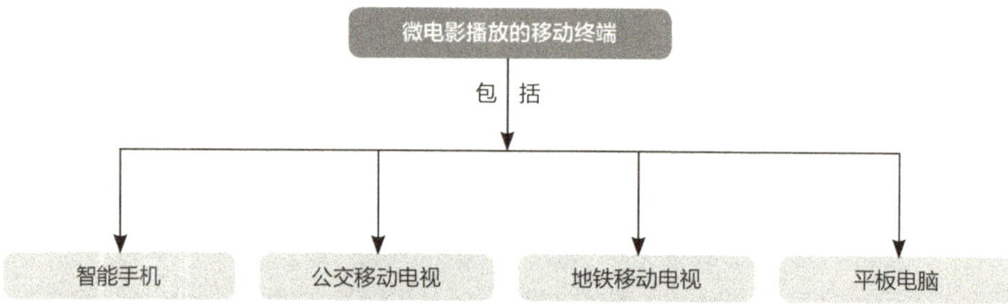

▲ 图10-5　微电影播放的移动终端

这些移动终端的最大受众是年轻群体，因此为了迎合年轻人的胃口，微电影营销通常都会选择那些题材比较新颖、幽默且带有创意的内容进行拍摄，当然，感人也是微电影营销的一大利器。

除了受众年轻化之外，电影宣传的艺人也大多比较年轻化，通常都是演艺界的新人，主要在于通过微电影这个平台来为自己增加人气，得到更多粉丝的支持。

10.1.2　微电影营销的优势

随着广大用户对广告的抵触心理逐渐增强，企业的硬广告营销变得更加艰难。那些直白、生硬的广告不仅不能达到企业想要的营销效果，甚至让广大的消费者对其品牌产生抵触情绪。

在移动互联网微营销时代，硬广告营销正处于短板期，而微电影的出现，恰好迎合了用户的情感和心理需求，为企业带来了更多的营销机会。对于企业来说，在广阔的移动互联网营销世界，微电影营销较之电视视频营销拥有更多的优势，如图10-6所示。

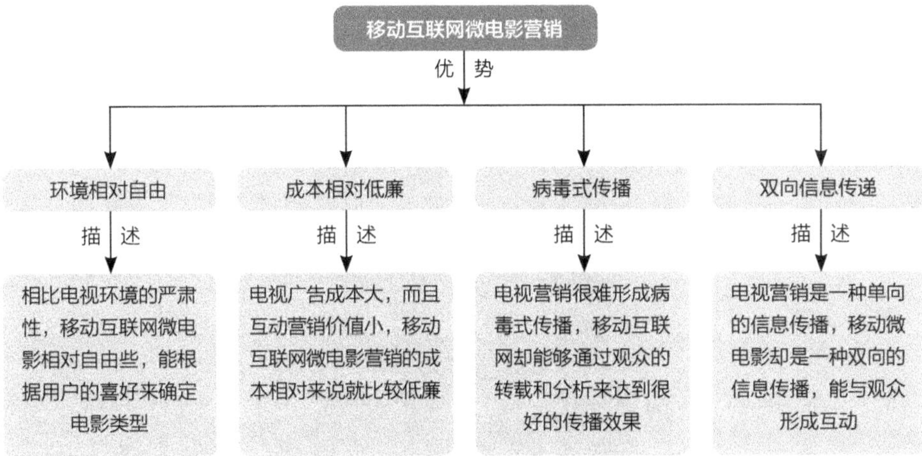

▲ 图10-6 移动互联网微电影营销的优势

10.2 微电影营销的创作要素

在移动互联网时代，微电影营销绝对是企业未来发展的重头戏。对于想要涉足微电影营销的企业来说，只有掌握微电影的创作要素，才能使营销达到理想的效果。

10.2.1 剧本

微电影营销的本质就是为观众讲一个故事，故事的好坏决定了微电影营销的效果，而企业在制作微电影的时候，能否讲好一个故事，就要看故事的剧本写得是否新颖好玩、是否具有亮点和看点。

剧本所要展示不仅仅是一个能够被拍出来的视频或者宣传文字，而是一段能够打动人心、吸引观众的故事。

在这个移动互联网时代，企业已经深刻意识到微电影营销中隐藏着的巨大商机。在笔者看来，企业完全可以通过低成本的投入来实现高价值的回报，这也正是微电影的魅力所在。这种“小成本带来高收益”的特点让很多企业看到了微电影营销的希望，因此把更多的精力投入到微电影营销中。

然而，也并非所有微电影都能实现高价值的收益回报，因为电影剧本的制作决定了微电影内容的优劣，而微电影的内容又决定了观众对微电影的喜爱度和传播度，因此也就决定了最终的营销效果，微电影营销价值的链式结构如图 10-7 所示。

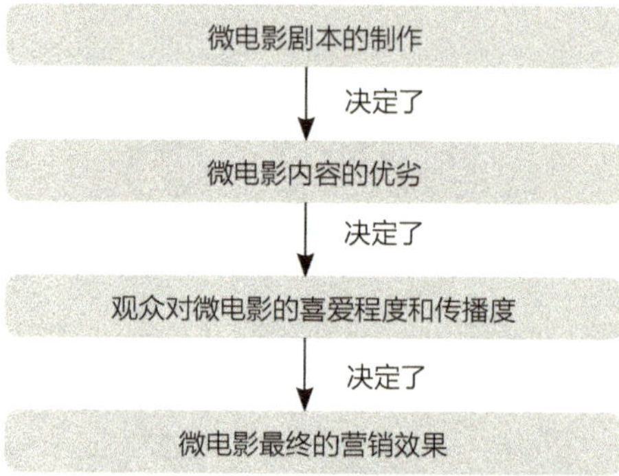

▲ 图10-7　微电影营销价值的链式结构

剧本的制作不仅仅表现在内容上，还表现在营销形式上，例如，新浪微博推出的一篇以“互动剧情”为主的微电影——《李娜大战鹅地神》中，网友能够通过发微博等动作参与到剧情设计中，这种新颖的互动模式，让电影上线一周，就增加了近 7 万的微博用户。图 10-8 所示为新浪微博上的用户对该电影关注的内容。

▲ 图10-8　新浪微博上的用户对该电影关注的内容

10.2.2 视角

从什么视角对微电影进行阐述，是做微电影营销的企业需要考虑的问题之一。一部微电影，如果切入的视角不对，让人一眼就看出浓浓的商业气息，那么这部电影就肯定会受到观众的排斥和反感。所以，选择一个好的视角切入对于微电影营销来说至关重要。

微电影要找准受众的兴奋点才能引起互动，而娱乐休闲恰好是受众兴奋的来源。因此，企业在制作微电影时千万要注意娱乐休闲这一要素。

在移动微营销快速发展的时代，微电影营销之所以受到各大企业的追捧，就在于其互动性强的特征。在笔者看来，微电影的内容想要实现广告增收的效果，就必须从观众的角度，将娱乐化的元素切入到微电影中，以此来吊住用户的胃口，使全民进入图10-9所示的状态中。

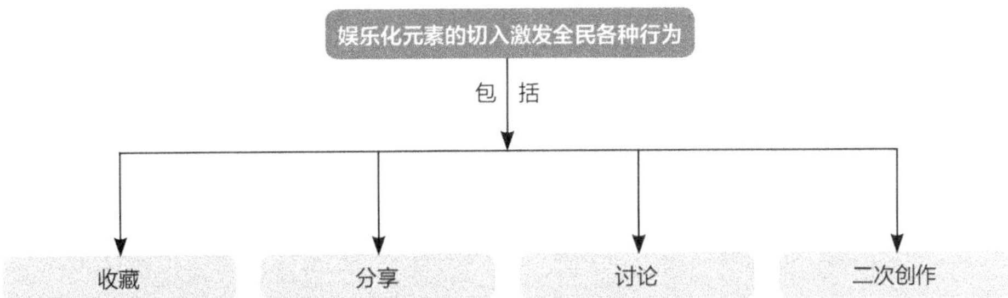

▲ 图10-9 娱乐化元素的切入激发全民各种行为

如今，微电影正在以不可阻挡之势，进入人们的视野，抢夺着移动微营销的市场，而且为了迎合观众需求，微电影早就突破以往那种商业气息浓烈的广告形式，以娱乐休闲的视角激发出观众的兴趣，从而加速了营销效果。

10.3 干货：微电影营销技巧

从某种意义上来说，微电影营销的精髓和微视频营销一样，都在于观众的点击量的高低。视频或电影的点击量越高，说明穿插在视频中的营销信息就被传播得越广，看到营销信息的人也越多。因此，微电影营销的目的也和微视频一样，都是要获得更高的点击率。

而想要实现这个目标，企业就必须透过现象看本质。通过移动互联网和移动大数据等技术，来获得更为精准的营销方式和营销技巧，结合移动互联网的特性以及微电影营销的特色来进行营销。

10.3.1 引发病毒式传播

微电影的“病毒”营销是指通过微电影形式将产品在移动互联网上进行广泛的传播，这种营销最重要的核心在于电影的创意。创意是否贴近潮流、具有新意，是否可口、可乐，是否抓住了读者的“痛点”和“痒点”等，都决定着微电影是否能够进行病毒式的传播。

移动微电影“病毒”营销的相关流程如图10-10所示。

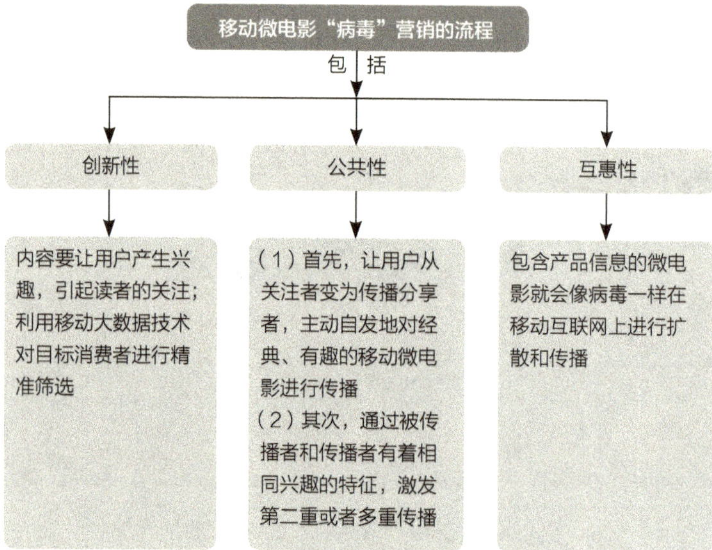

▲ 图10-10 移动微电影“病毒”营销的流程

在这个信息像病毒一样传播和扩散的网络时代，微电影还可以通过“电影+口碑+内容”的传播组合形式在社交移动网平台进行传播。

例如通过移动微博平台进行微电影的宣传和推广。如果微电影好看且有趣的话，用户自然会自主地进行转发或评论；除了移动微博平台之外，还有最近非常热门的移动微信平台，在微信朋友圈或者微信公众号里进行微电影的推广，也能够引起病毒式的传播结果。

企业家必须明白的是，在移动互联网时代，流量、传播量决定一切，能否抓住用户的痛点进行微电影营销，对企业来说非常重要。因为移动微电影被传播得越多，证明其营销价值就越大。因此做微电影营销的企业一定不能错失“病毒”营销方案。

10.3.2 进行整合营销

微电影的整合营销也叫多屏营销，就是通过与不同的网站、移动平台、媒体等展开合作而进行营销的一种策略，为什么要做微电影的整合营销？因为通过移动大数据分析知晓，每个用户观看微电影的媒介和移动互联网接触行为习惯有所不同。因此，为了让微电影营销达到更好的效果，光靠单一的视频传播方式很难做到，而是需要通过整合的传播模式来促进微电影营销推广的力度，具体方法如图10-11所示。

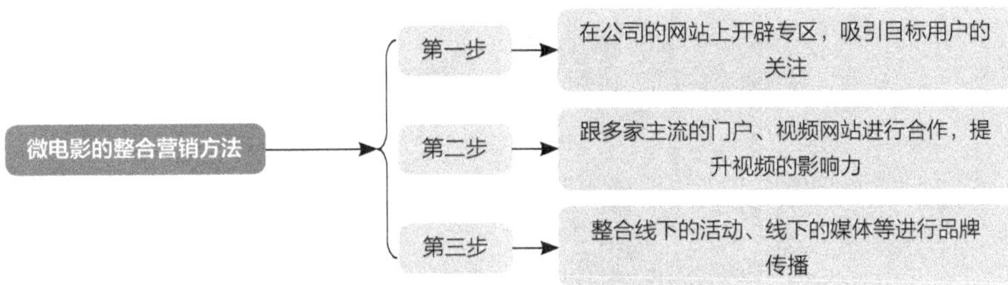

▲ 图10-11　微电影的整合营销方法

10.3.3　内容加深传播力度

移动互联网时代，不论是在微博上做营销，还是在微信、APP上做营销，其关键都在于内容上面，微电影营销也一样，好的内容决定了视频传播的广度和深度，如图10-12所示。

专家提醒

如果说传统的视频或者电视视频，其内容强调意义性和品位性，那么移动微电影的内容则更侧重于趣味性、自由性以及个性化。好的微电影自己会长脚，能够不依赖传统媒介的渠道，通过自身魅力俘获无数网友的心，并让这些网友作为微电影传播的中转站，将微电影依次传递出去，实现产品的高效曝光。

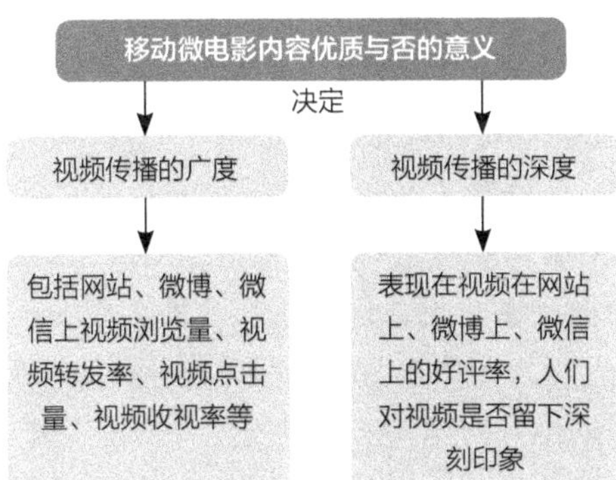

▲ 图10-12　移动微电影内容优质与否的意义

微电影的内容该怎么决定？企业需要通过企业品牌定位以及移动大数据技术来打造最适合营销的内容，如图10-13所示。

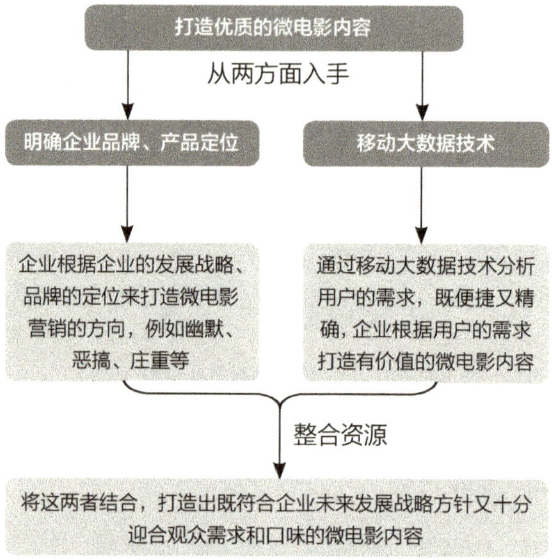

▲ 图10-13 从两方面入手打造优质的微电影内容

10.3.4 重视用户参与

移动互联网为企业和网民的互动创造了良好的舞台。企业需要重点策划如何提升用户的参与度的计划，现在许多的移动视频网站和播放软件都带有弹幕的功能，企业想要通过微电影达到一定的营销效果，就必须要利用这一功能。弹幕功能在微视频营销章节已经进行了阐述。下面笔者为大家介绍使用这一功能的注意事项。

通过弹幕功能，企业能够与线上的所有用户形成互动，但使用这项功能的时候需要注意弹幕频率，不能太频繁，因为那样会严重影响用户的观看，从而降低用户的体验。弹幕的内容最好能够一针见血，直戳用户的“痒点”，不浪费每一次发布弹幕的机会。

除了发布弹幕之外，微电影下方的评论区域也是企业能够利用的部分，但是评论区的互动效果没有弹幕区域的效果好，原因如图10-14所示。

企业可以从弹幕区域和评论区域挖掘更贴合人们需求的信息，从这些信息内容出发，将人们的观看习惯、兴趣方向提炼出来，为当前的微电影内容调整提供科学依据，也可以为未来的微电影营销方向奠定基础。

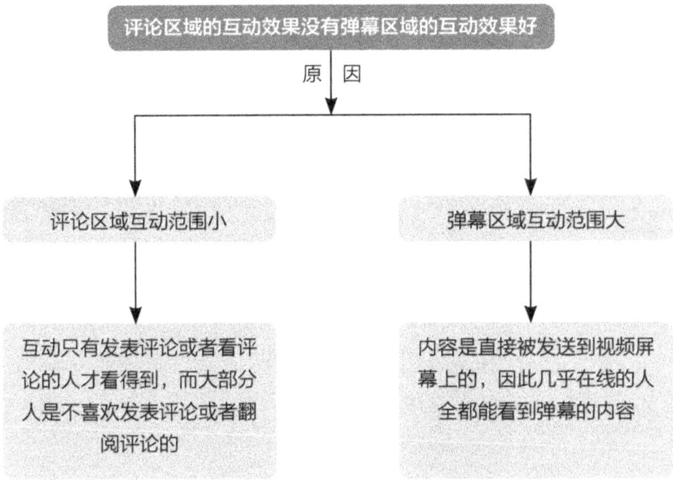

▲ 图10-14 评论区域的互动效果没有弹幕区域的互动效果好的原因

10.3.5 兼顾商业性和艺术性

移动微电影一旦加入了市场，就要接受市场竞争的考验，想要经受住考验，就必须最大化地发挥其在市场的商业性，创造更多的经济收益。虽然这似乎和视频的艺术性思维没有任何关联，但是企业必须记住：艺术性是检验微电影营销商业价值的起码标准之一。

因此企业在微电影营销领域，要明白艺术性的重要性，但是一味地往艺术方向靠，而放弃商业性质也是不可取的。因为一味地吹捧艺术化或者是一味地用低俗品味取向迎合大众，认为赚钱就是一切的微电影，均无法赢得观众的喜爱。因此，要将微电影的商业性与艺术性相结合，在做到不排斥商业化运作的同时，对视频的艺术性有一定的把控，从而达到两者的平衡。

10.3.6 拓展营销类型

微电影营销为什么那么受欢迎？因为它类型丰富，很容易博得众人的眼球。就微电影的类型来说，笔者总结出图10-15所示的5种类型。

同时，微电影除了已经出品的诸多剧情片、爱情片、喜剧片之外，还可以进行多方的尝试，如纪录片、动画片、音乐片等。同时，笔者认为，公益微电影、院线电影番外篇等也可以成为微电影营销的新思路。

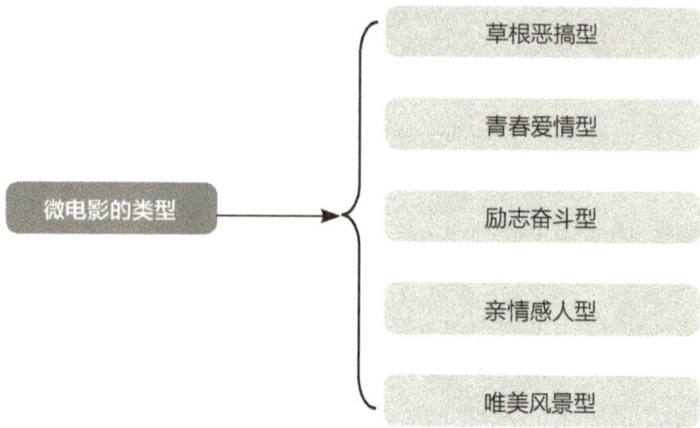

▲ 图10-15　微电影的5种类型

10.4　移动时代微电影营销案例

移动互联网时代下的微电影营销在我们生活中随处可见，可能普通人并不太关注这些。然而在信息、数据发展时代，作为企业一方，就不得不去关注它，因为在微电影营销领域，越来越精准的营销才会带来想要的营销效果。下面笔者通过几个案例，来分析一下企业是如何进行微电影营销的。

10.4.1　三星：将手机产品植入微电影

《I KNOW U》是一部讲述了一名外星人来到地球，与地球上的平凡小厨师擦出爱的火花的故事，如图10-16所示。该电影自上线以来，经过短短半个多月的时间，在各大门户网站及视频网站中的点击率便突破了亿次大关。

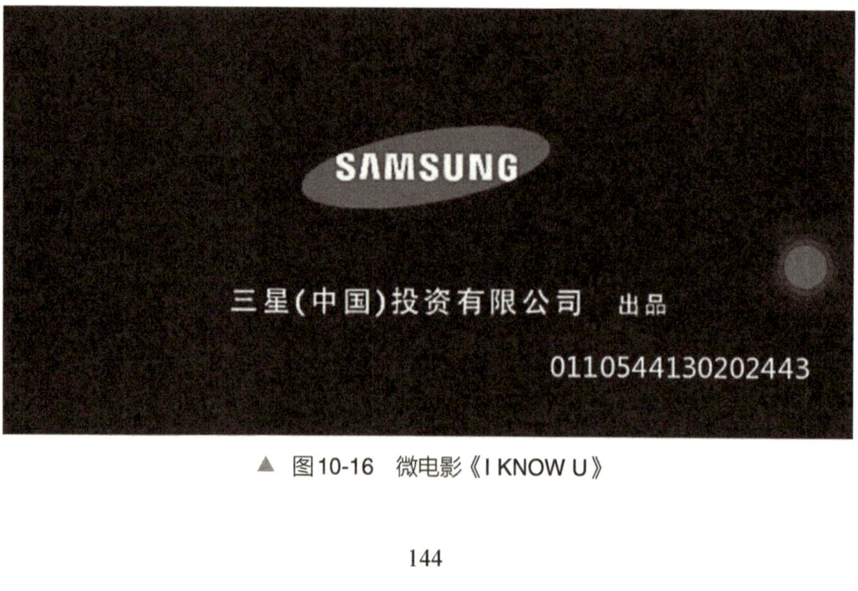

▲ 图10-16　微电影《I KNOW U》

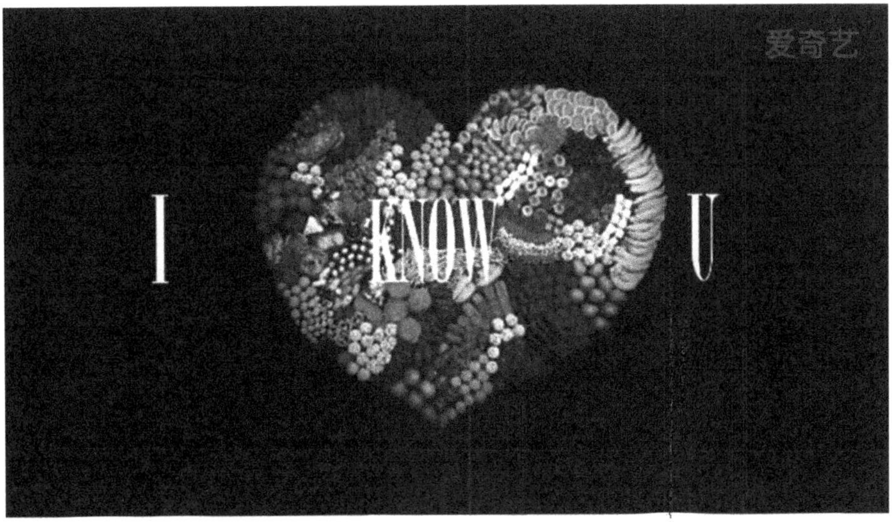

▲ 图10-16（续） 微电影《I KNOW U》

在该电影中，男女主人公通过手机进行交流分享，逐渐发现彼此心灵相通，最终走到一起。三星手机的广告植入非常明显，甚至男女主人公的感情推进也是以三星手机来作为“见证”的，同时微电影还将三星Galaxy的品牌概念植入了进去，赋予了故事重要的“使命”。

在笔者看来，三星选择这部微电影进行广告的植入，主要是因为以下的几点原因，如图10-17所示。

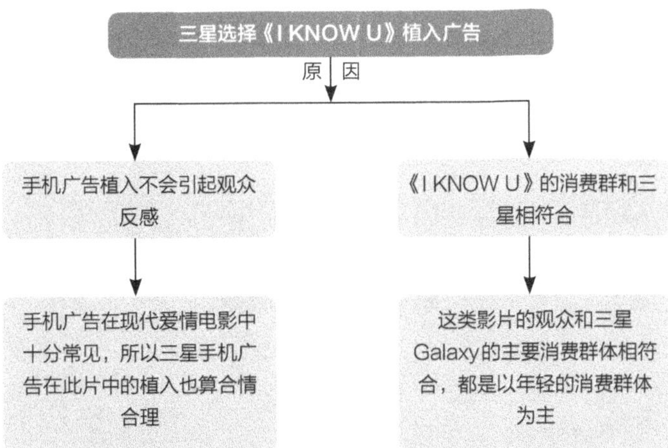

▲ 图10-17 三星选择《I KNOW U》植入广告的原因

当然，三星手机通过这部微电影能够一鸣惊人，除了借助明星效应之外，还得益于三星利用移动大数据技术对移动用户进行了数据分析，从而能够精准地分析出产品的用户群，只有掌握了这些信息，才能够选择最合适的微电影进行最精准的营销。

10.4.2 别克：与优酷联手打造微电影

上海通用汽车别克品牌曾与优酷网联手，打造了“别克轿跑系十二星座微电影”，如图10-18所示。

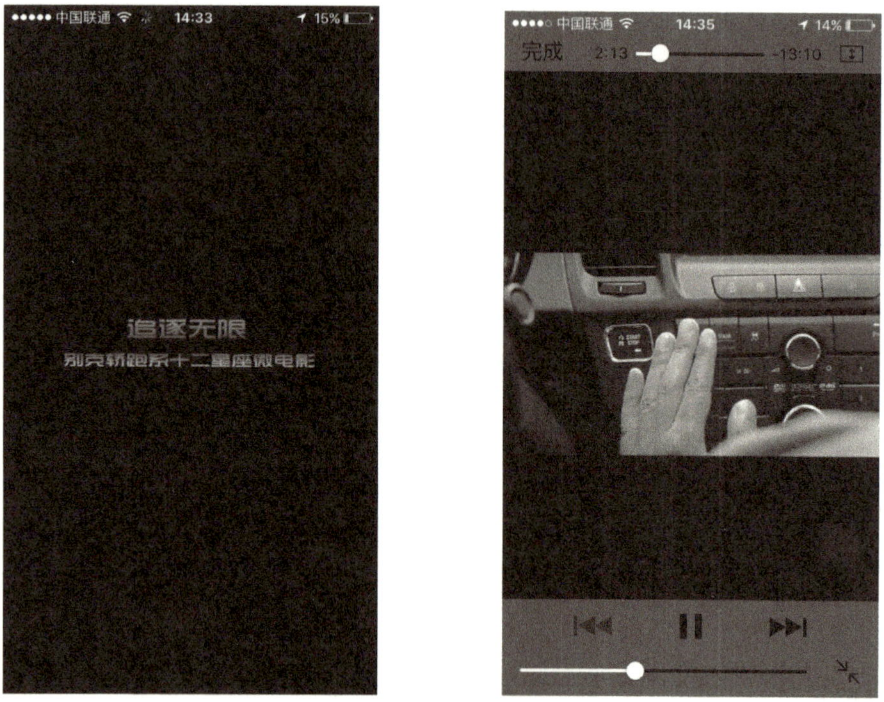

▲ 图10-18　十二星座微电影

这部电影以口碑和播放量的双丰收完美收官，如图10-19所示。

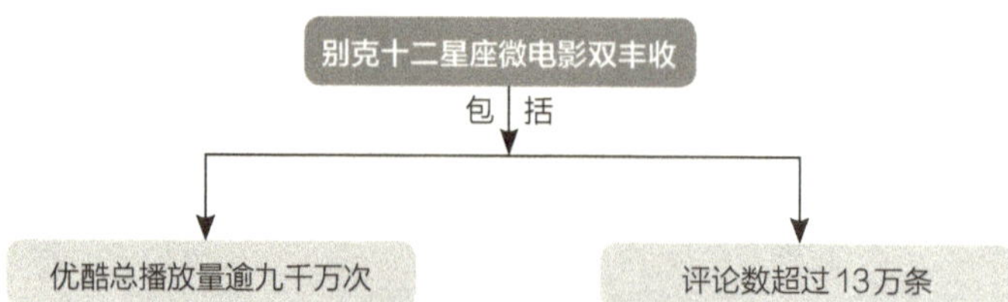

▲ 图10-19　别克十二星座微电影获得双丰收

别克轿跑系的目标受众为当代精英阶层及时尚先锋人士，他们兼具图10-20所示的特征。

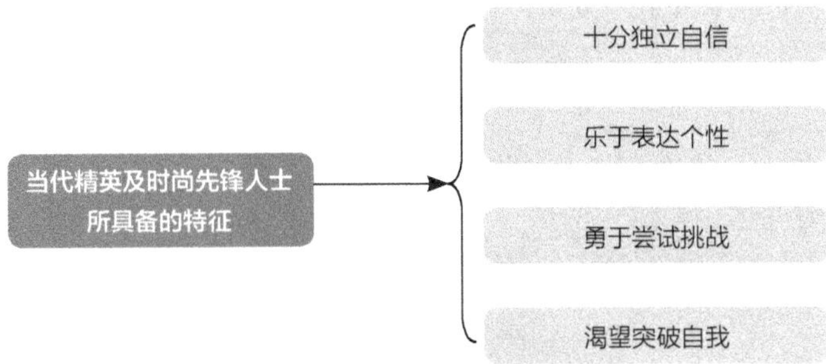

▲ 图10-20 当代精英及时尚先锋人士所具备的特征

而“别克轿跑系十二星座微电影”主要聚焦当代精英的内心，从十二星座这个话题切入，通过不同星座不同性格的人或事，打造一出年轻人不断追求挑战、超越自我的电影。通过该电影，别克将自身的汽车品牌理念与目标消费群体进行了一次很好的情感上的互动。

电影中最大的亮点是结合了当下年轻人群最热衷的十二星座话题，通过这些不同星座的人的视角，向时下的精英传递自己的品牌理念，实现与不同个性的精英之间的交流与共鸣。

同时，别克在此次的传播策略上利用移动大数据技术将优势渠道资源全网打尽，具体做法如图10-21所示。

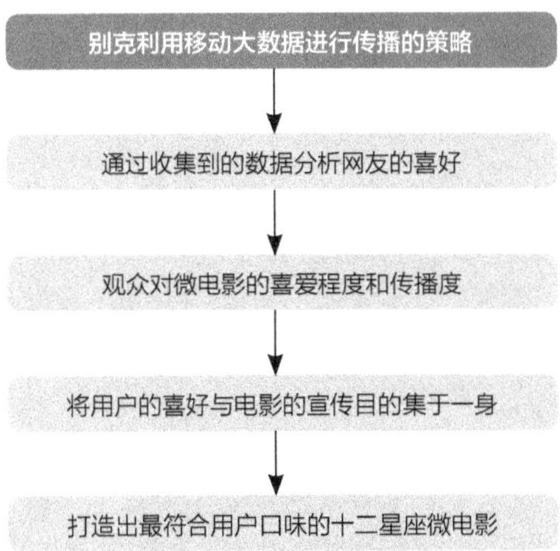

▲ 图10-21 别克利用移动大数据进行传播的策略

第11章

微信营销——打造百万价值营销

学前提示

微信推广营销是移动互联网时代的一种新型的营销模式。当用户注册微信账号后，可通过摇一摇、扫一扫、漂流瓶等手段进行增粉，也可以通过微信群、个人微信公众号、微信朋友圈等渠道推广自己的产品，从而实现点对点的推广营销目的。

要点展示

- 微信知识入门了解
- 不得不知的微信营销工具
- 干货：微信营销技巧
- 移动时代微信营销案例

11.1 微信知识入门了解

现如今微信使用得越来越频繁，从聊天到创业赚钱，微信逐渐融入到了人们的生活当中，成为人们生活中不可或缺的一部分。那么微信到底是什么？本节主要为大家介绍微信的基本知识。

11.1.1 微信的特点

微信是腾讯公司于2011年1月21日推出的一款手机社交软件，图11-1所示为微信图标。

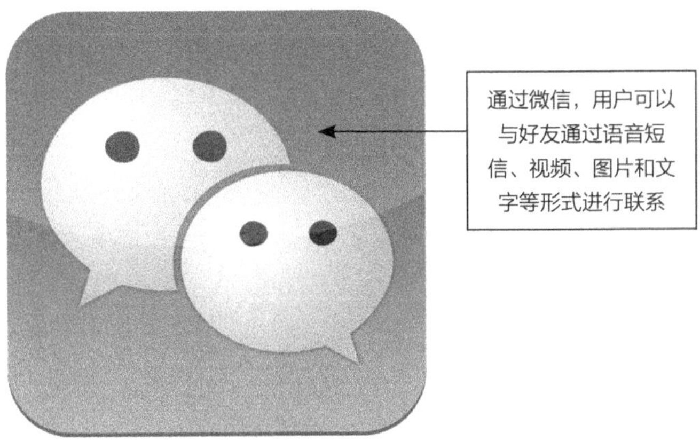

▲ 图11-1 微信图标

微信对于企业的宣传和推广能够起到很好的作用，原因在于微信推广营销具备以下的特点，如图11-2所示。

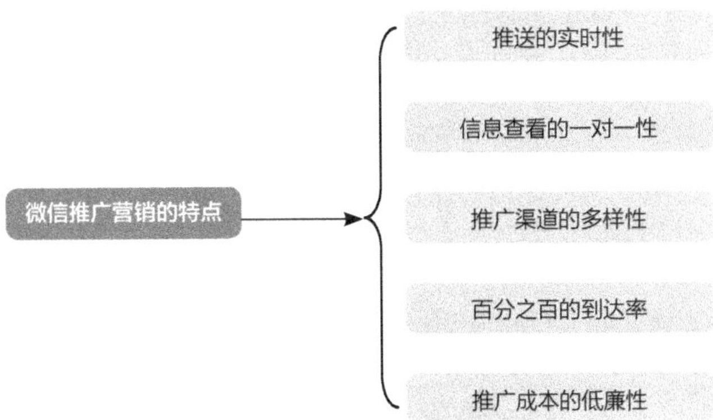

▲ 图11-2 微信推广营销的特点

1. 推送的实时性

与其他社交工具相比，通过微信推送的消息到达用户的手机后，用户能够在第一时间获得手机的提醒，从而保证微信消息推送的实时性。

2. 信息查看的一对一性

用户查看微信商家推送的信息时，一次只能看一个商家推送的信息，从而保证用户在查看信息时的专注度。

3. 推广渠道的多样性

微信推广营销的渠道非常多样化，除了微信公众号，还有图11-3所示的其他营销渠道（在后文中进行详细讲解），商家企业可以根据自己的企业特点和资金状况选择适合自己的营销方式。

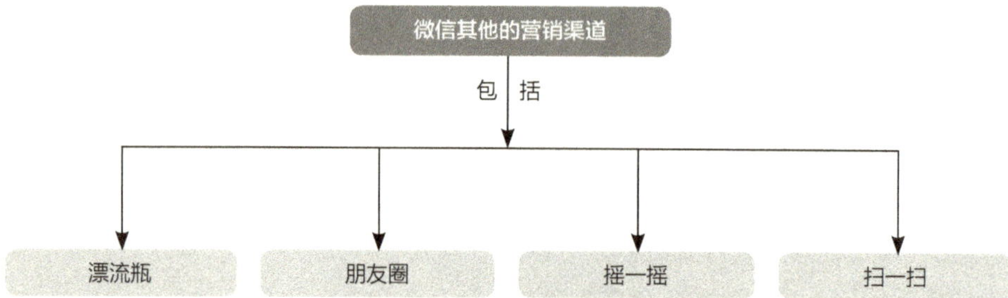

▲ 图11-3 微信其他的营销渠道

4. 百分之百的到达率

微信的这种实时推送以及一对一查看的方式，确保了每个用户都能看到企业推送的信息，从而实现百分百的到达率。

5. 推广成本的低廉性

微信账号注册和腾讯官方认证都是免费的，由此可以看出，微信推广营销几乎不用太多的成本。虽然如此，但是对于大型品牌企业来说，想要将微信品牌营销做好，还需要一定的资金来维护。

11.1.2 微信对人们生活的影响

微信从研发到如今的拥有几亿用户，只用了短短几年时间，不得不说这是一个有着巨大潜力的软件。微信与同类聊天工具比较起来更具特点，它从图11-4所示的几方面改变了人们的生活。

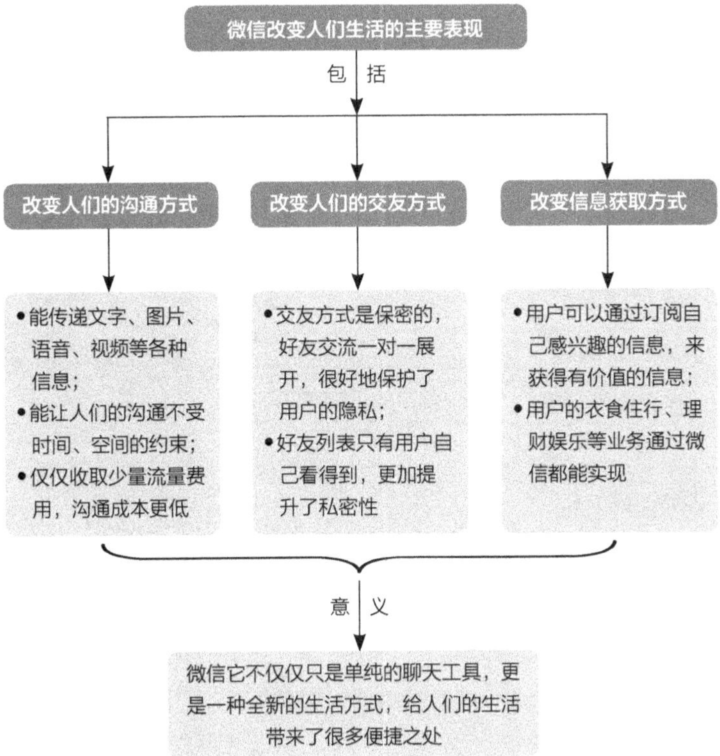

▲ 图11-4 微信改变人们生活的主要表现

11.2 不得不知的微信营销工具

微信，是一种生活方式，它功能强大，远远超越了社交媒体交流平台的定义。

从免费的短信聊天功能，到最火热的语音交流体验，再到“摇一摇”“搜索号码”“附近的人”“扫二维码”等功能的增加，微信为广大用户提供了更多的信息传播渠道，同时这些功能也给用户带来了全方位、高品质的服务体验。

除此之外，微信用户还可以将看到的精彩内容分享到微信朋友圈，图11-5所示为微信的功能。

本节主要为大家介绍微信上的一些重要的营销工具。

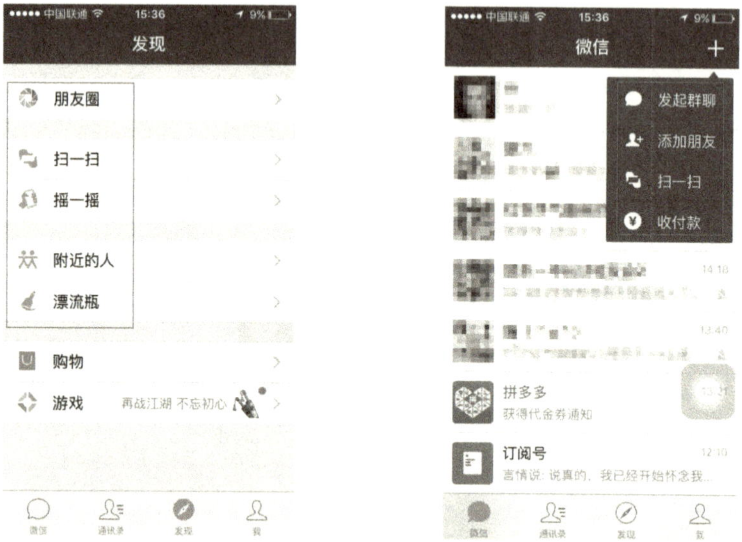

▲ 图11-5 微信的功能

11.2.1 微信语音

微信移动社交平台支持发送语音短信进行语音对讲的功能。当用户发短信不想打字时，就可以选择微信语音交流这种既省钱又省力的方式。

进行微信对讲的操作方法很简单，用户只要找到并点击聊天界面下方的对讲键（形状类似于喇叭），用手指长按并开始讲话，松开手指，语音信息就发送出去了，如图11-6所示。

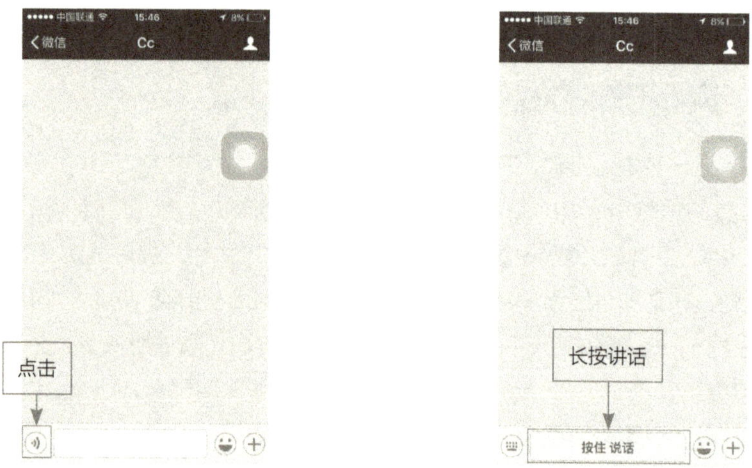

▲ 图11-6 微信语音功能

微信平台的语音功能，能够让商家与用户之间进行交互式的沟通交流，使双方对话内容更加具备针对性，方便快捷，让商家减少了推广的人力成本投入。

微信的语音传播方式，为企业与商家的微信营销开辟出了新的道路，许多企业与商家利用微信的语音功能，展开陪聊式微信对话，传递了品牌信息。

11.2.2 “摇一摇”

对大多数人来说，“摇一摇”是一种有趣的交友模式，因此，商家可以利用这部分人的好奇心理，通过“摇一摇”的方式将活动宣传出去，图11-7所示为“摇一摇”的功能和设置界面。

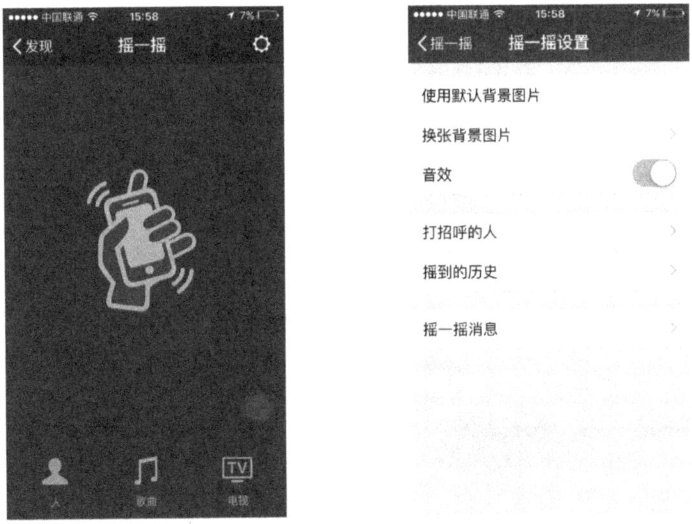

▲ 图11-7 微信“摇一摇”功能和设置界面

微信的“摇一摇”主要有以下几种功能，如图11-8所示。

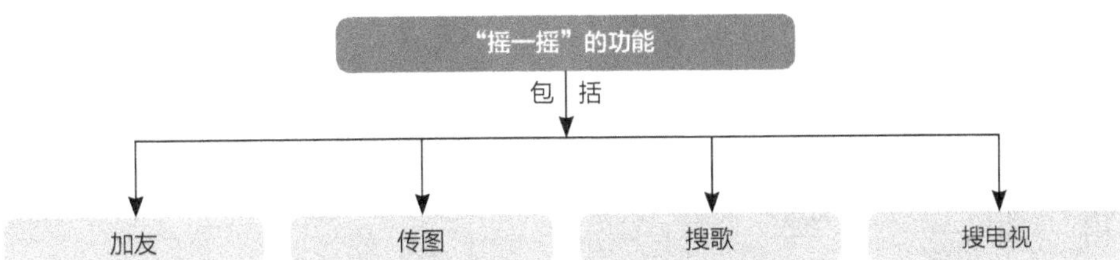

▲ 图11-8 “摇一摇”的功能

1. 加友

首先点开“摇一摇”功能，在摇到周围的陌生账号之后，向对方打招呼，发起对话，在征得对方同意之后，就能添加好友了。

2. 传图

“摇一摇”传图的具体操作是：通过二维码连接入一部计算机后，图片就能够通过摇一摇的方式从计算机里发送到手机上。

3. 搜歌

这个功能主要是帮助用户搜寻歌曲，有时用户听到某首歌曲，又不知道歌名，就可以采用搜歌功能，自动获取歌曲名称。

4. 搜节目

和搜歌功能一样，这个功能是帮助用户搜索电视节目，用户只要将手机往电视发声源处摇一摇，就能搜到相对应的电视节目。

11.2.3 漂流瓶

除了“摇一摇”之外，微信还有一个可以利用的功能，就是“漂流瓶”。“漂流瓶”的好处是商家可以将自己的微信营销内容直接编辑在漂流瓶里，然后“扔出去”。下面主要介绍一下微信漂流瓶的使用方法。

步骤① 点击微信界面下面的“发现”按钮，如图 11-9 所示。

步骤② 进入“发现”界面，然后点击“漂流瓶”按钮，如图 11-10 所示。

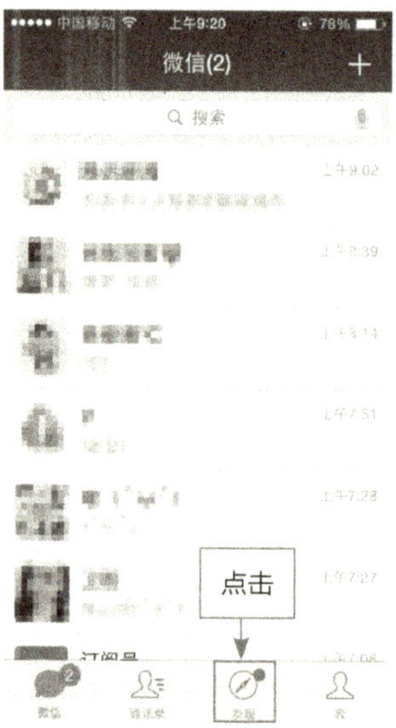

▲ 图11-9 点击“发现”按钮

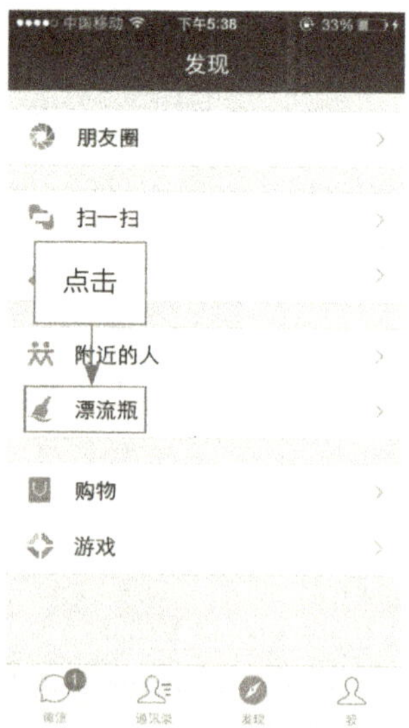

▲ 图11-10 点击“漂流瓶”按钮

步骤③ 执行操作之后，进入相应界面，点击“扔一个”按钮，如图 11-11 所示。

步骤 4 进入相应的界面，点击左下角的“⌨”按钮，如图 11-12 所示。

▲ 图11-11　点击“扔一个”按钮

▲ 图11-12　点击“⌨”按钮

步骤 5 进入相应的界面，在相应的文本框中输入文字，如图 11-13 所示。

步骤 6 执行操作之后，点击“扔出去”按钮，如图 11-14 所示。

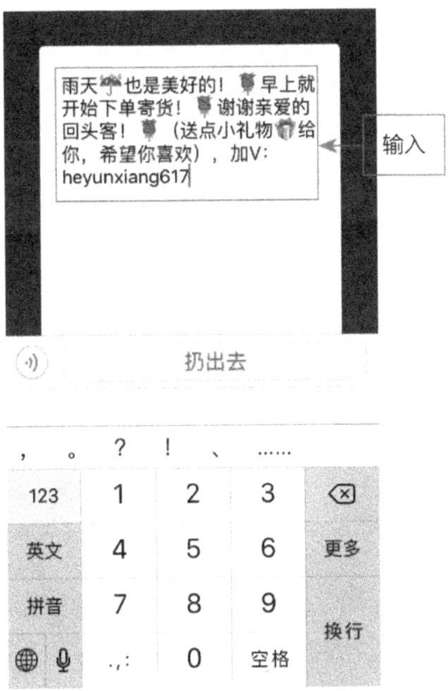

▲ 图11-13　在文本框输入文字

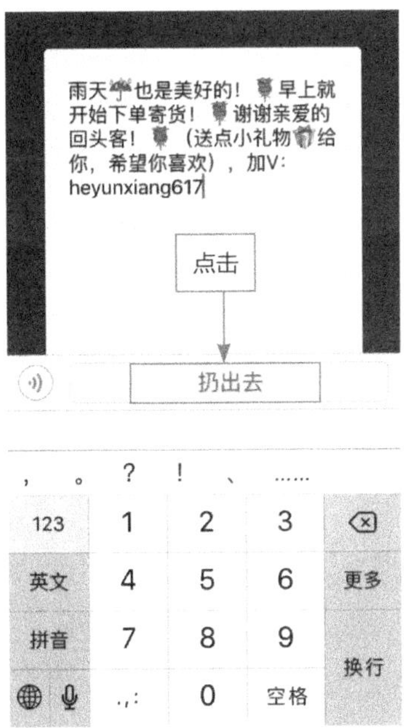

▲ 图11-14　点击“扔出去”按钮

专家提醒

漂流瓶的数量有限，因此建议每天都用掉，然后坚持不懈地执行下去。

由于微信官方可以更改漂流瓶的数量，让企业能将其营销信息传递给更多的人群。因此企业可以和“微信”合作，让“微信”帮自己更改漂流瓶可抛出的数量，使更多的用户能捞到瓶子，从而顺利完成营销信息的推广。

11.2.4 朋友圈

时至今日，移动互联网以迅雷不及掩耳之势轻而易举地超越了传统互联网的用户规模，在抢夺粉丝和用户流量上，微信已经远远超越了其他竞争对手。微信朋友圈营销也需要一定技巧，简单介绍如图11-15所示（后文进行详细介绍）。

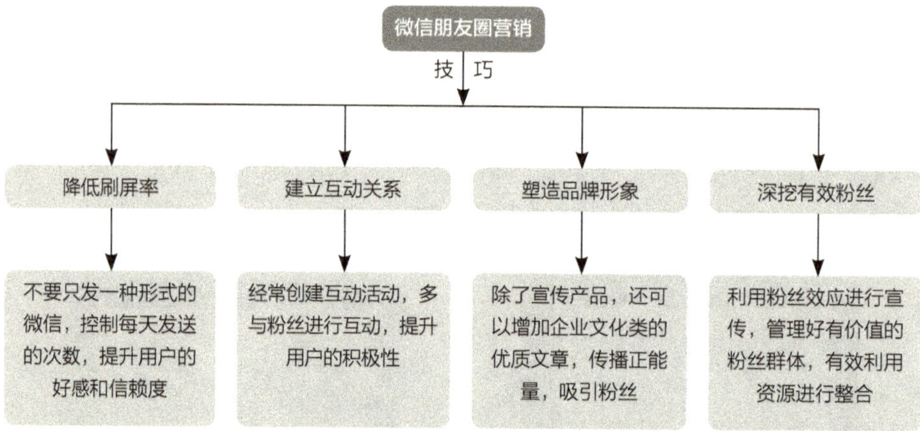

▲ 图11-15 微信朋友圈营销的技巧

专家提醒

在微信朋友圈中进行推广，就是运用了微信庞大的用户流量数据，将“深化朋友关系”作为核心，让微信用户的“弱关系”转变为“强关系”。

11.2.5 扫一扫

二维码在微信上的应用，且因其私密性而受到大众的青睐，通过微信“扫一扫”功能扫描二维码，可实现各种各样的广泛的应用，图11-16所示为微信“扫一扫”按钮和“扫一扫”功能界面。

▲ 图11-16 微信扫一扫界面

微信扫一扫功能让微信二维码将企业的商业活动轻松地带到每个用户的手机中。通过微信扫一扫功能，可以实现图11-17所示的情境。

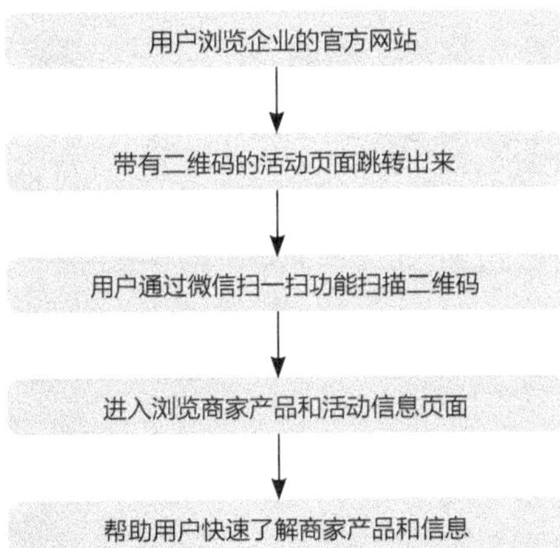

▲ 图11-17 微信扫一扫功能帮助商家实现的情境

而且部分实体商城还能实现微信扫码支付功能，无论实物商品还是虚拟商品，只要在微信上轻轻一扫，就能方便快速地进行购买。

11.2.5 附近的人

“附近的人”是微信推出的一项LBS功能，目的就是方便用户交友。它将会根据用户的地理位置找到附近同样开启这项功能的人，使用户轻松找到身边正在使用微信的其他用户。

企业根据自身产品和目标用户的定位，可以选择合适地段，进行LBS营销。例如，假设企业的目标用户为企业白领，那么企业就可以在城市的商业地段进行定位，具体的操作流程如图11-18所示。

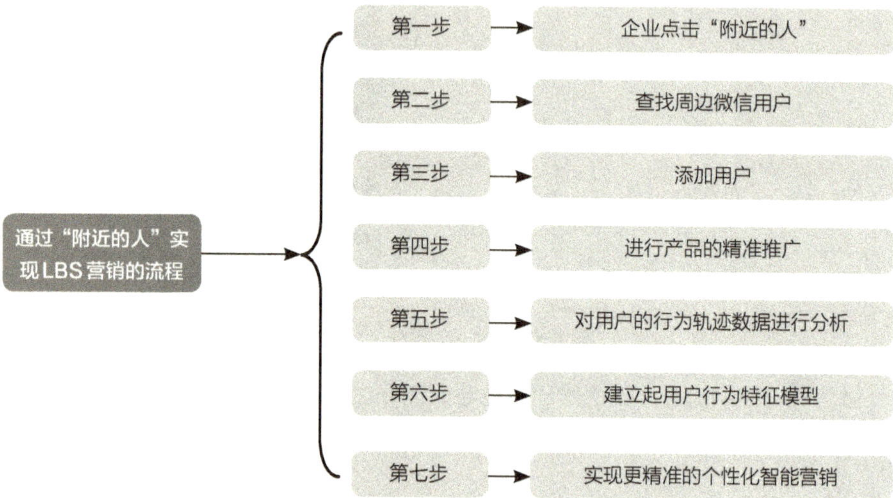

▲ 图11-18　通过“附近的人”实现LBS营销的流程

在微信上，具体操作方法如下。

步骤 1 启动微信APP，进入“发现”界面，点击“附近的人”选项，如图11-19所示。

步骤 2 进入“附近的人”界面，点击“开始查看”按钮，如图11-20所示。

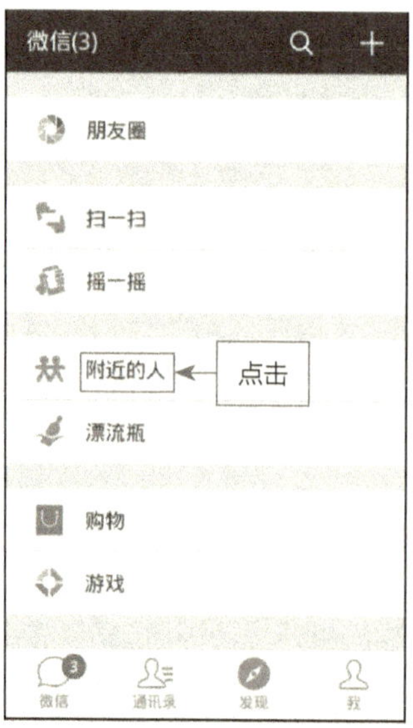

▲ 图11-19　点击“附近的人”选项

▲ 图11-20　点击“开始查看”按钮

步骤 3 执行操作之后，弹出“提示”的对话框，点击“确定”选项，如图 11-21 所示。

步骤 4 执行操作后，即可查看附近的微信用户，如图 11-22 所示。

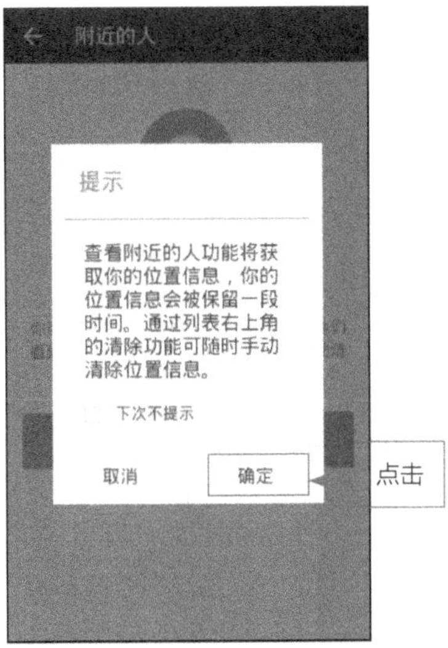

▲ 图11-21　弹出“提示”对话框

▲ 图11-22　查看附近的微信用户

企业利用“附近的人”功能添加好友之后，可以有两种方式进行宣传：积累用户，做长远打算或者即刻利用群发功能发起宣传。这样宣传的优势：成本低、能够达到百分之百的信息接收率。

11.3　干货：微信营销技巧

微信营销时代已经来临，微商营销时代也已经来临，无论是团体、组织，还是个人都应该抓住这个商机。下面笔者将为大家讲解几种微信营销的技巧，希望能为大家的微营销活动提供必要的帮助。

11.3.1　对目标群体准确定位

企业要知道，一个高质量的粉丝可能抵得上一群“脑残粉”。不同的行业、不同的企业或个人经营的产品不一样，因此它们所要服务的对象也不一样。例如苏宁易购，其经营的方向主要是电子电器之类的产品，因此它的目标用户群是知识分子、上班族、家庭主妇或者对电子产品需求较大的电器商等。

对于企业、商家来说，根据商业目标、产品特色或者经营模式来定位粉丝是很有必要的。因为企业的最终目的是营销，如果没能对目标群体有一个准确的定位，那么吸引过来的粉丝很有可能都是一些“僵尸粉”。这样的粉丝数量只能算是一个数字，对于企业或商家的营销没有任何价值。

> **专家提醒**
>
> 精确地定位粉丝群体就是要明确目标群体，这样做是为了在做微信营销之前，提高粉丝的精确度，从而更好地实现营销活动。微信粉丝讲究的是质量而不是数量，如果粉丝定位准确，那么企业在运营过程中就能够明确每一次沟通、互动、推送的对象是谁，并且了解他们的需求。

11.3.2 抢红包策略

“红包”在近年来是相当火爆，微信的红包功能也是瞬间就引爆了微信群，因此这便给微信营销者提供了一招绝妙的营销方法，具体流程如图 11-23 所示。

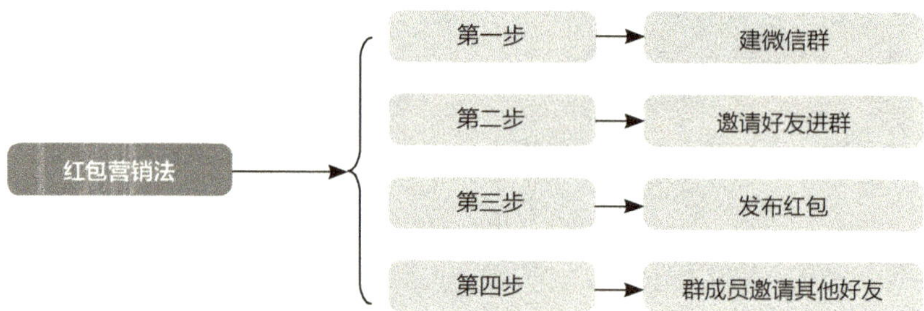

▲ 图11-23　红包营销法

第四步中的人际邀请是指让群里的好友去邀请他的好友进来，一起参与抢红包的活动，被邀请进来的好友，微信营销人就可以拿来作为自己的人际关系资源。

11.3.3 朋友圈营销

前面对朋友圈的营销技巧进行了简单介绍，下面就发朋友圈的技巧进行更加细致的介绍。

1. 发图的技巧

很多人都有轻微的“强迫症”，譬如看到朋友圈发图有空白的位置，就会有点受不了。面对这种情况，商家该怎么做？建议商家发图片的时候，最好不要留空白，要么发 1 张，要么发 3 张、6 张，这样的板式看起来更舒服，如果发 5、7、8 张图，让有点“强迫症”的人看到了会非常难受。

2. 不要只发文字

发朋友圈有三种形式，如图11-24所示。

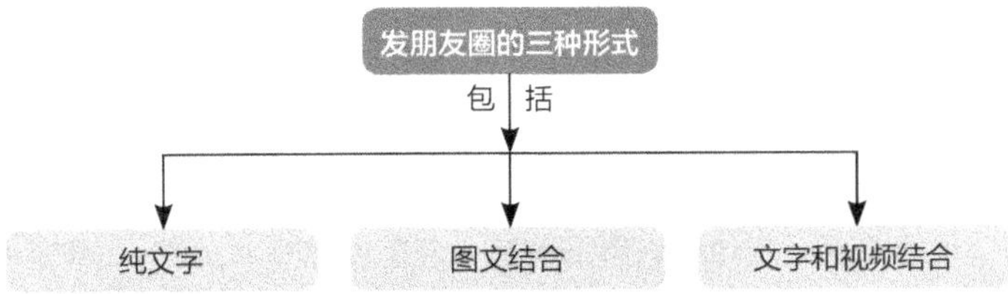

▲ 图11-24 发朋友圈的三种形式

笔者建议做微信营销的商家，最好采用图文并茂的方式或者文字和视频结合的方式发布信息，因为图片和视频比文字更加醒目、更加吸引人，蕴含的信息量也更大。

3. 内容不宜过长

在朋友圈里，如果发布的内容太长，就会发生"折叠"，只显示前几行的文字，需要点击"全文"才能查看余下的内容。

对很多人来说，对于那些必须点击"全文"才能看的内容，粉丝可能匆匆扫一眼就过了，这样一来，我们所编写的信息就失去了它所有的价值，而且内容越多，折叠得越厉害。

微信作为一个社交平台，人们更愿意接受碎片式阅读形式，不喜欢那种长篇累牍式的文字，因此对于微信营销人来说，不要让自己朋友圈的内容太过冗长，如果有很长的内容，建议将重点提炼出来，让人一眼就能扫到重点最好。

4. 通过评论传递信息

如果朋友圈的内容长到没办法精简提炼，还可以利用另外一个功能，即评论功能将更多信息传递给受众。

因为评论区域是没有折叠的，也就是说无论你发多长的评论，都会全部展现在好友面前，因此微信营销人要善于利用朋友圈的评论功能，将他人看不到的内容写上去，或者将一些需要强调的重点写上去。

专家提醒

有的人说，评论有定向隐藏功能，即评论只有部分人能看到，其他人看不到。但事实上，自己给自己评论是没有定向隐藏功能的，也就是说微信里所有好友都能看到这条评论内容，因此微信营销人不需要有什么顾虑。

5. 少发硬性广告

在朋友圈里，人们最受不了的就是一天到晚发广告的微信营销者，尤其是一些没有内容又枯燥无味的广告。

在这个微营销海量传播的时代，几乎每个人的通信录里都有一些做微信营销的人。我们的朋友圈，被各种各样的生活状态、心灵鸡汤、产品广告铺满，看到他人发的产品广告，偶尔也会产生去尝试使用这种产品的想法。

但是，一旦朋友圈被这种广告刷屏占满，那么就不再有购买、使用的欲望了，反而想将对方屏蔽或拉黑。

在朋友圈发广告，一定要控制好节奏，不要一天到晚刷个不停，也不要一直重复地推广某个产品，除非你认为自己的商品足够有趣、内容足够丰富，否则就要尽量少发、不要重复发。

11.3.4 创意内容营销

做微信营销，最好为用户提供实用性的知识，同时在满足受众的需求之外，还要开发有创意的文案。可以是结合网络用语加上搞笑的图片，也可以文字诙谐成趣，结合热点来进行诠释，还可以添加一些有趣的小游戏，或者猜谜发红包等，以此来吸引用户的眼球，形成互动。

11.4 移动时代微信营销案例

在移动互联网时代，微信慢慢从一个社交软件演变成一个营销工具似乎是必然结果。并且，在微信这个大平台，有许多“草根”微信账号，凭借着微信的营销优势，找到了创业的商机，并以迅雷不及掩耳之势走上了致富的道路。下面笔者将介绍几个典型的微信营销案例，供大家参考。

11.4.1 糯米酒：打造每月近5万元的销售额

一位酒坊坐落在福建永定县下洋镇廖陂村东兴楼的“糯米酒先生”，一直致力于采用传统纯手工工艺酿造客家土楼糯米酒，图11-25所示为“糯米酒先生”酿造的糯米酒。

这位来自客家土楼的先生，利用移动互联网思维，申请了自己的微信公共账号，该微信公众号的名字叫“客家土楼糯米酒”。经过半年多时间的摸索和积累，该公众平台获得了初步成功，如图11-26所示。

▲ 图11-25 糯米酒

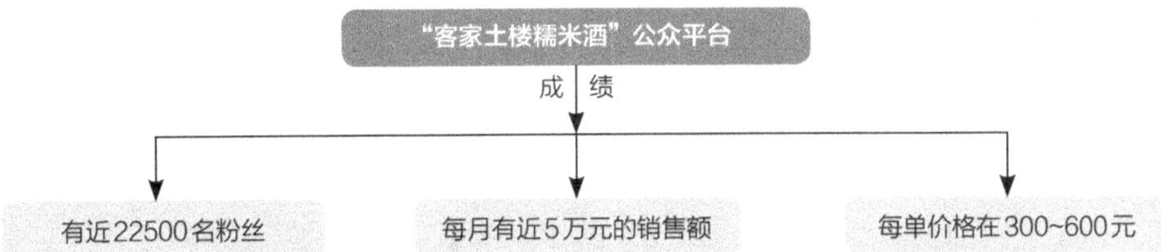

▲ 图11-26 “客家土楼糯米酒”公众平台获得的成绩

“客家土楼糯米酒”的微信公众账号界面如图11-27所示。

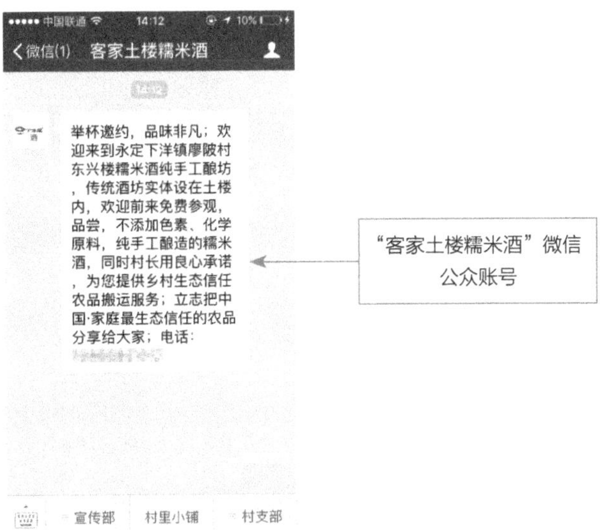

▲ 图11-27 “客家土楼糯米酒”的微信公众账号

糯米酒先生的“客家土楼糯米酒”公众平台能够在短短数月内取得如此傲人的成绩，正是由于他将微信营销思维与移动互联网思维相结合，从而打造出了属于自己的宣传模式。如图11-28所示。

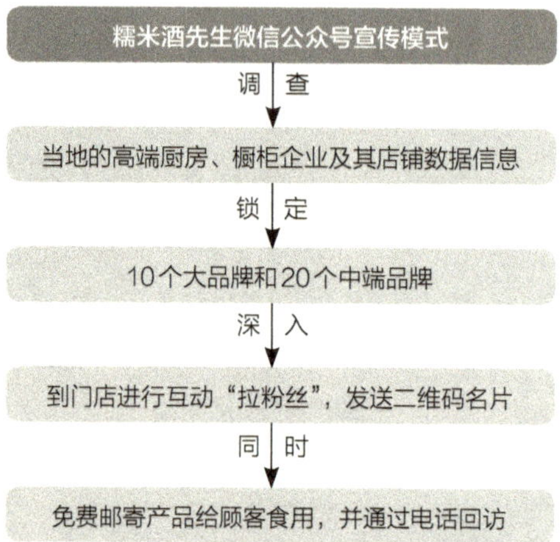

▲ 图11-28　糯米酒先生为自己产品和公众号宣传的方法

在这个过程中，糯米酒先生运用移动互联网思维对企业、店铺进行信息数据分析，然后锁定了自己的目标消费群，再进一步实行宣传推广活动。这一点做得非常好，而且，整个营销过程中，糯米酒先生都没有在微信里实行硬推销，他针对性地对用户提出的各种问题进行解答，譬如糯米酒的喝法、功效、保健知识等。在这个基础上，从情感上获得了客户的信任，再进行下一步的推销，就能事半功倍了。

11.4.2　校园创业：微信平台水果销售

在现实生活中，善于观察的人往往更容易发现商机，华科大的学生黄铁森就是这样一名善于观察、善于思考的学生，如图11-29所示。

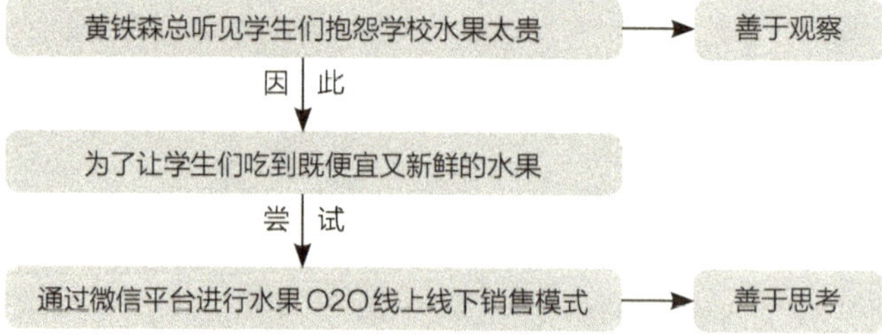

▲ 图11-29　善于观察的人更容易发现商机

在通过微信平台销售水果之前，黄铁森做了一系列的准备，包括市场调查和资金筹备，如图11-30所示。

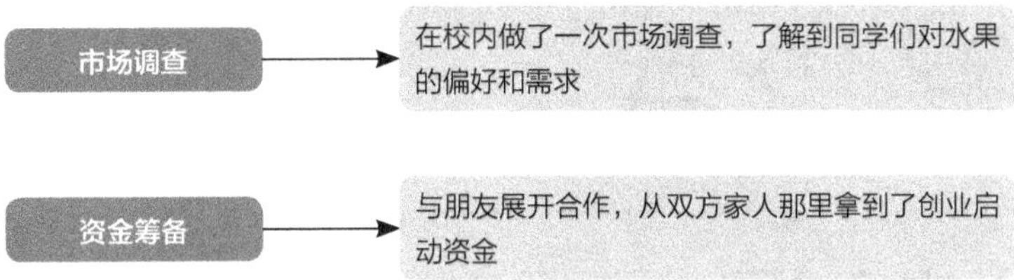

▲ 图11-30 创业前准备

黄铁森微信销售的主要步骤有3点：推送信息、学生订购、送货上门。如图11-31所示。

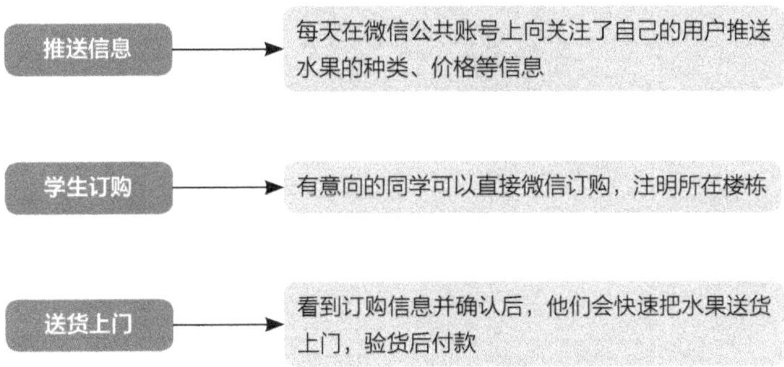

▲ 图11-31 微信销售的主要步骤

第12章

微信公众平台——打造超级人际关系

学前提示

微信的火热带动了微信公众号的品牌营销，微信公众号已经成为企业品牌宣传的一个窗口，企业离不开微信平台提供的营销机会。

要点展示

- 微信公众平台入门知识
- 干货：微信公众平台营销技巧
- 移动时代微信公众平台营销案例

12.1 微信公众平台入门知识

微信公众平台是腾讯公司在微信的基础上新增的功能模块，在这个模块上企业能够申请注册微信公众号，然后通过文字、图片、语音、视频等模式与用户进行全方位的沟通和互动。

12.1.1 微信公众平台的类型

商家借助微信公众平台，实现和用户的一对一互动，确保消息的推送和阅读。通过信息推送增加用户与商家之间的粘性，吸引用户消费，挖掘用户购买力，图12-1所示为手机移动端微信公众平台登录页面。

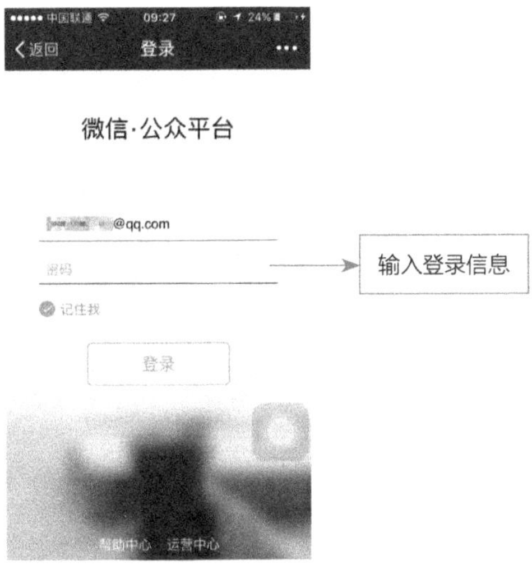

▲ 图12-1 手机移动端微信公众平台登录页面

目前微信公众平台账号划分为图12-2所示的3类。

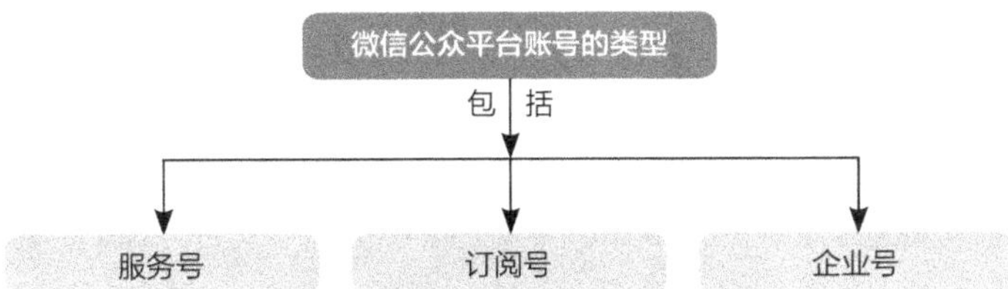

▲ 图12-2 微信公众平台账号的类型

这三种账号的主要功能如图12-3所示。

- 服务号 → 给企业和组织提供更强大的业务服务与用户管理能力，帮助企业为用户提供全新的服务
- 订阅号 → 主要功能是在读者和媒体间起传播作用，媒体与读者更好地沟通
- 企业号 → 为企业提供移动应用入口，为企业建立与员工、上下游供应链及企业应用间的连接

▲ 图12-3　微信公众平台账号的功能

12.1.2　微信公众平台的功能

微信公众号服务范围极广，无论是个体用户还是企业用户都能覆盖到，如图12-4所示。

- 个人用户 → 可以通过关注公众号获得很多便利，例如查询银行卡内余额、手机充值、航班登机牌办理等服务
- 商家 → 可以利用公众平台摒除传统宣传媒介，通过微信渠道，以低成本将品牌推广给微信用户。同时，商家还能通过微信公众平台发布产品信息或各种活动优惠，引导用户购买
- 商家 → 能通过公众品平台为用户提供便捷舒适的服务，增强自身与其他企业间的竞争力等

▲ 图12-4　微信公众平台的功能

12.1.3　微信公众平台营销

微信公众平台营销是指企业通过微信公众号，以图片、文字、视频、语音等形式向用户发布推送消息和广告，以此来提高企业的知名度，树立品牌形象的一种营销方式，图12-5所示为海底捞火锅官方微信公众平台。

▲ 图12-5 海底捞火锅官方微信

12.1.4 微信公众平台营销特点

微信公众平台营销具有4大特点，如图12-6所示。

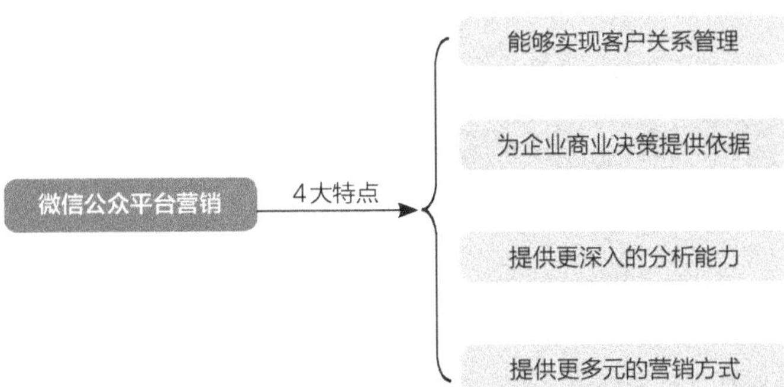

▲ 图12-6 微信公众平台营销的4大特点

1. 能够实现客户关系管理

微信最大的特点是商家在公众平台上可以与用户一对一交流，因此微信可以帮助商家实现CRM，即客户关系管理，相关意义如图12-7所示。

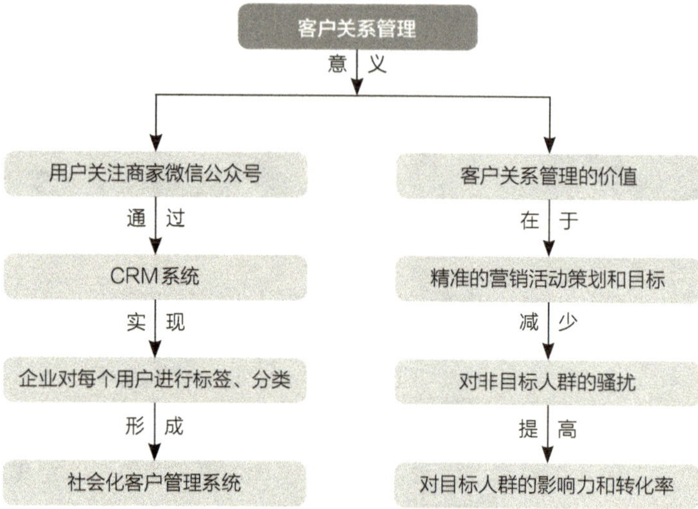

▲ 图12-7 客户关系管理的意义

2. 为企业商业决策提供依据

微信公众平台营销的第二大特点就是能为企业提供基于用户习惯、喜好、行为、位置等信息的商业决策，相关分析如图12-8所示。

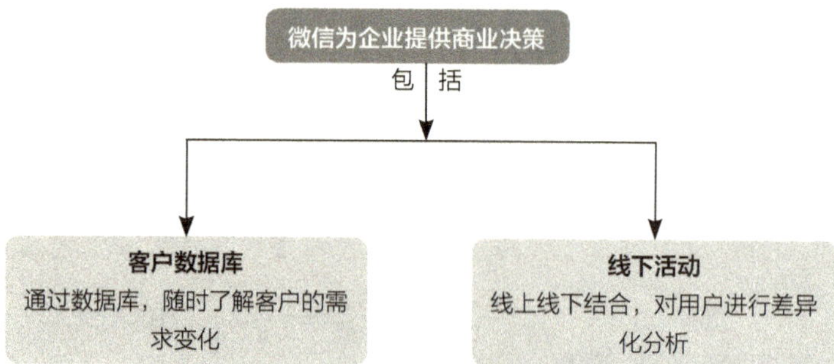

▲ 图12-8 微信为企业提供商业决策

3. 提供更深入的分析能力

由于微信公众号的传播源于用户的自主选择，因此通过微信公众号进行营销会比其他的营销方式更为精准，同时微信营销还能为企业提供基于用户行为的更深入的分析能力，相关分析如图12-9所示。

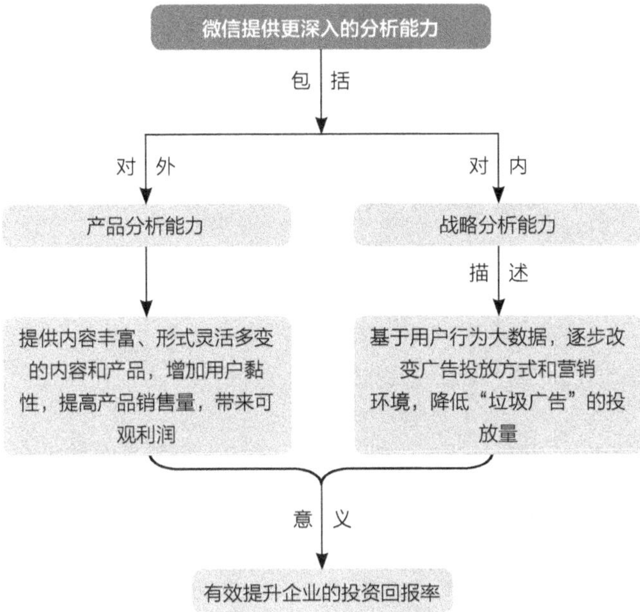

▲ 图12-9 微信为企业提供更深入的分析能力

4．提供更多元的营销方式

移动大数据不仅为微信营销企业提供精准化服务，同时也为微信营销企业提供更加多元化的营销方式——富媒体，其具体的信息传播功能如图12-10所示。

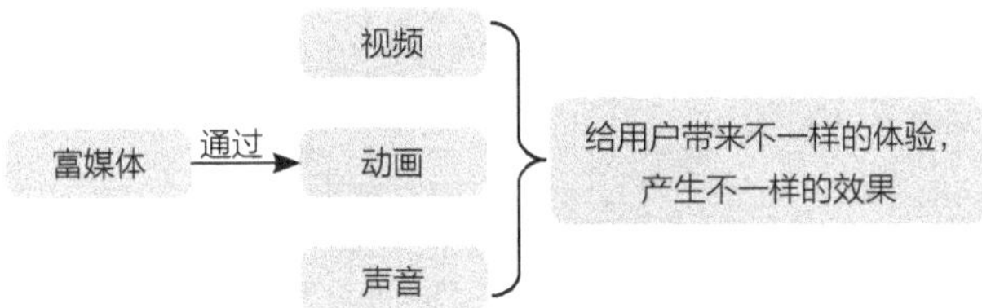

▲ 图12-10 富媒体的信息传播功能

12.2 干货：微信公众平台营销技巧

企业想要通过微信公众号进行产品、品牌或服务的营销，就要对微信公众号进行全方位的了解，从中掌握一定的营销技巧。本节将为大家讲解微信公众平台的一些营销技巧。

12.2.1 对内容进行定位

公众平台多以文字、图片、视频等形式表现主题，因此想要在众多营销策略中脱颖而出，就必须把握好内容定位，内容定位的技巧主要有图 12-11 所示的技巧。

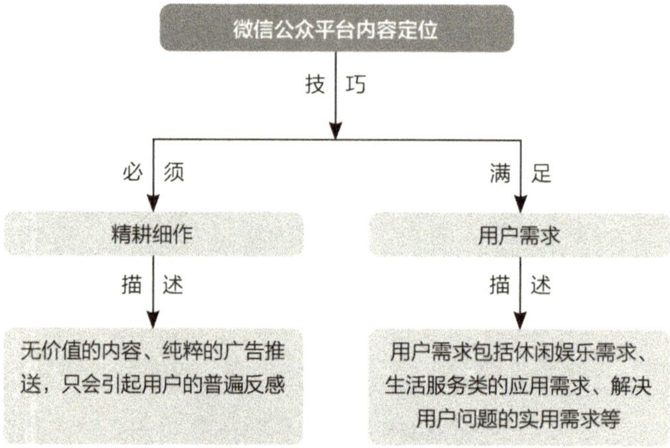

▲ 图12-11 微信公众平台内容定位技巧

微信公众平台的内容非常重要，在微信公众平台的内容方面，要把握好图 12-12 所示的几个要点。

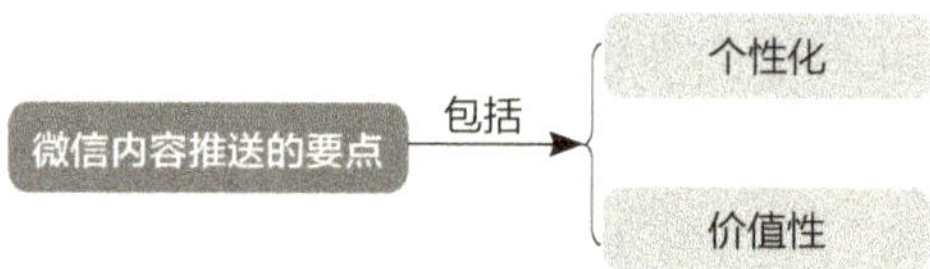

▲ 图12-12 微信内容推送的要点

1. 个性化

个性化内容，也许是企业最难把握的一个要点，因为企业在发布微信内容时，无论是在报道方式上，还是在内容形式上都倾向于长期保持一致性，这样才能给用户一种系统而直观的感受。

长期的个性化往往很难做到，做得不好还容易让企业的自成体系失去平衡。但是，如果企业想要让自己的微信公众号与他人的微信公众号“划清界限”，变得更加容易被用户识别，那么个性化的微信内容是必不可少的。个性化的内容不仅可以增强用户的黏性，使之持久关注，还能让企业微信公众号在众多公众号中脱颖而出。

2. 价值性

在利用微信进行营销的过程中，企业一定要注意内容的价值性和实用性，这里的实用是指符合用户需求，对用户有利、有用、有价值的内容，如图12-13所示。

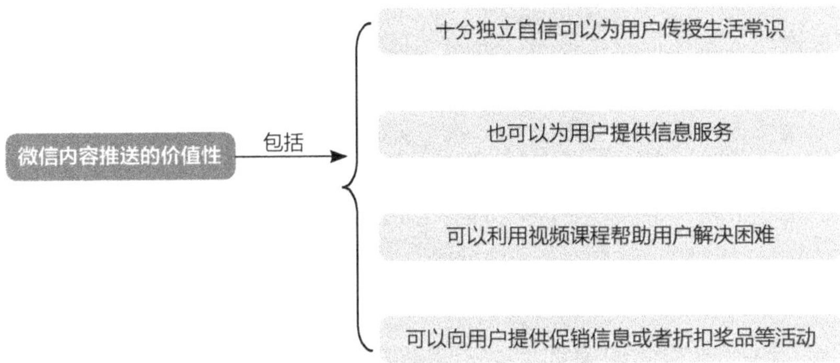

▲ 图12-13 微信内容推送的价值性

不论是哪方面的内容，只要能够帮助用户解决困难，就是好的内容，而且，只有有价值和实用的内容，才能留住用户。

12.2.2 不断完善各类功能

企业想要在微信公众平台上实现营销价值的最大化，除了丰富多彩的内容之外，还要充分发挥微信公众平台的各种功能价值。对企业来说，微信公众号的主要作用如下所示。

- 维护客户。
- 培养粉丝。
- 展示品牌。
- 市场调研。
- 促进销售。

刚开始，企业可以设置一些基础功能，如天气、折扣、路况查询等，发展到后期，就可以根据粉丝的需求不断完善公众平台的功能。对于品牌企业而言，除了基础性的功能，还需要针对目标群体进行个性化的定制，如理财、超市、照片打印等。

12.2.3 超棒的自定义回复

微信公众号的功能增加，让企业的服务变得越来越多样化，自定义回复接口的可开发空间已经超出商家的预计。通过自定义回复接口，“我的周边”这样的接口，微信公众号可以实现图12-14所示的各种功能。

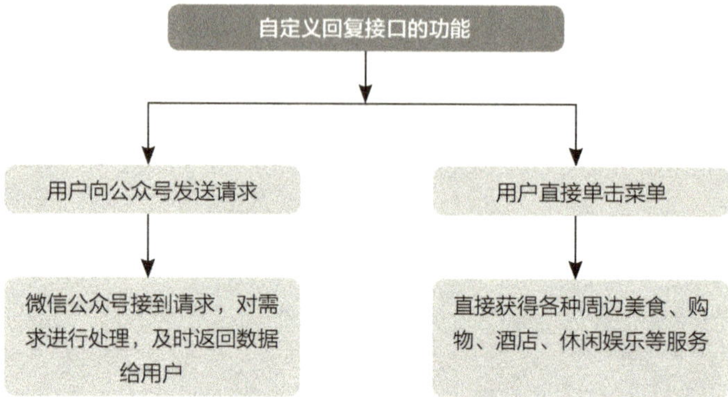

▲ 图12-14 自定义回复接口的功能

12.2.4 超高效的活动策划

通过微信公众平台，企业可以多策划一些有趣的活动，以此来调动用户参与活动的积极性，从而拉近企业与用户的距离。

除了发布活动之外，还可以通过其他的活动策划来拉近与用户之间的距离。例如通过问卷调查了解用户的内在需求、通过设置各类专栏与用户展开积极的互动等。

在企业的品牌营销中，利用微信公众平台进行活动策划的目的有两点，分别如下所示。

- 通过平台的活动策划提升粉丝参与企业互动的积极性。
- 通过平台的活动策划提升粉丝对于企业微信公众平台的依赖性。

无论是大品牌企业还是小品牌企业，为粉丝定期地策划一些有心意的活动，是一种很好的增强粉丝黏性的行为。而在有心意的活动策划中，最重要的一个环节就是对目标群体和活动目标进行如下分析，如图12-15所示。

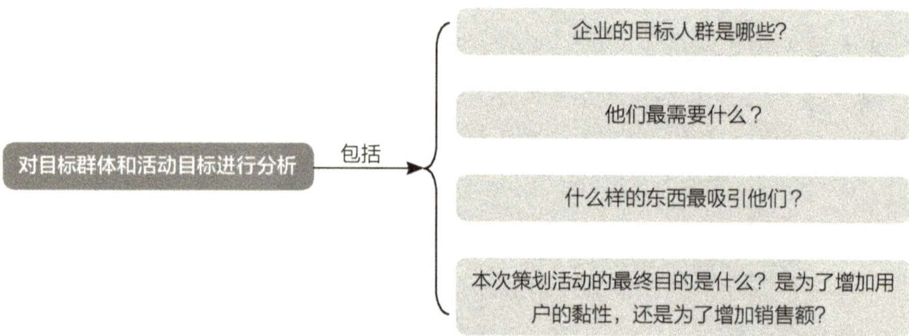

▲ 图12-15 对目标群体和活动目标进行分析

只有对自己的目标用户和营销目的有了专业的、精准的定位分析，才能策划出吸引人的活动方案。

12.2.5 以老客户带动新客户

众所周知，企业想要推广微信公众号绝对不是一件轻松的事。一句话来概括：企业想要推广微信公众号就必须动脑。那么，企业应该如何做呢？如图12-16所示。

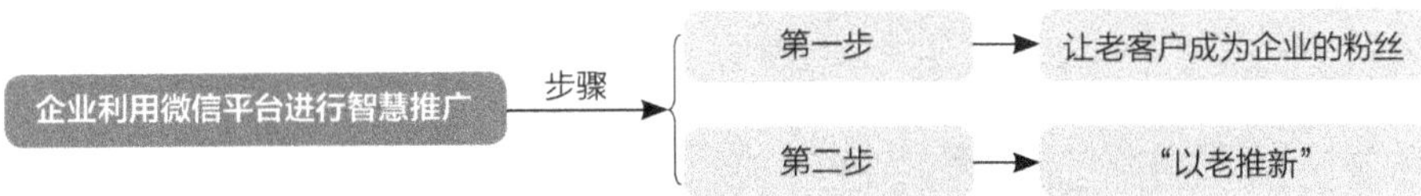

▲ 图12-16 企业利用微信平台进行智慧推广的步骤

1. 让老客户成为企业的粉丝

首先，要让老客户成为企业的粉丝，这样做的原因如图12-17所示。

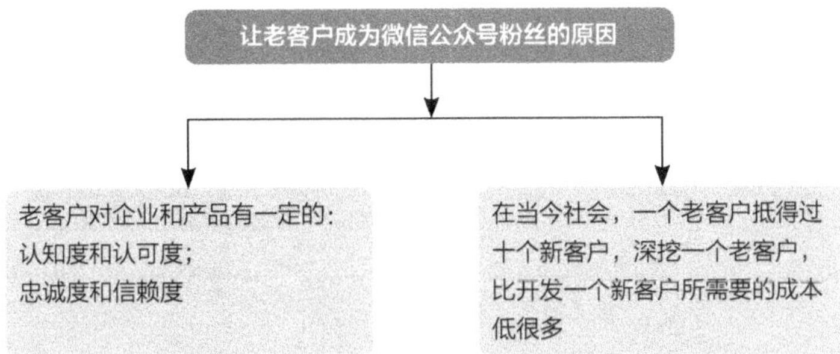

▲ 图12-17 让老客户成为微信公众号粉丝的原因

2. “以老推新”

让老客户成为微信公众平台的粉丝之后，就要进行第二步流程：“以老推新”。“以老推新”的意思就是利用已经成为粉丝的老客户对企业的公众平台进行推广，从而形成一个辐射状的链接形式，增加新的粉丝群。

12.2.6 建立口碑营销效应

微信公众平台很适合“病毒式”的口碑营销，因为微信公众平台具备图12-18所示的特点。

微信公众平台具备群发功能，利用该功能，企业能够将编辑好的内容和素材发送给关注的粉丝，如果是非常优质的内容，就会引起粉丝的自动分享和转发，从而激发出口碑效应。

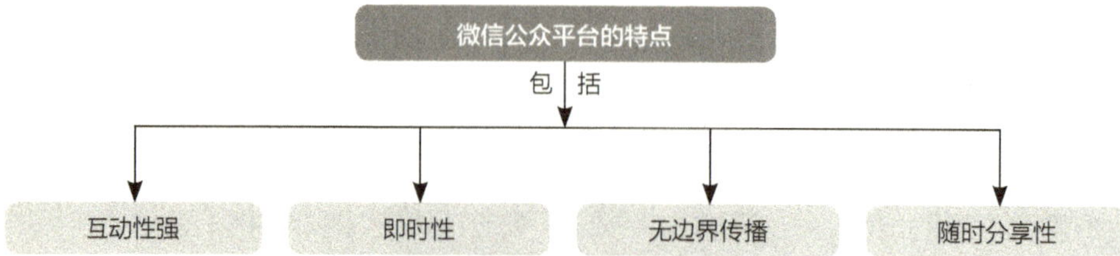

▲ 图12-18 微信公众平台的特点

12.3 移动时代微信公众平台营销案例

随着微信公众号的诞生，越来越多的企业涌入了微信公众平台。在日益激烈的竞争中，一大批成功的案例也由此诞生了，下面为读者介绍几个成功案例。

12.3.1 维也纳酒店：打造极致服务体验

维也纳酒店是全国精品连锁酒店的第一品牌。为打造极致的服务体验，维也纳酒店也加入了微信公众号的大军，图12-19所示为维也纳酒店的微信公众号。

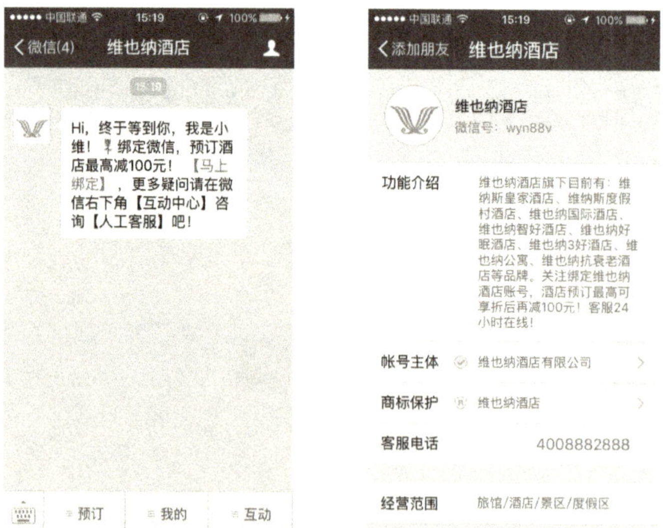

▲ 图12-19 维也纳酒店的微信公众号

当看到服务号的智能服务接口后，维也纳酒店果断地将企业公众号升级为了服务号，从而获得了很多服务模块，如图12-20所示。

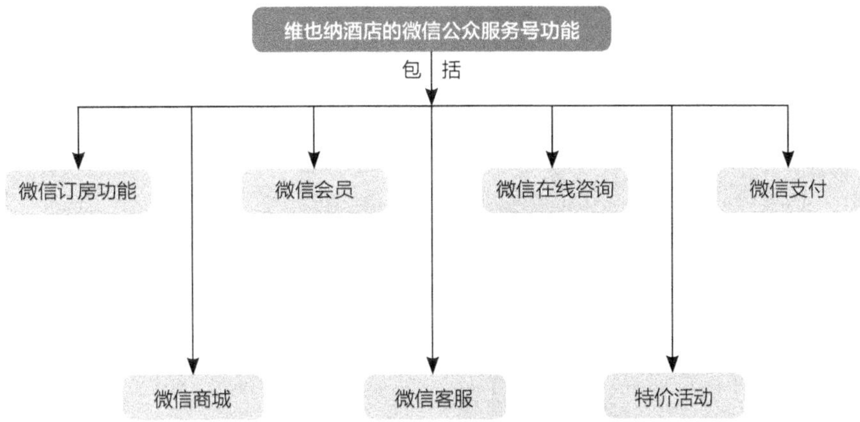

▲ 图12-20　维也纳酒店的微信公众服务号功能

不仅仅是在微信服务号功能的开发上下了功夫，维也纳酒店还通过一系列的活动来提升客户的体验，如图12-21所示。

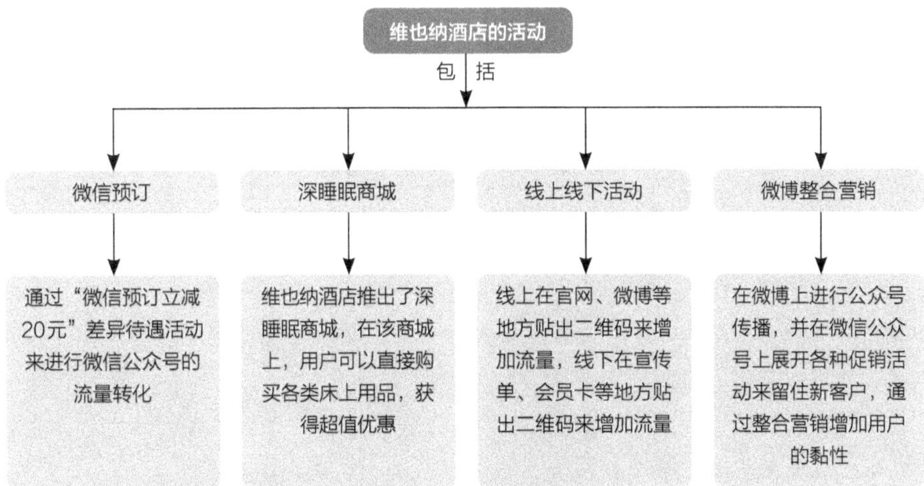

▲ 图12-21　维也纳酒店的活动

专家提醒

除此之外，维也纳酒店还推出了微信自助服务，通过一体化和智能化的自助服务来提高消费者的黏性。有了微信订房服务之后，维也纳酒店订房量已经由上线时的每日几十间上升到现在的每日1000多间。由此可见，微信公众号对企业品牌营销起着重要的作用。

12.3.2 南航：首创推出微信值机服务

南航（中国南方航空股份有限公司）是国内运输航班最多、航线网络最密集、年客运量亚洲最大的航空公司，与中国国际航空股份有限公司、中国东方航空股份有限公司合称中国三大航空集团。

在微信公众号运营方面，南航算是行业里的典型标杆。因为南航在国内首创推出了微信值机服务，该服务着力于为用户打造微信移动航空服务体验，用户体验服务的流程如图12-22所示。

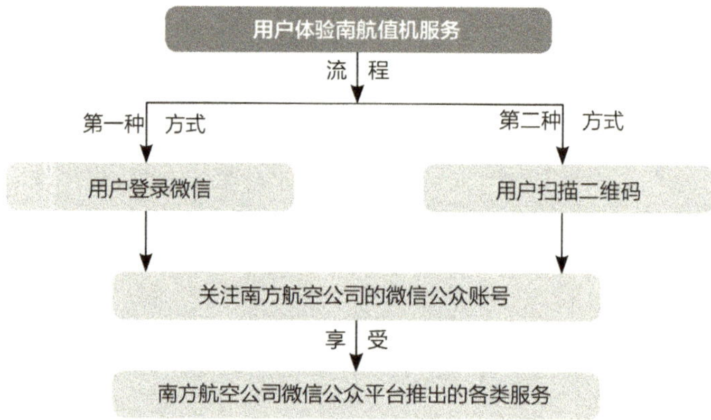

▲ 图12-22　用户体验南航值机服务的流程

南航微信公众平台推出的服务包括图12-23所示的内容。

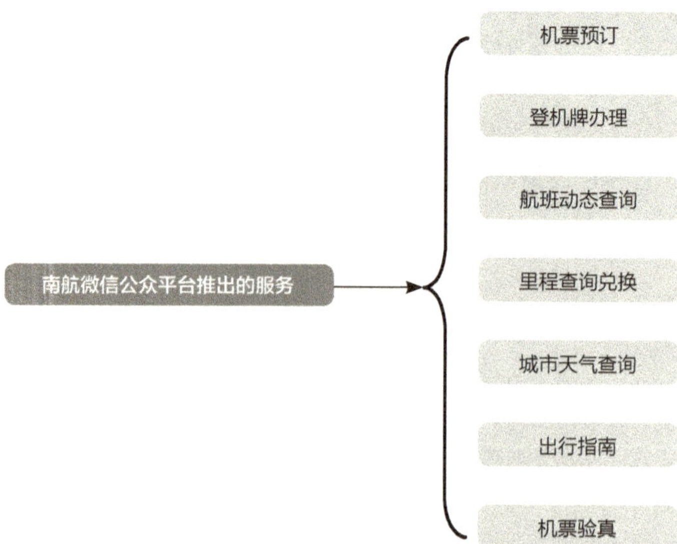

▲ 图12-23　南航微信公众平台推出的服务

而随着微信用户数量的增加，南航微信会员的比例也在进一步提高。在笔者看来，南航公众平台之所以会那么成功，很大的一个原因是南航微信公众平台实现了一对一的、智能化的服务。比如，在用户通过短信邀约办理值机后，南航才会提示用户关注南航官方微信号，而不会大张旗鼓地推广宣传，这样在很大程度上避免了没必要的营销信息对用户造成的困扰。

在数据收集整理分析上，南航也做得十分完善了。比如通过微信公众平台，南航对用户常见的搜索数据进行收集，从用户的搜索数据中，分析出用户的行为习惯，然后为旅客制定精准化的服务。正是因为这种精细化的数据分析功能，才让南航给用户带去非一般的体验。

第13章

腾讯QQ——超大流量营销平台

学前提示

腾讯QQ平台聚集着大量人群，能为商家带来更多的流量，是营销者不能忽视的微营销宝地。商家如果能够运用一定的技巧，好好利用QQ这个平台，一定能够取得不错的营销效果。

要点展示

- 腾讯 QQ 入门知识
- 干货：腾讯 QQ 营销技巧
- 移动时代 QQ 营销案例

13.1 腾讯QQ入门知识

腾讯QQ（简称“QQ”）是腾讯公司开发的一款通信软件，其相关的部分功能如图13-1所示。

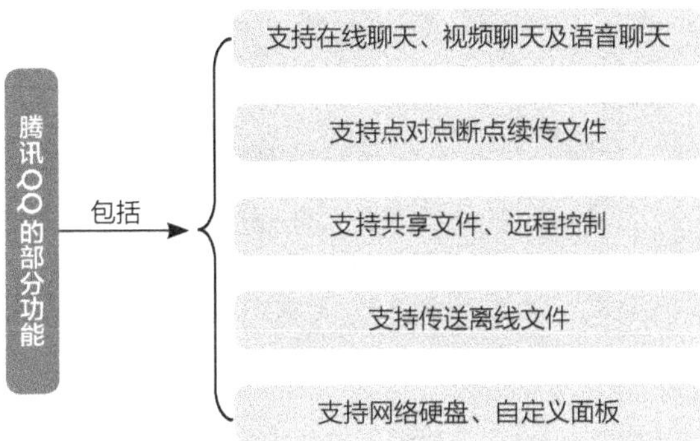

▲ 图13-1 腾讯QQ的部分功能

作为我国最大的即时通信软件和一款流行的即时通信工具，QQ已经融入了人们的生活中，它与人们的生活息息相关。同时，腾讯QQ也为企业的营销推广带来了巨大的利益。

本节主要介绍腾讯QQ相关知识。

13.1.1 QQ营销的特点和优势

随着移动互联网的迅速发展和普及，人们的日常生活越来越离不开各种社交平台。而QQ这款社交应用在很多年前就已经深入人心，在80后、90后人群中，它几乎成了人们生活中不可或缺的一部分。

在这里，笔者将重点介绍一下QQ营销的特点和优势。

1. 用户量成就其霸主地位

用户是营销活动中最大的主体，而QQ经过十几年的发展，早就在用户数量这块占据了不能撼动的霸主地位。作为中国最大的即时通信软件，QQ已经成为网民的必备工具之一。而且QQ中隐藏的商机和价值对企业来说是不可小觑的，因此企业要好好利用这块资源。

下面让我们来看一组由腾讯公司于2015年11月份公布的相关数据，如图13-2所示。

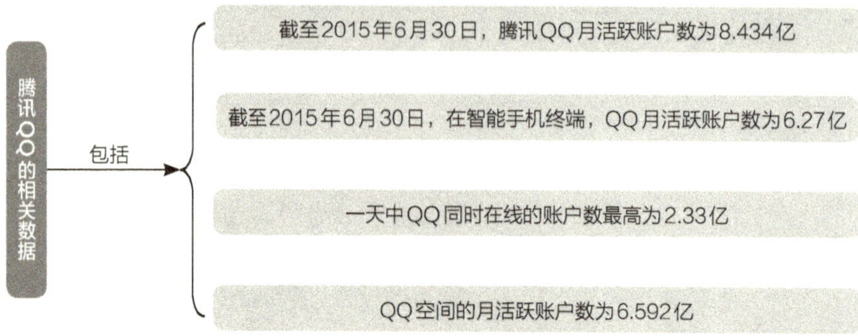

▲ 图13-2　腾讯QQ的相关数据

从这几组数据可以看出，QQ拥有巨大的用户基数。对于企业来说，QQ绝对是做品牌和产品推广营销的极佳选择。

2. 互动性带来需求信息

QQ营销第二大特色就是互动性强。在移动互联网时代，移动通信工具往往能在营销过程中让企业或商家占据主导权，而且还能够帮助企业对客户进行需求分析，建立相关的用户需求数据库，如图13-3所示。

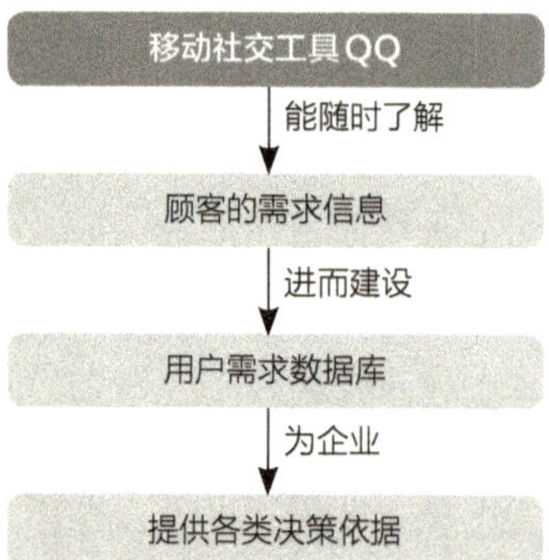

▲ 图13-3　QQ在企业决策中的作用

3. 用户量成就其霸主地位

QQ的交流方式有两种，如下。

- 一种是通过 QQ 进行一对一地交流。
- 一种是通过 QQ 群进行一对多的交流。

而且，很多QQ群都有一定的主题，因此，企业可通过QQ群进行更加精准的推广，例如，某图书公司想招募编辑，就可以针对“图书编辑”这个主题，在QQ群查找中输入“图书编辑”关键词，图13-4所示为手机移动端通过该关键词查找的结果。

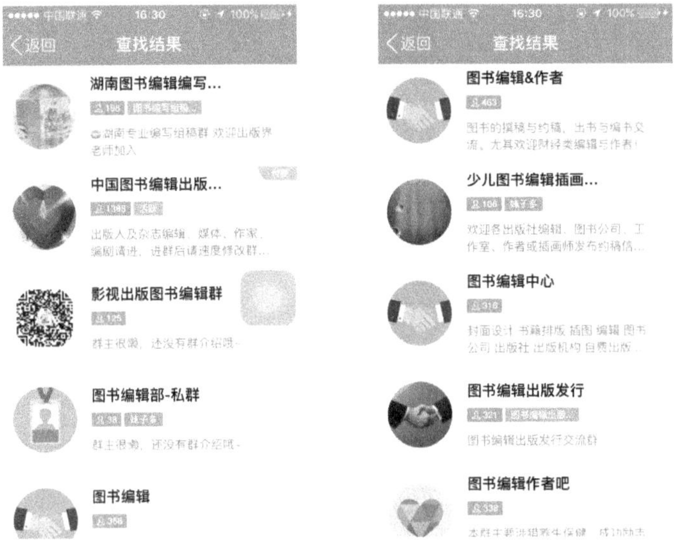

▲ 图13-4　手机移动端查找图书编辑群的结果

4. 持续性强且效率高

QQ营销不像网络广告，在网络广告中企业根本不知道观看广告的对象是谁。而通过QQ营销，企业能够明确地知道用户是谁，并与用户建立友好的关系，同时还能够针对用户进行长期、持续性的培育。

由于QQ营销具备针对性、持续性等特征，因此转化率比其他推广工具高，能为企业节省大量时间与精力，提高工作效率。

13.1.2　QQ营销的能力及要求

在移动互联网时代，腾讯QQ的8亿用户支持，使得QQ营销在某些方面的能力十分突出，具体表现在图13-5所示的几方面。

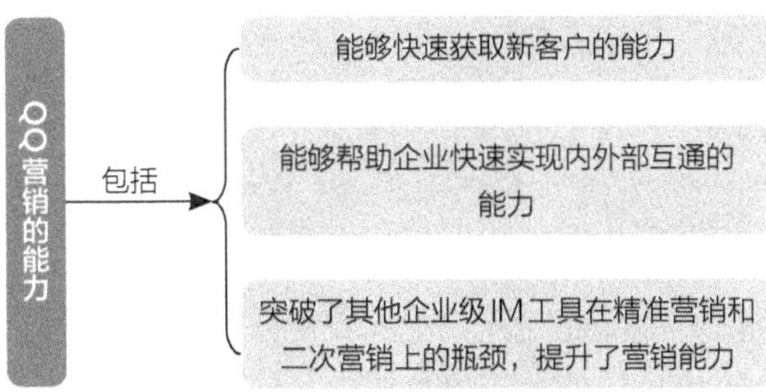

▲ 图13-5　QQ营销的能力

在QQ用户数据独大的背后，发展一个目标客户比广泛推广1000个客户更为有效。那么，有效的QQ营销，对企业有哪些要求呢？如图13-6所示。

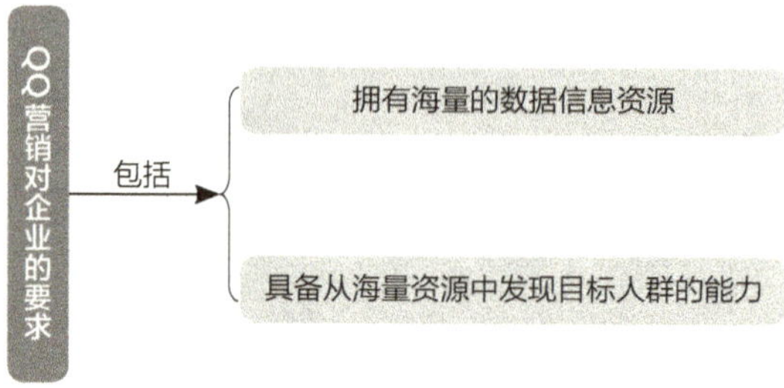

▲ 图13-6　QQ营销对企业的要求

13.2　干货：腾讯QQ营销技巧

在移动互联网时代，QQ营销主要是利用QQ自身的多种功能，进行有效地营销。QQ庞大的用户群体为企业提供更多的营销机会，因此如果把握好QQ营销的技巧，一定会为企业带来可观的收益。

13.2.1　设置技巧

QQ的设置主要体现在3方面，如下所示。

- QQ 头像设置。
- QQ 昵称设置。
- QQ 资料设置。

下面从这三方面对QQ的设置技巧进行简单的介绍。

1. QQ头像的设置

关于QQ头像，商家最好使用自己的真实头像或者店面的标志性头像作为QQ头像，因为用自己的照片做QQ头像会给用户带来一种无形的信任感。

2. QQ昵称的设置

同QQ头像一样，QQ昵称的设置也有一定的技巧性，商家最好是用自己的名字来命名QQ昵称，为什么呢？原因如图13-7所示。

当然，也不是所有商家都适合用自己的真实名字，因为有些人的名字比较普通，或是重名太多，难以突出特色，让人记忆深刻。

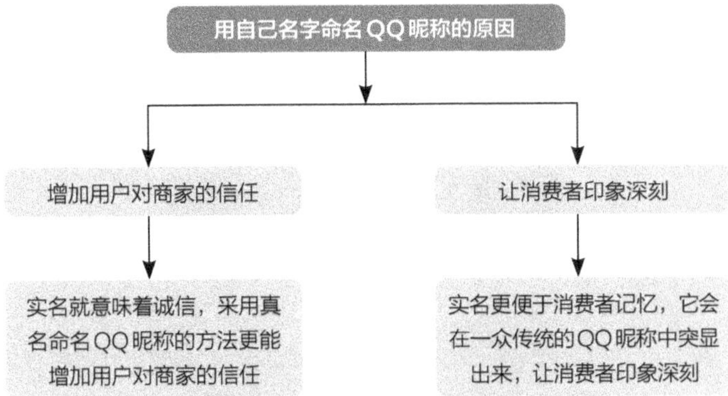

▲ 图13-7 用自己名字命名QQ昵称的原因

3. QQ资料的设置

关于QQ资料，必须丰富、真实，这样做的目的是给用户带来安心感，让用户觉得自己可靠与值得信任。如果用户发现商家的资料造假，将会产生不可挽回的负面影响。

专家提醒

除了要真实填写QQ资料之外，商家还要注意QQ资料上的文字一定要正规并且规范，避免使用一些“非主流”文字。对于商家来说，QQ是用来做业务与推广的，如果用一堆“火星文”，只会让用户感到反感。

13.2.2 聊天技巧

商家在通过QQ与用户聊天的时候，要注意图13-8所示的几点问题。

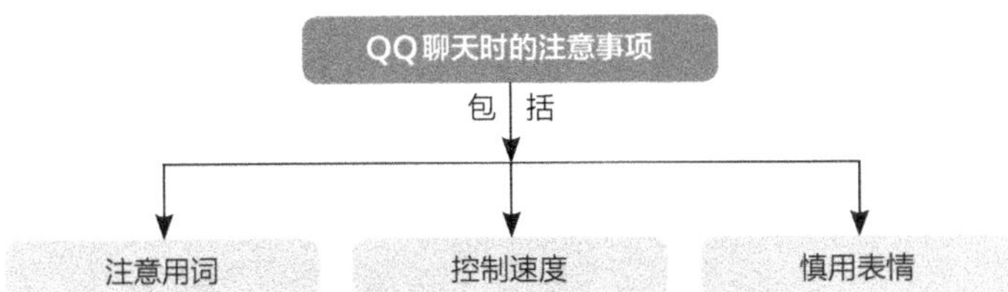

▲ 图13-8 QQ聊天时的注意事项

1. 注意用词

很多时候商家在利用QQ与用户进行沟通时，因为在聊天过程中用错了词汇，而使成交率变低。因此，笔者在这里奉劝各位商家，“细节决定成败”，在与用户进行沟通的时候一定要注意自己的遣词造句。

2. 控制速度

众所周知，QQ聊天主要是通过打字的方式进行的，商家在与用户聊天的过程中，要注意一个原则，就是要控制聊天速度，原因如图13-9所示。

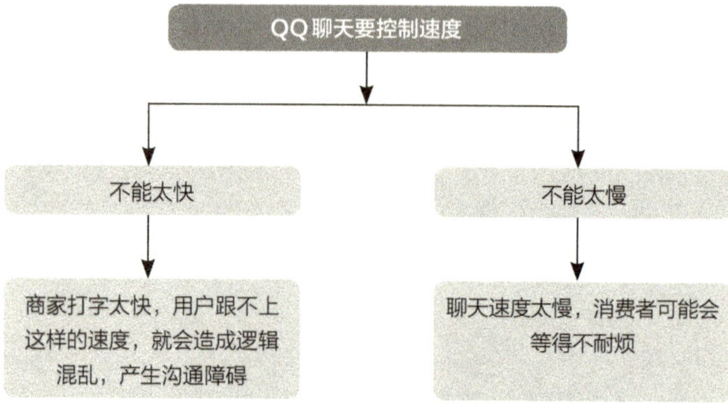

▲ 图13-9 QQ聊天要控制速度

3. 慎用表情

在以往的QQ聊天中，人们非常喜欢运用QQ表情来调节气氛，图13-10所示为QQ表情包。

▲ 图13-10 QQ表情包

在QQ聊天中，恰当的表情能够起到很好的缓和气氛的作用。但是，商家需要注意的是，QQ表情如果使用不当，可能会给用户造成不好的聊天体验。因此，在运用

QQ表情的时候，商家要尽量避免使用图13-11所示的QQ表情类型。

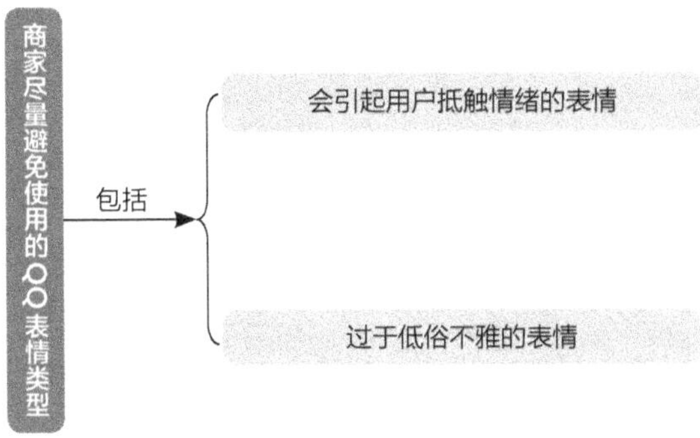

▲ 图13-11 商家尽量避免使用的QQ表情类型

13.2.3 沟通技巧

QQ营销是一种基于社交微平台的营销方式，QQ的沟通属于软性营销方式的一种，在QQ交流的过程中，想要达到很好的推广效果，就要在细微处获取顾客的肯定，下面笔者为大家介绍几点QQ沟通技巧，如图13-12所示。

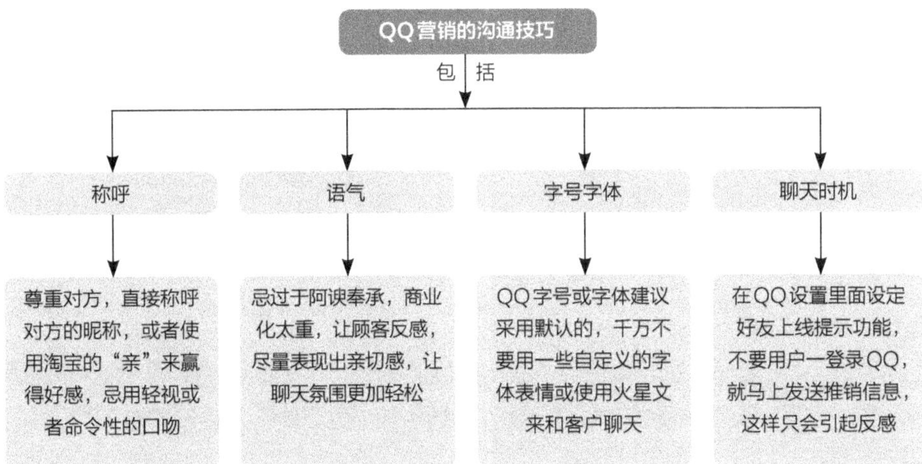

▲ 图13-12 QQ营销的沟通技巧

13.2.4 群营销技巧

QQ群是一个让天南海北的人聚集在一起的平台。在每个QQ群里，人们有着共同的爱好、共同的需求。然而对于商家来说，要用QQ群开展营销活动，就必须注意以下的几个事项，如图13-13所示。

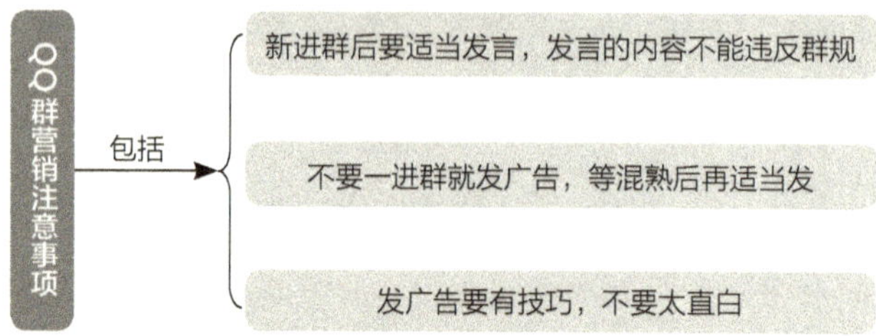

▲ 图13-13 QQ群营销注意事项

在QQ群里进行推广营销，需要注意以下两点内容。

1. 发言的要点

商家在群内聊天的时候，需要注意图13-14所示的几点。

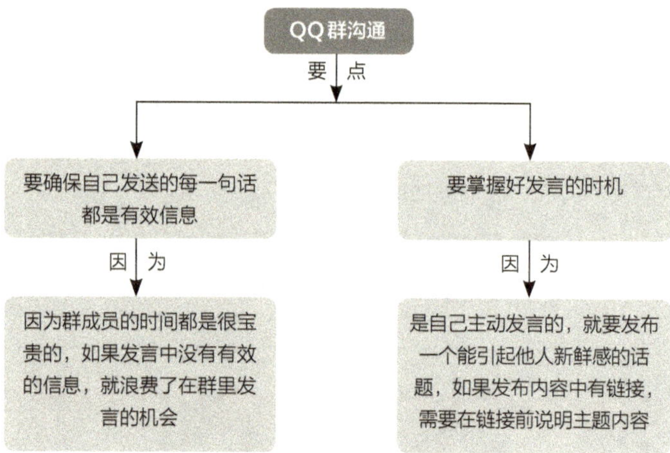

▲ 图13-14 QQ群沟通要点

2. 适当的群维护

现在的QQ群里，很多群成员都是屏蔽群信息的，因此商家直接发广告并不能达到想要的效果，因此就必须对群进行适当的群维护，进行群维护的方式有3种，如图13-15所示。

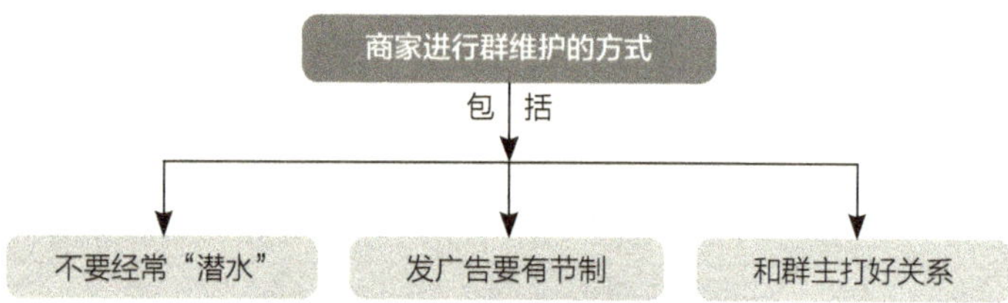

▲ 图13-15 商家进行群维护的方式

（1）不要经常“潜水”：进群的一两天之内，一定要发表一次言论，并且不能直接发广告，而且之后也不能经常“潜水”，要经常参与群里的讨论。

（2）发广告要有节制：QQ群里最大的忌讳就是一直发广告，对于这种无节制发广告的人，一般得到的待遇就是被踢出群，因此商家不要在群里只发广告，多分析一些其他的东西或者多在群里和大家交流，提高活跃度。

（3）和群主打好关系：事实证明，不管是在群内发广告还是一对一发广告，效果都是非常差的，而且QQ群营销不是只有发广告这一种途径。因此，商家要学会通过其他途径展示自己产品信息，譬如通过群管理员来发布自己产品的信息，这类广告一般是比较容易被人们接受的，因此商家要好好把握管理员这条线。

13.2.5 空间营销技巧

在这个移动互联网时代，QQ就像一个小世界，人们只要加了好友，无论走到哪都可以互相联络，进入畅聊的世界，这就是它的魅力所在。QQ所产生的衍生物也十分的强大，譬如QQ空间，其复制能力以及用户渠道是最大的优势，同时QQ空间在用户黏度等方面一样具有明显的优势。

- 信任度高：交易双方都是熟人关系，所以用户对商家的信任感很足。
- 关注度高：一条说说，会立刻引起很多好友的关注和转发。
- 互动性强：空间里互动的途径有很多，例如留言、评论回复等。
- 针对性强：权限设置让商家可以针对不同的人群，发布不同的消息。

QQ空间有空间日志和空间照片两种营销途径，如图13-16所示。

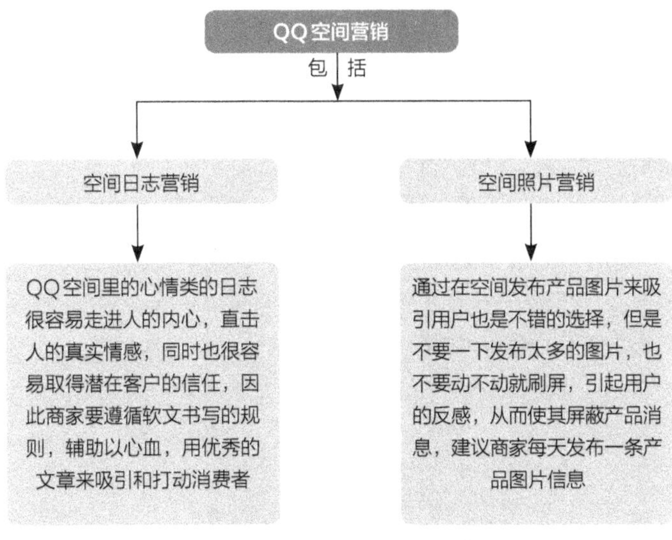

▲ 图13-16 QQ空间营销途径

13.2.6 邮箱营销技巧

对于商家来说，QQ邮箱也是一种不错的推广营销方式，接下来笔者为大家介绍QQ邮箱的推广营销技巧，如图13-17所示。

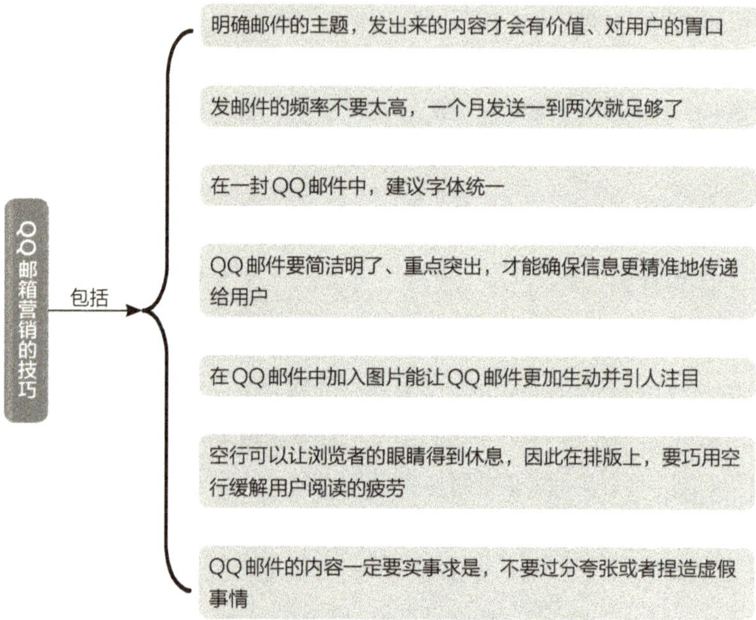

▲ 图13-17 QQ邮箱营销的技巧

13.3 移动时代QQ营销案例

移动互联网时代，QQ营销的案例在生活中经常能够看到，QQ已经成为商家推广营销的必备之地。学习各类推广营销技巧是非常有必要的，本节笔者将为大家介绍几大成功的商家利用QQ工具推广的案例。

13.3.1 ThinkPad SL："甩掉借口"游戏网站

ThinkPad SL系列笔记本是联想集团的一款面向中小企业主及知识工作者的商用笔记本。联想为ThinkPad SL打造了一个游戏网站——"甩掉借口"，这个网站在传统硬广告的基础上，深入渗透了品牌精神，与目标精准人群进行深度互动，如图13-18所示。

▲ 图13-18 游戏“甩掉借口”

ThinkPad SL选择与腾讯网合作，在腾讯平台完成了三大推广使命，如图13-19所示。

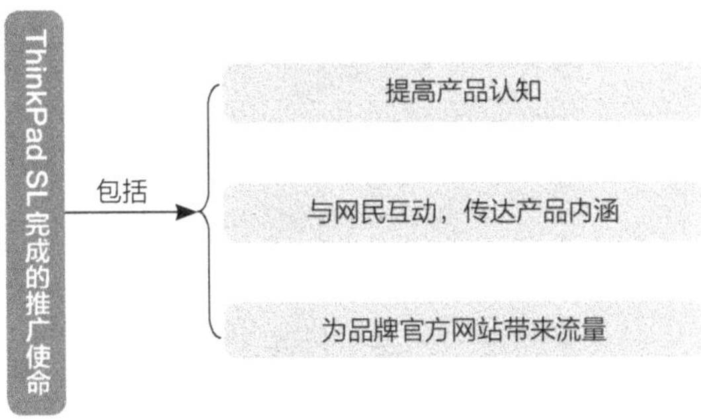

▲ 图13-19 ThinkPad SL完成的推广使命

为了帮助ThinkPad SL实现这三大推广使命，腾讯首次在QQ空间选择了最受欢迎的两款APP应用进行了密切的植入。

- 好友送礼。
- 好友买卖。

ThinkPad SL在这两个终端平台上进行产品植入营销，让产品品牌口号、信息在好友之间亲密传递，如图13-20所示。

ThinkPad SL通过腾讯QQ空间的这两款APP应用和定制徽章将用户引流到游戏的活动官网中。对于用户来说，腾讯QQ究竟是如何操作的呢？如图13-21所示。

联想通过腾讯QQ平台营销的推广，无论是在用户主动参与上还是在往官网的引流上都达到了非常好的效果。下面通过一组数据来看看联想游戏在腾讯QQ空间推广的效果，如图13-22所示。

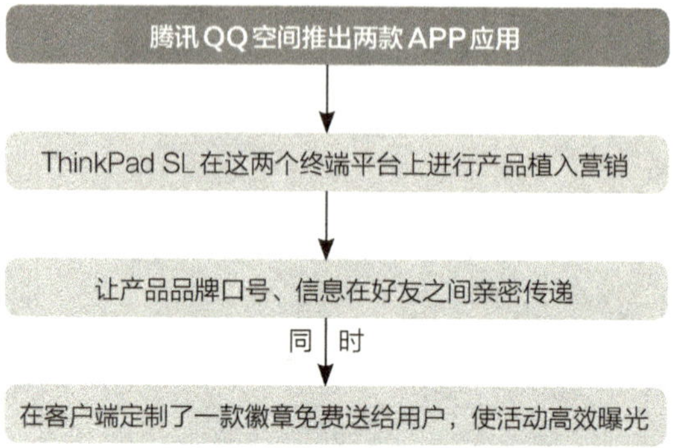

▲ 图13-20　腾讯QQ空间推出两款APP应用

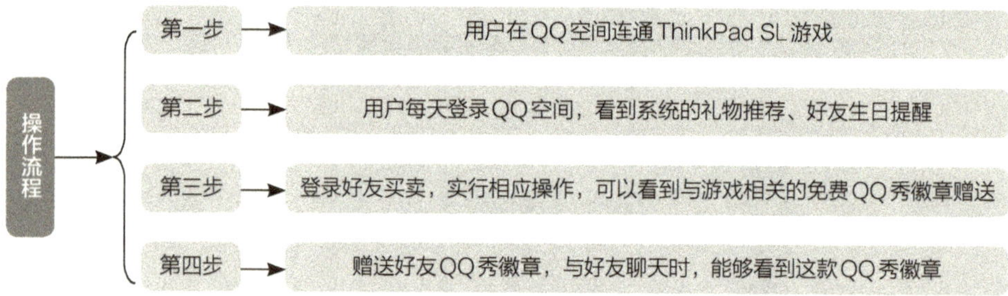

▲ 图13-21　操作流程

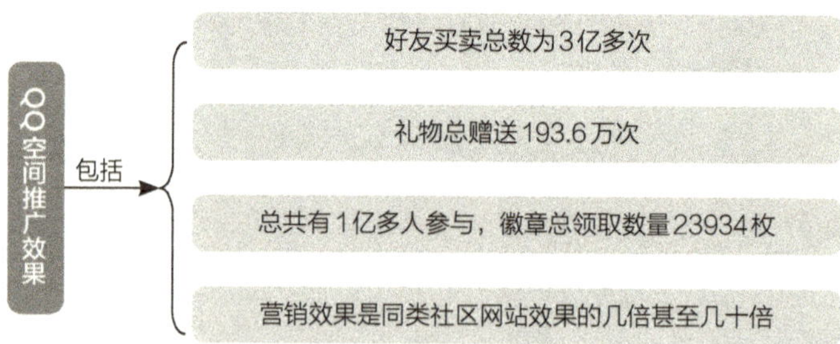

▲ 图13-22　QQ空间推广效果

13.3.2　西瓜王子：空间带来商机

夏季是西瓜生产的旺季，行业竞争很大。在某次机缘巧合下，“西瓜王子”沈栋彬在QQ空间里发现了商机，那就是在西瓜上刻制各种具有特色的图案，然后上传到QQ空间。空间的访问量大增，很多粉丝慕名前去买他的西瓜，甚至出现了供不应求的情况。

“西瓜王子”沈栋彬之所以能做得这么成功，是因为他运用QQ营销思维对营销进行了精心的排布。

首先，“西瓜王子”通过建立QQ群，加了很多粉丝进群，在群中多方探寻用户的喜好，然后为用户刻上需要的图案，这些图案有商标、建筑、人物、卡通动漫等，如图13-23所示。

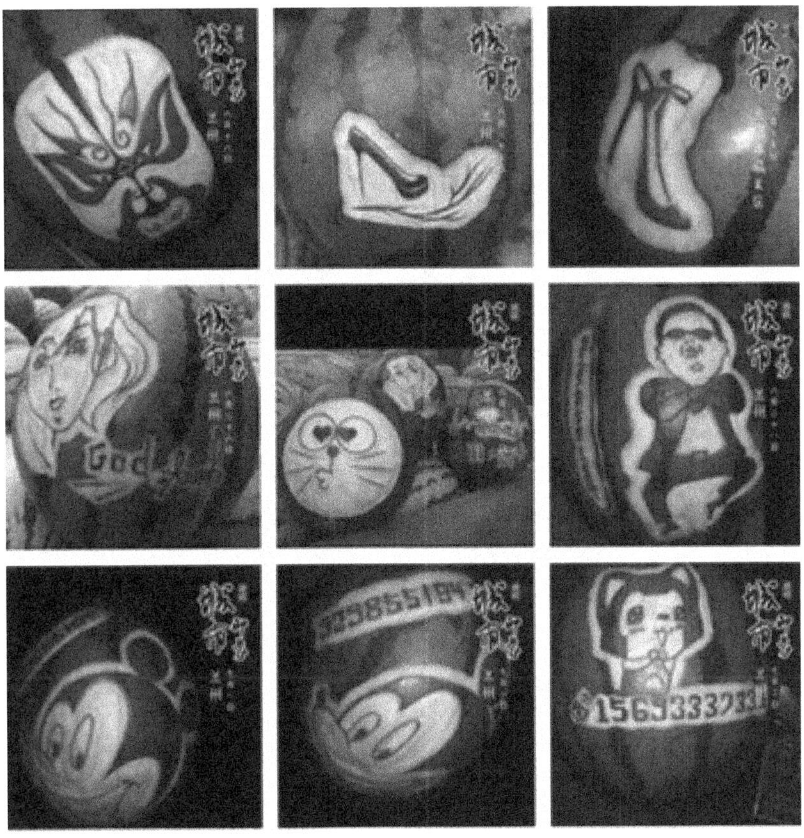

▲ 图13-23 “西瓜王子”的创意西瓜

其次，“西瓜王子”还会通过论坛了解当前的一些热点事件，将与事件相关的图案刻在西瓜上。

在这两者的基础上，“西瓜王子”还会将自己的联系方式以及专属Logo刻在西瓜上，打出了自己的品牌。

同时在QQ空间里，“西瓜王子”还专门建立了一个名为“卖瓜记”的相册，这个相册里收集了“西瓜王子”的作品及一些生活见闻，加强了在粉丝心目中的印象。

从“西瓜王子”的案例中可以看出，将艺术性、创意性与QQ空间营销相结合，能够挖掘出巨大的潜力。

13.3.3 煎饼阿姨：QQ群营销卖煎饼

曾经在网上卖煎饼出名的“煎饼阿姨”，就是利用QQ营销获得了成功。她的营销秘诀是：建立一个QQ群，上课的同学直接在群里留言下单，“煎饼阿姨”会将订单人的QQ名记录下来，然后做好标签，下课后，同学们直接去她的店里取货就可以了。当然，“煎饼阿姨”成功的秘诀不仅仅是因为她拥有商业头脑，还主要是因为其他方面的一些原因，如图13-24所示。

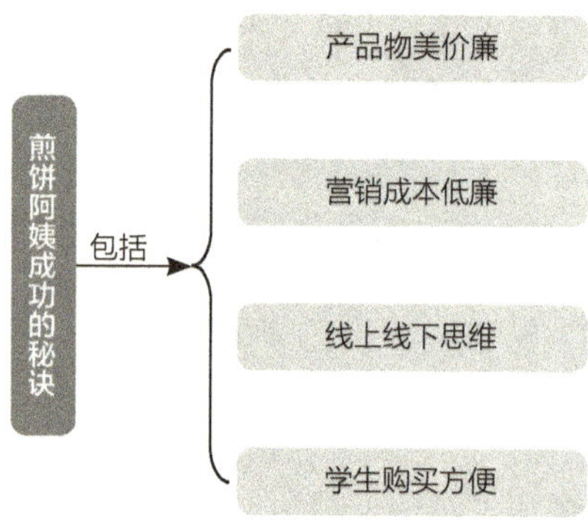

▲ 图13-24 煎饼阿姨成功的秘诀

1. 产品物美价廉

“煎饼阿姨”提供的煎饼，一个只要几元钱，相比周边的餐馆来说，价格便宜又实惠，因此拥有非常广泛的群众基础。

2. 营销成本低廉

“煎饼阿姨”的营销成本非常低，不需要场地费和人工费，只要一台能够上QQ的手机即可。

3. 线上线下思维

“煎饼阿姨”采用了线上订单，线下提货的O2O营销思维。正是因为煎饼摊离学校很近，才能满足学生提货方便的需求。

4. 学生购买方便

学生在QQ群里下好订单之后，一下课就能去煎饼摊拿已经做好的煎饼，省去了排队等候的时间，比学校食堂还方便快捷。

第14章

二维码——打造完美O2O模式

学前提示

二维码正在改变着人们的生活，并且越来越普及，越来越多的企业正通过二维码的方式提供新鲜的商业应用。二维码极大的方便了人们的生活，可以说，二维码是移动互联网时代O2O模式很好的切入点。

要点展示

- 二维码入门知识
- 干货：二维码营销技巧
- 移动时代二维码营销案例

14.1 二维码入门知识

二维码是按照一定规律，将特定的几何图形在平面上分布成矩形方阵，主要用于记录数据符号信息的一种新型技术。二维码很早就开始在国外应用了，通常被应用在城市管理服务体系和民众日常生活服务中。

本节将为大家介绍二维码的相关知识。

14.1.1 二维码的优势

企业在运用二维码进行产品推广和营销时，首先要了解二维码营销有哪些优势。笔者认为，二维码营销主要具备图14-1所示的3点优势。

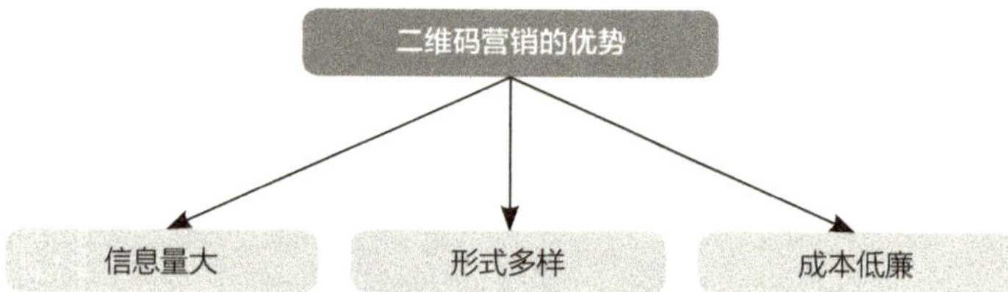

▲ 图14-1 二维码营销的优势

1. 信息量大

二维码包含庞大的信息量，是普通条码信息容量的好几十倍。

2. 形式多样

二维码编码的范围非常广，可以表示多种语言文字，也可以表示图象数据。

3. 成本低廉

二维码不仅成本低，而且易制作，同时能够长久使用。

14.1.2 二维码与条形码

二维码技术作为条形码中的一种，已经成为了一种全新的信息存储与识读技术，并且已经被成功地应用在了移动终端设备上。

然而，其作为利用特定图形和按照特定规律在二维方向上组合成的条形码标识，具有条形码的一般性质，如图14-2所示。

二维码除了具备条形码的一些共性外，还具有其他的一些相对于条形码来说更有优势的方面，如图14-3所示。

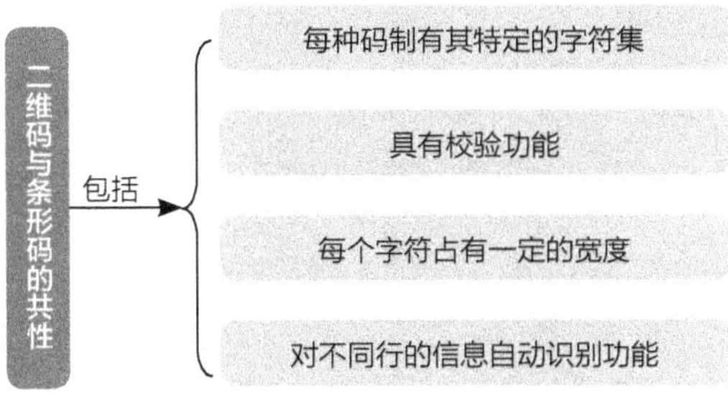

▲ 图14-2　二维码与条形码的共性

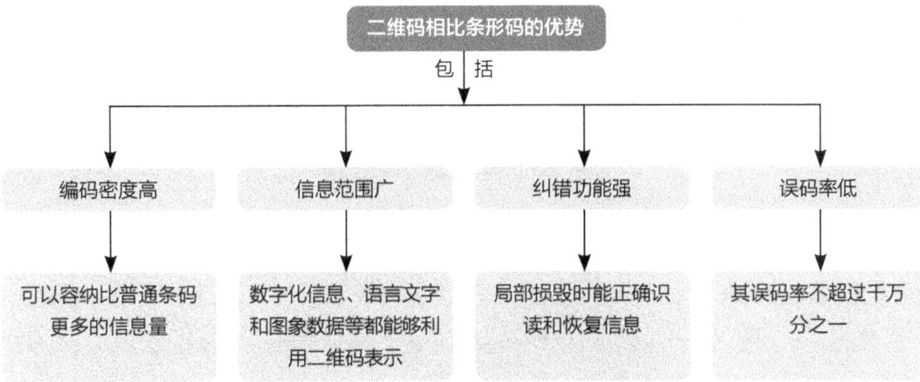

▲ 图14-3　二维码相比条形码的优势

14.1.3　二维码开发的价值

随着移动互联网时代智能手机的普及，企业越来越重视人和人之间的互动以及信息数据的传播，二维码的出现，彻底引爆了这一市场。目前二维码开发的价值如图14-4所示。

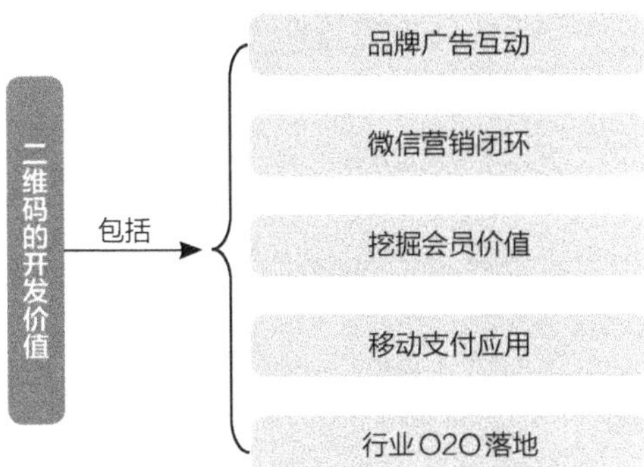

▲ 图14-4　二维码的开发价值

14.1.4　二维码的分类

二维码，又称二维条码，从其名称来看，它比一维多了一个维度，即垂直维度。它弥补了一维码因在垂直方向上不携带资料而导致的资料密度偏低的局限，成功地提高了资料密度。

关于资料密度的提高，二维码主要通过两种方法来实现，由此产生了二维码的两大类别，如图 14-5 所示。

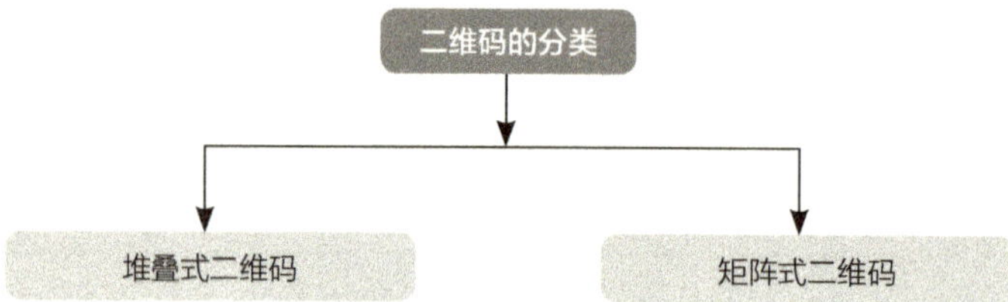

▲　图 14-5　二维码的分类

有关这两类二维码的具体介绍如下。

1. 堆叠式二维码

堆叠式二维码是一种建立在一维码基础之上的多层符号，通过对一维码的高度的调整，再依需要堆叠成行而形成。

关于堆叠式二维码的具体内容，如图 14-6 所示。

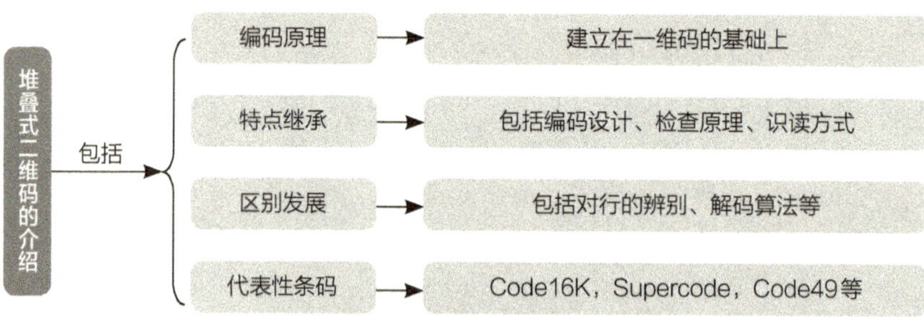

▲　图 14-6　堆叠式二维码的介绍

2. 矩阵式二维码

矩阵式二维码是一种通过几何图形和结构设计来增加资料密度的二维码。矩阵式二维码的具体内容，如图 14-7 所示。

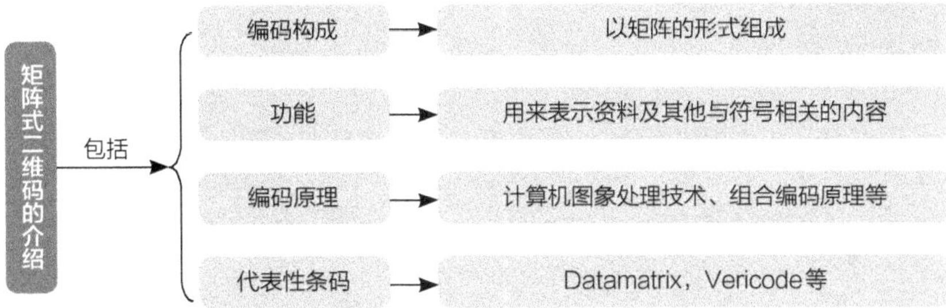

▲ 图14-7 矩阵式二维码的介绍

14.2 干货：二维码营销技巧

随着移动互联网的发展，智能手机的普及以及APP应用的流行，二维码已经成为企业信息传播的主要营销工具之一。下面为读者介绍移动互联网时代下的二维码营销策略。

14.2.1 让客户明确知道二维码提供的价值

如果商家不告诉用户二维码中隐藏的活动，用户就不可能知道扫描了二维码之后会出现什么东西。因此，如果商家已经确定了目标，下一步就需要吸引用户前来扫描二维码。对于用户而言，他们不会去扫描不知隐藏了什么内容和价值的二维码，因此商家要明确地告诉用户，扫描该二维码会有什么好处。

客户绝对不是为了扫二维码而扫二维码的。商家在做二维码营销活动时，不论给用户提供的是什么样的价值，都得让他们明确知晓。最忌讳的就是只摆出一个二维码，但是却没有告诉用户这里面有什么内容，这样做只会导致以下两种结果，如图14-8所示。

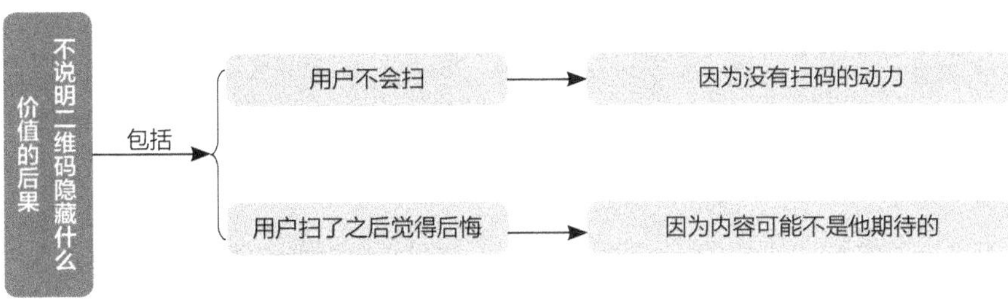

▲ 图14-8 不说明二维码隐藏什么价值的后果

专家提醒

其实对于大部分用户来说，二维码工具最方便的地方，就是能够通过“轻轻一扫”的操作，立马得知产品的相关数据。如果企业不说明二维码中隐藏的内容，不仅会造成老客户的流失，也会让企业错失很多潜在客户。这两者都不是企业想要的结果，所以必须要说明二维码里面有什么，这样才能有较好的扫描率。

14.2.2 从线上线下挖掘商机

通过二维码进行线上线下营销活动，可以快速收集顾客的多种信息，例如客户来源、关注点、反馈意见和使用体验等信息。从而帮助企业实现对营销过程的多方面、多维度、多角度的精准数据统计和分析，并从中挖掘出商业机遇。对二维码线上线下营销活动的意义分析如图14-9所示。

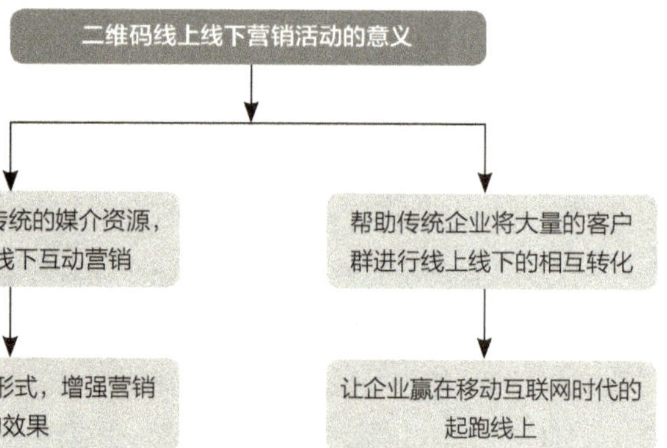

▲ 图14-9　二维码线上线下营销活动的意义

专家提醒

二维码线上线下宣传不仅可以收集用户的信息资料，进行移动大数据分析，而且可以快速传达企业的营销活动，并利用手机电商实现便捷盈利的目的。例如通过与企业原有的广告渠道链接相结合的方式，实现实体广告与虚拟客服服务的无缝对接，同时实现手机在线购买的功能。

二维码可以被贴在如下所示的任何媒体介质上。

- 网页。
- 海报。
- 杂志。

- 产品宣传册等。

无论将二维码贴在哪一种媒介上，它都可以变身为虚拟营销平台，帮助企业搜集客户的精准信息。

而对于商场来说，可以利用二维码发放如下所示的各种优惠，调动顾客来到现场购物的积极性。既增加了客流量，又制造出更多的营销机会，如下所示。

- 免费会员卡。
- 购物积分。
- 代金券等。

专家提醒

除此之外，商家通过二维码线上线下互动营销，可以将线下的活动信息带到线上来，与顾客进行线上互动游戏、客户推荐客户等形式，来增加品牌的关注度。

14.2.3 跟踪定位实现精准营销

二维码营销要学会借助智能手机设备的手机通信、定位等功能进行精准营销。即借助智能手机，商家可以通过二维码精确地跟踪每位用户的消费记录，从而为企业选择广告位及广告投放时间段等提供精准的参考依据。

那么具体如何实现对用户的二维码跟踪精准营销呢？相关分析如图14-10所示。

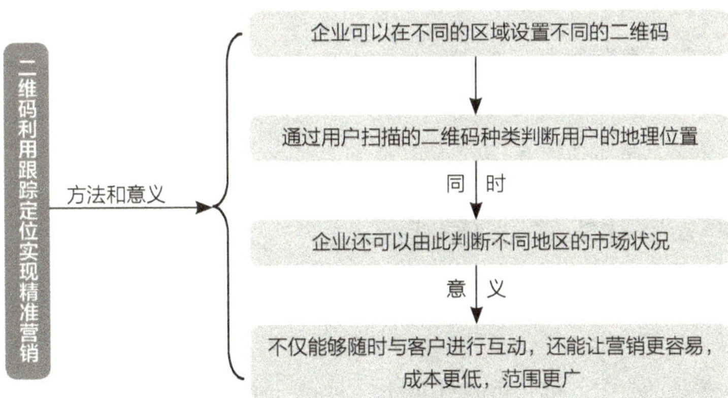

▲ 图14-10　二维码利用跟踪定位实现精准营销的方法和意义

14.2.4 创意二维码博得眼球

在现实生活中，随处都布满了二维码的身影。但是对于企业来说，广泛发布二维码并不能确保二维码营销能够实现真正的盈利。因此企业如果想要通过二维码营销获得利润，就需要让二维码变得充满趣味性，通过创意二维码营销来吸引更多用户的眼球。

人们通常看到的二维码都是黑白格子的，这种单一的形式对于喜欢尝鲜、喜欢创新的消费者来说，显然没什么吸引力。因此移动大数据分析发现，丰富多彩的二维码易于吸引人们的目光，让人产生一探究竟的欲望。如何进行充满创意的二维码营销？下面为读者介绍图14-11所示的3种形式。

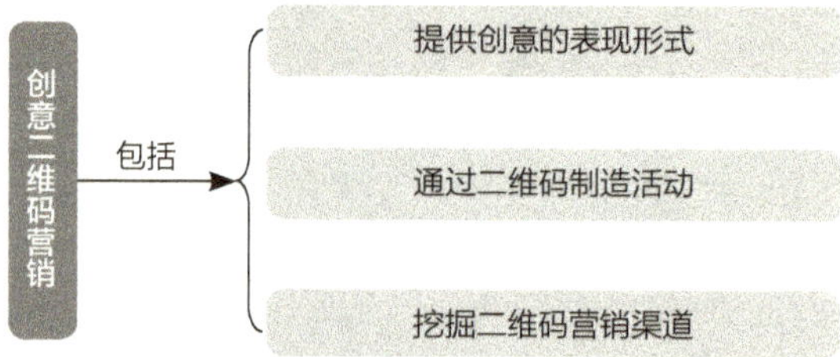

▲ 图14-11　创意二维码营销的方法

1. 提供创意的表现形式

富有个性化的彩色二维码更容易被年轻人接受，或者在二维码中嵌入公司Logo、个人头像等也不错。

2. 通过二维码制造活动

通过二维码制造活动，向用户传递惊喜也是很不错的选择。例如腾讯应用宝推出的“扫码得红包”活动，通过微信扫红色二维码就能获得微信红包。

3. 挖掘二维码营销渠道

除了将二维码看作营销工具之外，企业还要努力挖掘二维码营销的渠道。例如微信、网页、线下广告、微博等。

14.3　移动时代二维码营销案例

在这个移动互联网时代，二维码已经被应用于各个领域。很多企业制作了形式新颖、富有创意的二维码，并在二维码的功能使用上加以创新，获得了超越对手的机会。本节将为大家介绍几个二维码营销的案例。

14.3.1　特易购：超市二维码营销

人们工作越来越忙，每天去超市购物的时间可谓少之又少，对于企业家来说，如何能让用户主动购买自己的产品呢？

韩国零售巨人特易购（Tesco）公司通过一家虚拟杂货店解决了这个问题，相关介绍如图14-12所示。

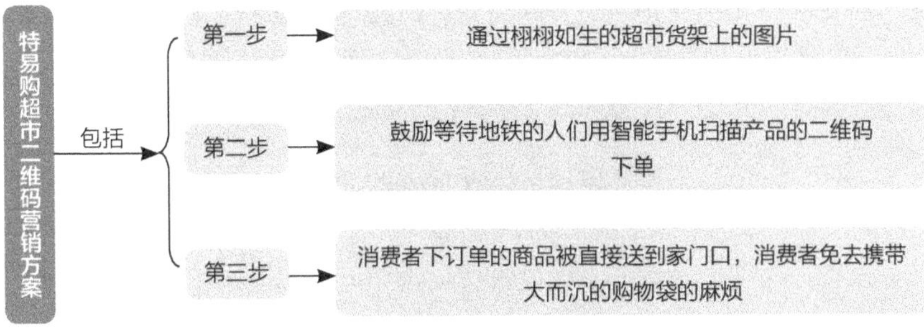

▲ 图14-12 特易购超市二维码营销方案

特易购凭借这一举措，迅速成为韩国在线零售业务的领跑者，同时特易购的这种虚拟超市二维码营销方式目前正被国内的综合性购物网站“1号店”学习，并且“1号店”已经在北京和上海的地铁和公交站点开始了小范围的推广。

这些贴在地铁里的招贴画看起来就像超市里的真实物品一样，如图14-13所示。如果按照特易购的这种模式发展，未来人们的生活会变得十分便捷。上班族只需要在早上等地铁的时候将晚餐用的蔬菜瓜果选购好，就再也不用下班去挤菜市场了，这样既方便又省时间。同时，超市还能通过不同的地铁扫码的人群，利用移动大数据技术了解各个区域人群分布情况，以及不同区域人群的生活习性与对食品的喜好情况，从而制定更为贴切的营销方案。

▲ 图14-13 特易购贴在地铁的招贴画

14.3.2 墓园：二维码下的新型墓碑

在二维码风靡全球的时候，曾经有人提出将二维码运用到墓园的墓碑中。来祭奠的人们只需要用手机扫一扫墓碑，就能了解这位逝者的生前做过什么，经历过什么等。而国外已经实现了这种设想——推出新型的墓碑，墓碑上除了刻有死者的姓名外，还附有一个二维码，通过这个二维码，人们可以实现图14-14所示的行为。

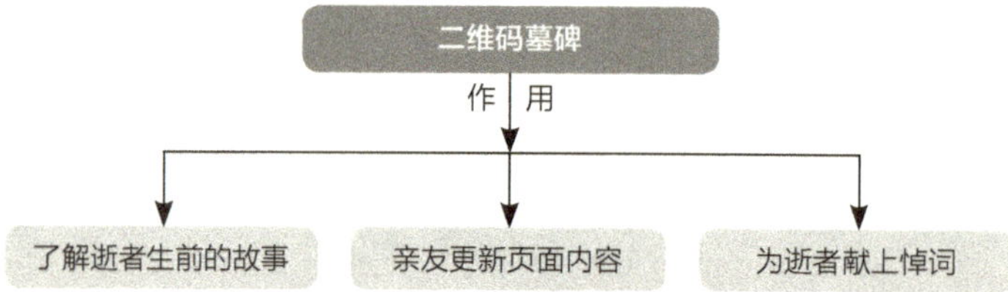

▲ 图14-14 二维码墓碑的作用

据悉，沈阳一家墓园开始提供二维码墓碑免费制作服务，如图14-15所示。

▲ 图14-15 沈阳二维码墓碑

二维码墓碑是一种基于如下所示的3种技术而开发的新型墓碑。

- 二维码技术。
- 移动互联网技术。

- 激光技术。

近几年来，二维码墓碑这样的新兴产业正好响应了国家对发展战略创新要求的规划。它十分具有潜力，但是想要做好二维码墓碑营销，光靠以上的3种技术是不够的，它还需要大量的数据来做支撑。在移动大数据时代，个人信息的传播和数据的收集早已不是什么难事。通过移动互联网，很多逝者生前的故事都能通过大数据来显示，但是工作人员在利用这些数据帮逝者制作墓碑二维码的同时，一定要先和逝者的亲人进行沟通。

未来，二维码墓碑可能会带动了一个产业链的发展。它的意义，不仅仅是为了让后人记住他们的先辈，也是让我国的人文精神得到更好的传承。

14.3.3 奥瑞金：特色二维码实现精准营销

奥瑞金从前是一家产品供应商，如今正在向服务供应商转型，公司目前可提供的服务如下所示。

- 灌装服务。
- 设计服务。
- 营销服务。
- 渠道服务。

奥瑞金能够通过二维码接口为客户提供精准的营销服务。同时，红牛、奥瑞金和湘瑞公司合作推动可变二维码智能包装服务。该服务致力于挖掘移动大数据，提升消费者体验，有关可变二维码的介绍如图14-16所示。

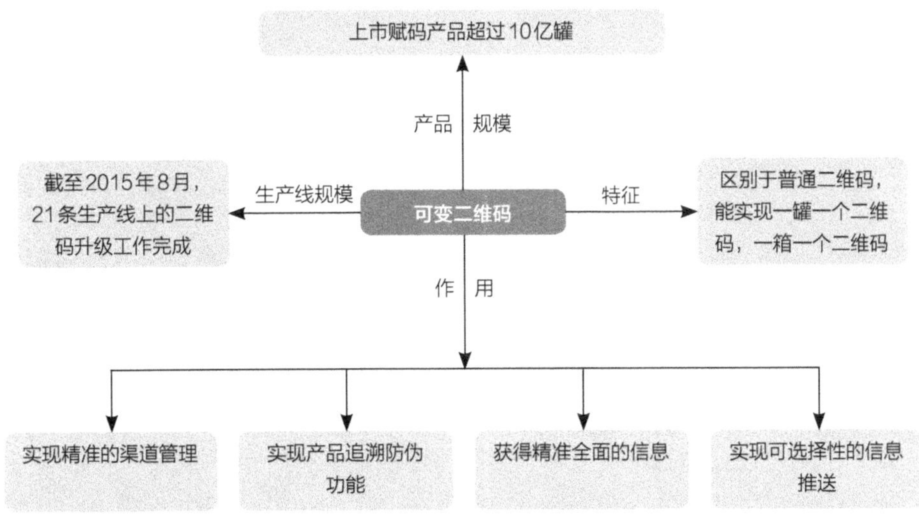

▲ 图14-16 可变二维码

奥瑞金的二维码共有3个版本，这3个版本的二维码，将使传统快消产业成为具有"物联网"属性的新型产业，通过二维码实现移动大数据精准营销，让快消品市场呈现出图14-17所示的新特点，帮助快消品企业在精准营销方面有大幅度的提升。

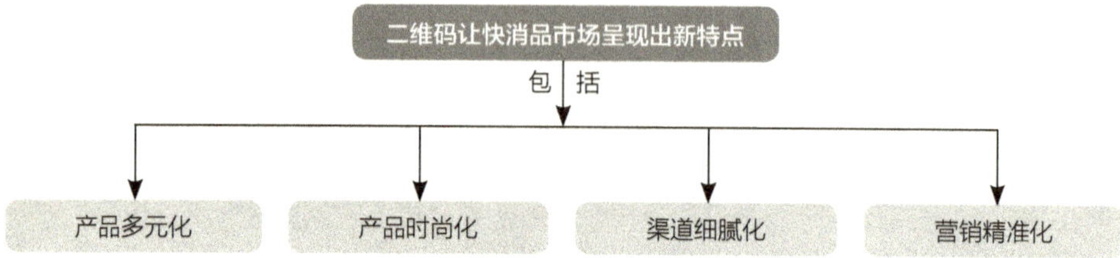

▲ 图14-17　二维码让快消品市场呈现出新特点

第15章

APP——商家的移动销售客户端

学前提示

属于APP的营销时代已经到来，企业在新环境下的营销变革已经成为必然。APP被广泛应用于各行各业，但凡有营销需求的企业都能够利用APP去更快速、更便捷、更优质地服务用户。

要点展示

- APP入门知识
- 干货：APP营销技巧
- 移动时代APP营销案例

15.1 APP入门知识

APP的发展离不开移动互联网的支持，尤其是4G时代的开启，以及移动终端设备的影响力提升，进一步为移动互联网的发展注入了巨大的能量，从而带动了APP的迅速更新与普及狂潮。

本节将为大家介绍APP的相关知识。

15.1.1 APP营销的介绍

移动互联网的来临，昭示着属于APP的营销时代已经到来，企业在新环境下的推广营销变革已经成为必然。对于企业而言，首先需要对APP营销本身有一定的理解，也就是深入认识“什么是APP营销”。

APP营销就是利用移动互联网技术，通过移动设备满足用户各类设计需求、购物需求、娱乐需求的一种营销手段。

15.1.2 APP营销的优势

移动互联网中APP的用户规模极其庞大，创造的影响力直接作用于整个产业体系。企业产品的对象就是大众，而APP聚集了大量的用户，从而显现出了巨大的商业价值。无论现在还是未来，企业都会把APP作为产品营销的重要战场。

APP营销之所以能够快速地提升影响力，其根本的优势不可忽视。主要分为图15-1所示的几个方面。

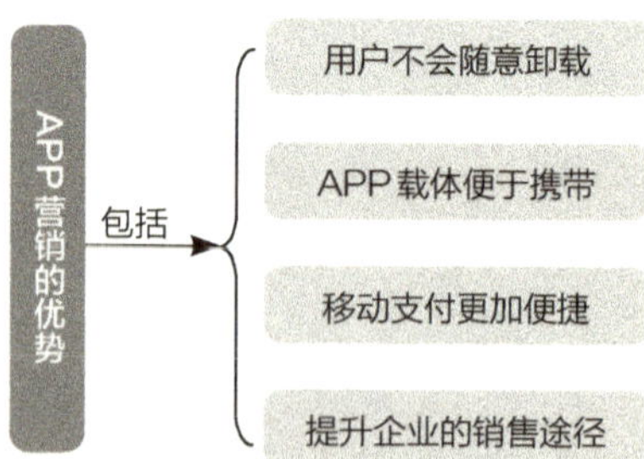

▲ 图15-1 APP营销的优势

1. 用户不会随意卸载

用户黏性强度高，就是指用户下载应用之后，能够长时间地使用APP，不会卸载这个软件。只有用户黏性强度高了，企业的APP才能够达到宣传和营销的作用。如果用户下载之后立即卸载掉APP，那么企业无法达到预期的利用APP进行宣传营销的效果。

从APP的类型而言，目前有4种类型的APP的用户黏性强度很高且与用户的生活息息相关。相关内容如下所示。

- 购物平台：例如淘宝、京东、美团、大众点评等。
- 通信平台：例如 QQ、微信等。
- 钱包理财平台：例如支付宝、银行 APP、信用卡 APP 等。
- 工具软件：例如百度地图、百度贴吧等。

2. APP载体便于携带

APP的载体是智能手机，而智能手机的体积往往较小，能够被用户随身携带，也就为用户能够随时使用APP提供了方便。智能手机已经成为了大众的普遍工具，并且向着更轻更薄更智能化的方向发展着。

智能手机之所以能够在短时间内普及，被大众普遍接受，主要在于智能手机有图15-2所示的4个特点。

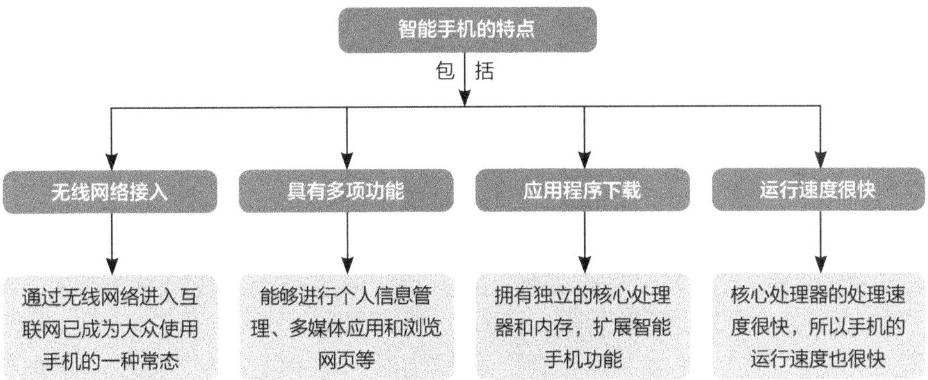

▲ 图15-2 智能手机的特点

专家提醒

用户使用智能手机进行拍照、上网、团购等行为已经十分常见，也就促使用户可随时使用APP提供的服务。一台普通内存的智能手机上，往往都能够下载很多的APP供用户使用。因此用户出门在外，一台手机就能够搞定很多事情。

3. 移动支付更加便捷

随着智能手机的普及，在线支付方式开始逐渐流行，渐渐成为了年轻人的主流支付方式。关于在线支付的内容分析如图15-3所示。

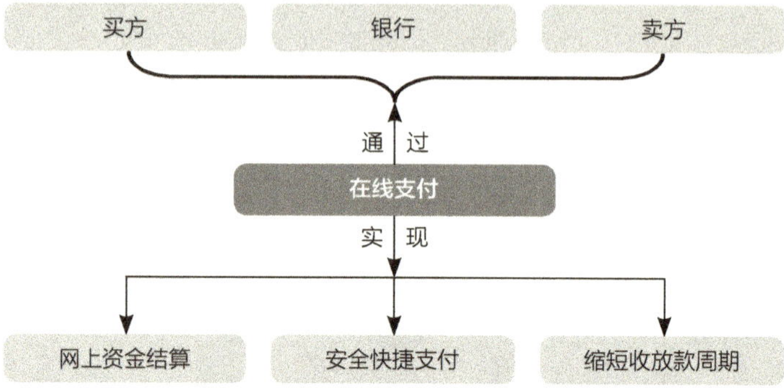

▲ 图15-3 在线支付

很多APP都实现了在线支付功能，这项功能帮助用户实现了相关款项的快速到位。从而缩短收放款的周期时间，提高了人们的生活效率。

4. 提升企业销售途径

企业APP营销的根本目标是提升企业的销售途径，增加产品的营业额。例如某空气净化器公司，通过APP即时检测空气质量的方式来提醒用户是否需要使用净化器。从而逐步培养用户的使用习惯，将用户培养成产品的长期稳定核心用户，当用户有需求时自然会第一时间购买产品。

15.2 干货：APP营销技巧

营销推广是企业APP发展的必然过程，也是实现企业APP价值的主要方式。APP营销就是以智能移动平台为基础，通过各类APP的相关内容来展开营销的一种方式，本节将为大家介绍APP营销的技巧。

15.2.1 加强设计，提高下载量

企业开发移动客户端，需要打造好APP的运营、APP的推广和APP的营销，直接目的主要体现在图15-4所示的几方面。

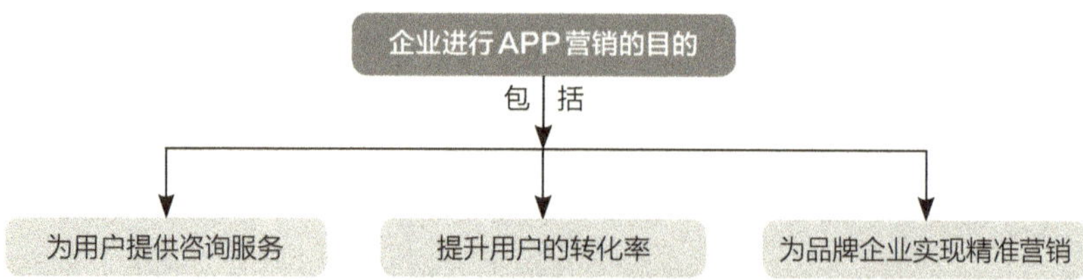

▲ 图15-4 企业进行APP营销的目的

无论企业开发移动客户端的目标是什么，了解APP的设计技巧永远是品牌企业APP走向成功的第一步。随着APP应用软件的发展，目前网络上涌现出了很多实用的设计技巧，现着重介绍以下几种。

1. 背景虚化设计

模糊背景也被称为“背景虚化”，这种设计方式在APP的设计中十分常见。模糊背景主要有整体背景模糊设计和局部背景模糊设计两种方式，其具体的作用如图15-5所示。

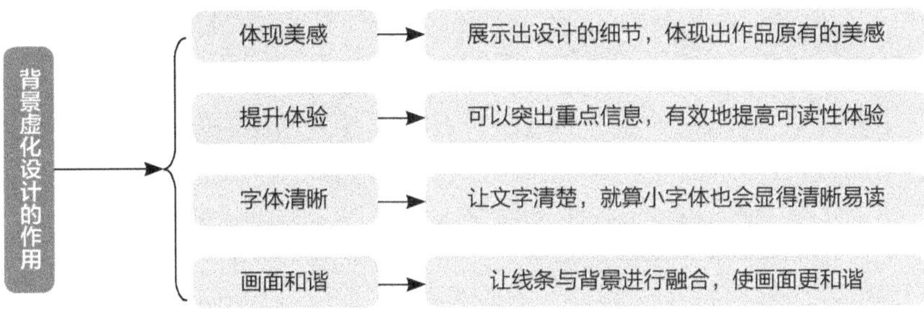

▲ 图15-5　背景虚化设计的作用

模糊背景模式常常被运用在APP的登录界面，主要用来突出登录界面的形象，如图15-6所示。

▲ 图15-6　APP登录界面的模糊背景

2. 简单的导航功能

根据不同产品的层次深度和广度，APP软件采用的导航模式也不同，但是从整体上而言，导航模式以简单明了为主。作为APP设计的首要步骤，简单又合适的导航框架能够直接决定产品信息的延伸和扩展。

3. 增加界面滚动功能

在APP中，由于手机界面的局限性，往往只能展示一部分内容。所以在设计APP时，设计人员可以借鉴PC端的模式，增加界面滚动的功能，将更多内容通过界面滚动方式展现出来。

4. 干净而整洁的配色

简约的模式已经成为APP设计的一种流行理念，相比于过去闪烁的霓虹色之类的搭配，整洁而干净的设计更能够获得用户的欢心。在APP设计的配色上，主要有3种配色技巧可供选择，如图15-7所示。

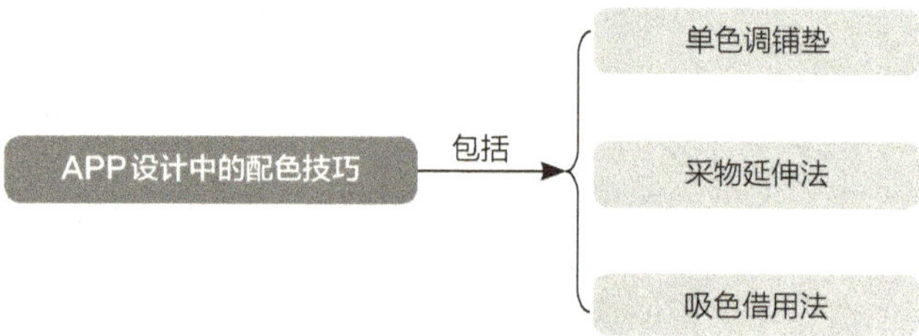

▲ 图15-7 APP设计中的配色技巧

在APP的设计中，选择统一的色系能够给用户留下深刻的印象，但是太过于单调也会影响美观程度。因此，一般情况下，为了防止过于单调，会通过一些小面积的辅助色来提升界面的层次感，这就是单色调铺垫法。

采物延伸法主要是指采用画面内物体的色彩作为配色的基础，并将这种色彩延伸至整个画面的一种方法。

吸色借用法主要是指把别人优秀作品中的色彩用于自己的设计稿中。这种方式门槛很低，实用性较强，往往用于局部的色彩设计。

5. 满足情景感知需求

随着智能手机和可穿戴设备应用软件功能的进一步加强，情景感知的需求成为了APP设计中的重要考虑因素。情景感知是一种智能化的功能，目前已经普遍运用于智能家居、办公、精准农业等方面。

15.2.2 借助他人资源实现目标

借力营销属于一种合作共赢的营销模式，主要是指借助外力或别人的优势资源，来实现自身的目标或者达到相关的效果。比如在产品的销售过程中存在自身无法完成的工作，但是别的企业擅长于这一方面的工作，就可以两者合作，共同达成将产品销售出去的目标。

在APP营销中，主要可以借力于3个方面的内容，如图15-8所示。

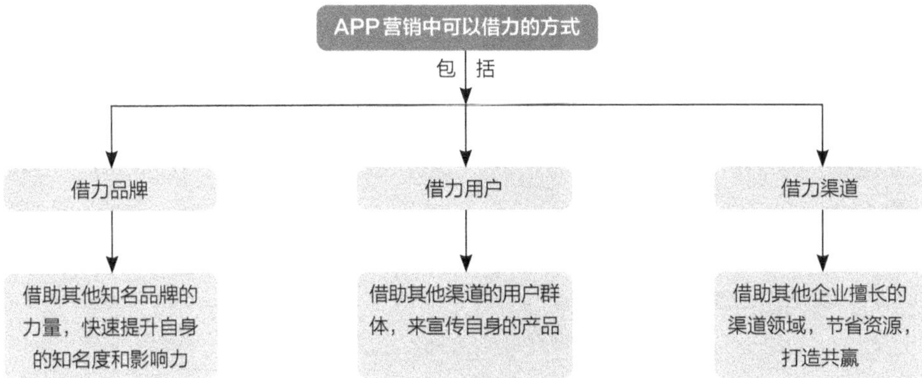

▲ 图15-8 APP营销中可以借力的内容

15.2.3 出其不意的创意营销

随着智能手机功能的越发强大，APP应用的数量快速增加，APP相互间的竞争也越来越激烈。在这种情况下，设计上的创意就成为了APP应用获得用户认可的重要途径之一。

对于企业APP而言，只有企业想不到的创意，没有做不到的创意。比如冬天的暖手宝与手机相结合造就的暖手宝功能，通过不同的加热等级，让冰冷的手机瞬间暖意扑面。这种方式与玩游戏时手机的被动散热不同，是APP本身主动消耗电量提供热度的模式。图15-9所示，即为暖手宝APP的工作界面。

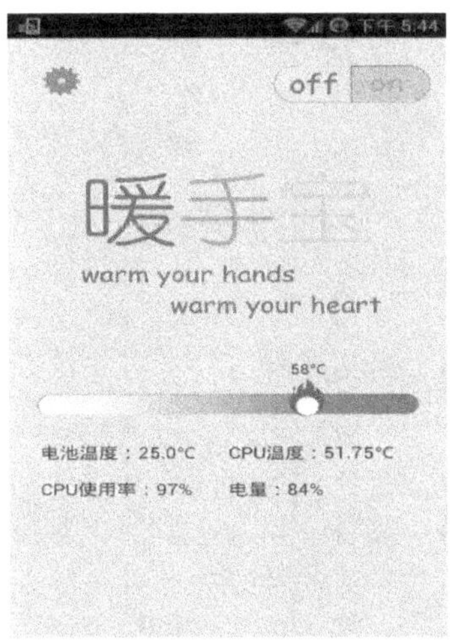

▲ 图15-9 暖手宝APP的相关界面

15.2.4 增加人气的整合营销

品牌企业的APP整合营销有很多种，这里着重介绍两种：APP、微博整合营销和APP、微信整合营销。

1. APP、微博整合营销

APP、微博整合营销是指企业在微博上通过一系列的手段将人气引流至APP，引流的方式主要有两种。

- 展示位展示相关信息。
- 在微博内容中提及 APP。

在这两种方式中，更为常见的就是在微博内容中提及APP，诱使用户对APP进行下载。

2. APP、微信整合营销

通过微信扫描二维码让用户下载APP是常见的微信合作营销方式，在微信公众平台上通过文章或者推送的信息，对相关的APP进行介绍，也是合作营销的一种方式，通过引流更好地推动APP的营销效果。在微信朋友圈中，微信同样可以通过文字信息、活动图片等方式引导用户去下载APP。

15.2.5 提升形象的活动营销

活动营销是指整合相关的资源策划相关的活动，从而卖出产品，提升企业形象和品牌的一种营销方式。在APP客户端推出的营销活动，能够提升客户的依赖度和忠诚度，有利于培养核心用户。

在APP上常见的以营销为目标的活动，主要有图15-10所示的几个种类。

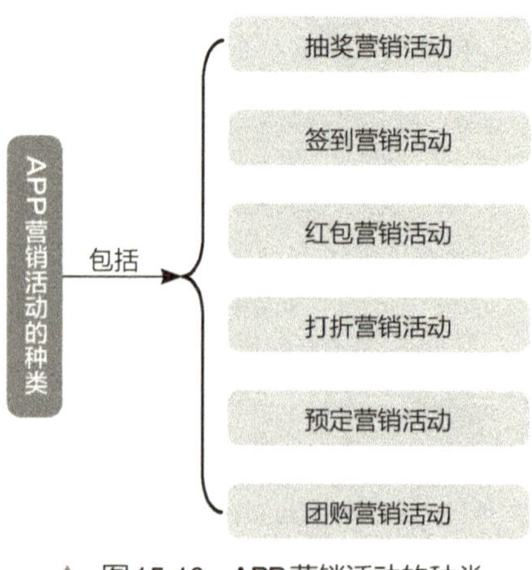

▲ 图15-10 APP营销活动的种类

关于APP的营销活动分为两种。

- 一种是直接面向APP用户的线上APP推出的相关营销活动。
- 一种是通过线下活动引流的方式进行营销。

15.2.6 内容营销提高活跃度

微信APP之所以影响力广泛，是由于平台上用户自产的内容与互动的内容成为了APP的主体，这种内容让用户有了长期使用的动力。要想提升APP用户的活跃度，主要还是从内容出发，通过内容的展示来吸引用户的长期支持。

APP传播的内容直接影响用户对于APP的认可程度，适当的内容表现技巧能够更有利地促进APP影响力的提升，相关技巧主要有图15-11所示的3个方面。

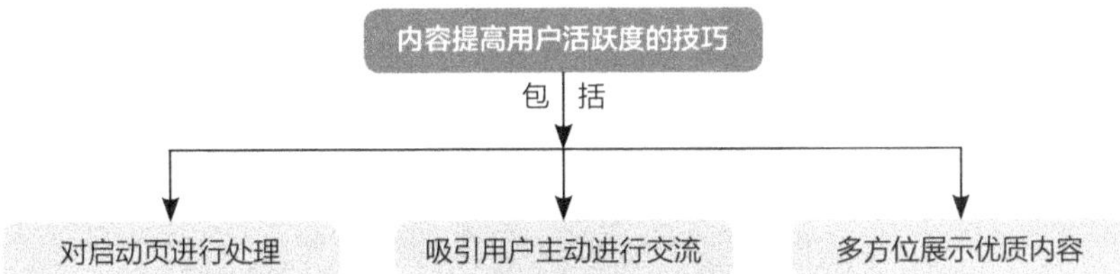

▲ 图15-11 内容提高用户活跃度的技巧

1. 对启动页进行处理

对于APP而言，对启动页的内容进行处理是内容“装修”的第一步。图15-12所示，为APP启动页设计中的部分精品案例。

▲ 图15-12 APP启动页设计中的部分精品案例

APP的启动页的主要作用如下。

- 让APP启动有一定的缓冲时间。
- 为用户的流畅使用提供保证。

随着APP市场的发展，大众对于APP的要求提升，启动页也逐渐成为APP获得用户认可的一个标志。从设计的角度出发，主要有图15-13所示的3个方面要求。

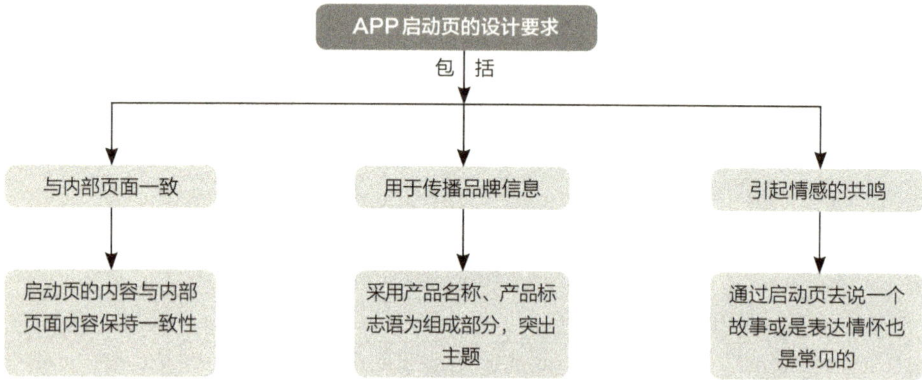

▲ 图15-13　APP启动页的设计要求

当用户点击APP，经过启动页进入APP的内部内容时，首页导航就成为了用户的第一关注重点，所以把首页装扮好、把首页导航设置好也是重要的“装修”方面。需要注意的是，并不是所有的APP都需要首页导航，一般APP内容较多的情况下，使用首页导航能够更清晰地将内容表现出来。

除了APP形式上的“装修”之外，还有内容上的“装修”。这些内容往往与图15-14所示的内容相关。

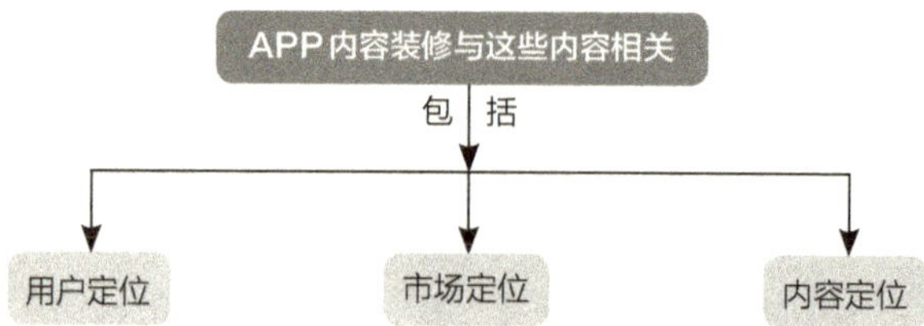

▲ 图15-14　APP内容装修与这些内容相关

2. 吸引用户主动进行交流

要想吸引用户主动进行交流，可以对APP内容进行多次包装。以美食类APP内容为例，往往通过精美图片或美食攻略来吸引用户主动进行交流，如图15-15所示。这样做的目的在于提升用户的活跃度，促使用户进行评论或者交流。

▲ 图15-15 通过精美图片吸引用户主动交流

专家提醒

除了对这种以分享为主的信息交流进行推荐之外，APP能够做的包装还包括对话题帖子或者攻略文章进行推广。

3. 多方位展示优质内容

在内容包装方面，把APP上的优质内容和帖子整理好，通过置顶或加标签的形式让更多的用户参与其中，这也是体现APP内容全面性的一个重要方面。

在运营化阶段中，APP首先是要向用户展示优质内容，并通过优质内容打造平台优势，一般有如下所示的几种方式。

- 推出话题。
- 精准展示。
- 主打内容。
- 媒体转发。

这4种方式如何操作呢？具体如图15-16所示。

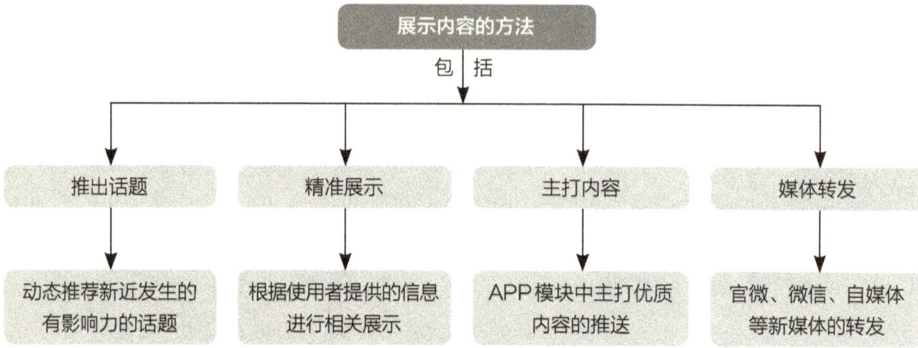

▲ 图15-16 APP向用户展示优质内容的方法

当用户数量足够多时，为了APP的长期发展，以及优质信息的打造，就需要让用户自产优质信息。为了调动用户的积极性，可以适当地给予奖励，比如积分兑换和头衔荣誉等。

在用户自产优质信息方面，豆瓣APP非常值得借鉴，它提出的口号就是让新用户获得8800万豆瓣注册用户客观、真实、真诚的评分与评论，也就是通过用户的优质信息来打造品牌。

15.2.7 回顾账单，走进用户内心

情感营销就是企业将满足消费者心理上或情感上的需求作为企业发展战略的一种营销方式。不论在什么营销活动中，情感营销都是一种能够走进消费者内心的营销活动。例如回顾账单就是能够让老用户对APP软件产生很强归属感的一种情感营销方式，无论账单内容是文字、文章、图片还是资金，都能够很容易打动用户，让用户参与其中。因此很多上线时间较长、有一定影响力的APP都会选择用这种方式结合其他活动，进一步打造营销效果。

以淘宝APP推出的“3万亿感谢有你”活动为例，阿里巴巴交易额创造了一个新的3万亿历史。淘宝APP顺势推出了用户账单回顾查询活动，相关移动界面如图15-17所示。

这个简单的活动引发了大量用户的参与，并且随着用户的自主宣传进一步扩大影响力。这种账单回顾就是让用户在有兴趣的基础上，玩得比较舒心，同时乐得分享。这也是利用用户情感建立APP品牌的一种方式。

▲ 图15-17 用户账单回顾查询活动的相关界面

15.2.8 饥饿营销促进销量

饥饿营销属于一种常见的营销战略，但是需要产品有一定的真实价值，并且品牌在大众中有一定的影响力。关于饥饿营销的分析如图15-18所示。

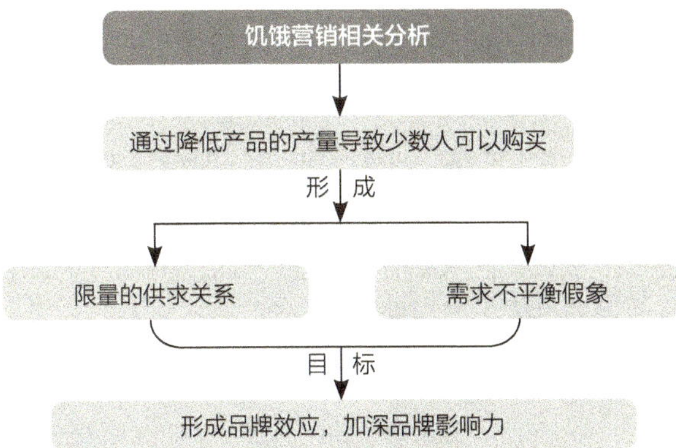

▲ 图15-18 饥饿营销相关分析

在APP营销中，饥饿营销运用得当产生的良好效果是很明显的，对产品的长期发展十分有利。但并不是所有产品都可以运用饥饿营销，一般采用饥饿营销的产品需要满足图15-19所示的3个因素。

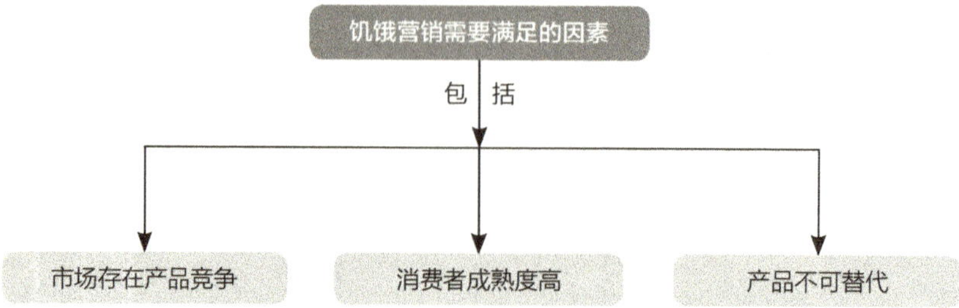

▲ 图15-19 饥饿营销需要满足的因素

专家提醒

需要注意的是，在各个行业中都能够采用饥饿营销。以滴滴出行APP为例，其推出活动发放优惠券，通过优惠券数量有限和时间有限的方式打造饥饿营销，从而促使大众使用滴滴出行APP。

15.2.9 从免费慢慢过渡到收费

尽管免费是用户对大部分企业APP的基本要求，但是对于产生了一定口碑的APP而言，让用户自愿付费仍然是可行的，也是考验APP是否具有良好用户体验的一个方面。

在收费方面，常见的以游戏类APP为主，通过游戏画面和内容的有趣性来吸引用户自愿付费，这样的游戏APP也必然有大量的用户作为基础。

需要注意的是，收费是以良好的用户体验为基础的，能够让用户心甘情愿付费的原因在于产品本身的质量。只有当APP的实用性、娱乐性等方面为用户提供了有价值的服务，才能得到用户认可。在具体的操作中，APP可以先通过免费的版本来收集用户的相关数据，深入地了解用户的操作行为，然后提供收费版的服务。

15.2.10 视觉上符合用户的审美

在信息化时代，大众的审美观往往差异化较大，而企业APP在用户视觉上的设计目标主要是符合大部分用户的审美。对于APP而言，视觉审美主要集中于6个方面，如图15-20所示。

以启动界面审美为例，简洁是大部分企业APP常遵循的特点。图15-21所示为部分APP的启动界面，通过简洁的界面图片搭配相关文字的方式来突出主题。

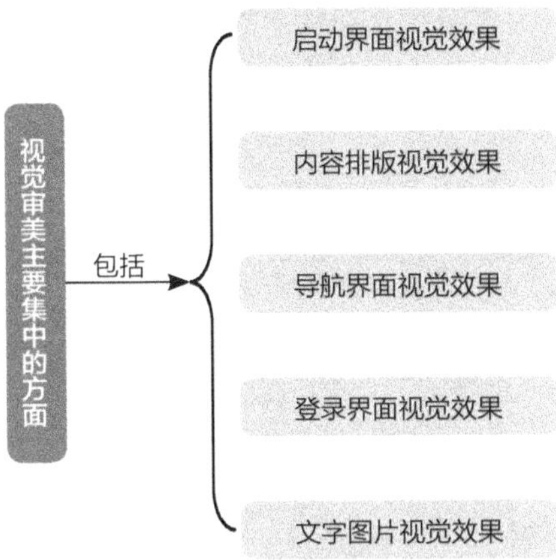

▲ 图15-20 视觉审美主要集中的方面

▲ 图15-21 部分APP的启动界面

APP的视觉审美设计往往以大众普遍的审美观为中心。以色彩搭配、图文搭配及布局搭配等方式来迎合大众的审美观，从而为用户营造一种舒适的操作感，进而提升APP在用户心中的形象。

15.3 移动时代APP营销案例

移动互联网环境下的APP营销随着手机终端的出现和移动技术的发展，渐渐成为各企业追求的主要战场。而且由于APP营销主要是依靠用户自己下载然后进行互动交流的手段，用户会比其他手段推广的黏性更大一些，质量也更高一些。因此企业通过APP进行推广传播，能够达到更好的效果。本节为大家介绍移动互联网时代下的APP营销的案例。

15.3.1 海底捞：移动思维打造APP

为适应移动互联网时代的发展，海底捞为用户推出了APP消费服务，海底捞的APP应用主要涉及图15-22所示的几大服务。

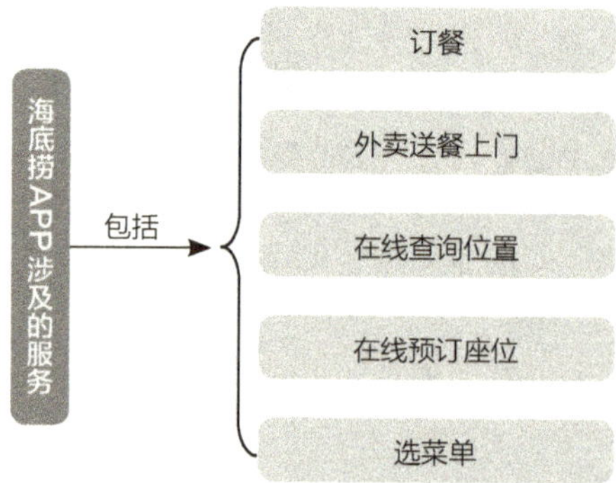

▲ 图15-22 海底捞APP涉及的服务

除此之外，用户还能通过APP平台将心情和感受同步到SNS社交网站。想要实现这一切只需要在手机上下载一个海底捞APP应用，并完成注册登录即可。

海底捞的移动互联网思维主要体现在菜品的展示和社交体系上。通过用户的习惯和喜好确定展示在页面的菜品，包括主食、锅底、特色菜和酒水的类型以及顺序。通过企业自身开发的社交体系，进行口碑营销，获得更多的用户流量，为用户数据的收集和分析打下良好的基础，也为产品和服务的选择提供更科学的依据。

15.3.2 沃尔玛：智能手机消费与支付

在移动互联网飞速发展的时代，沃尔玛也开始意识到移动电子商务的重要性，于是推出了可以让消费者进行智能手机消费与支付的应用软件Walmart APP，如图15-23所示。

移动消费量正在赶超电子商务，零售业的未来将是关于提升每个消费者的个性化体验的竞争。Walmart APP也在利用大数据分析用户喜好，刺激着消费者在移动端的购买量，沃尔玛希望通过移动大数据应用让消费者成为bigger spender（大富豪）。而且沃尔玛同时通过移动大数据分析得知，安装了APP的用户光临沃尔玛实体店的频率更高，停留的时间也比普通顾客高40%。正是这样的分析，才让沃尔玛实现这种精准化、精细化、及时性且智能的营销行为。

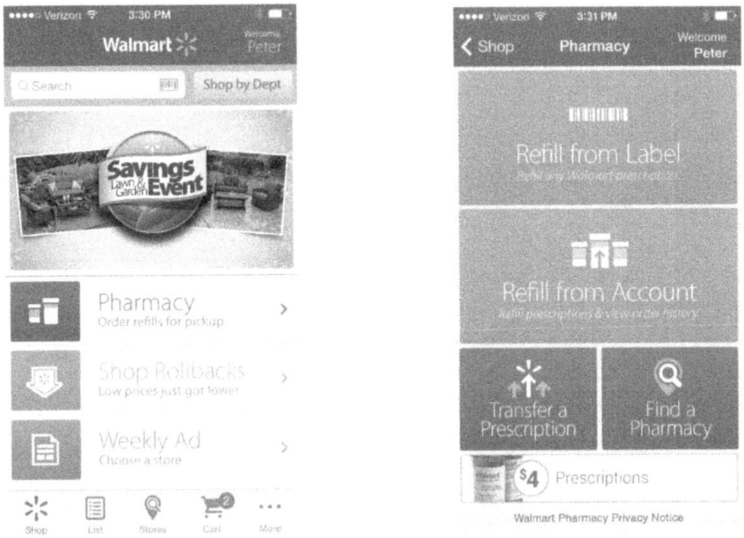

▲ 图15-23 Walmart APP

15.3.3 优衣库：打造O2O模式

优衣库APP属于迅销公司，为日本的零售控股公司。目前总公司打造的品牌除了优衣库，还有ASPESI、Foot Park等。是一个以零售商品为主要方式，通过不同特色共同发展的模式来扩大规模的国际大型企业。

优衣库的目标是向各个年龄层的消费者提供时尚、优质和价格公道的休闲服装。其产品款式新颖，并且质地细腻，深受大众的喜欢。

在互联网时代，优衣库公司也拓展了O2O的新型营销模式。为了实现O2O模式，优衣库推出了手机APP客户端，并与实体店铺打造了线上线下同价的策略。具体内容包括两个方面，如图15-24所示。

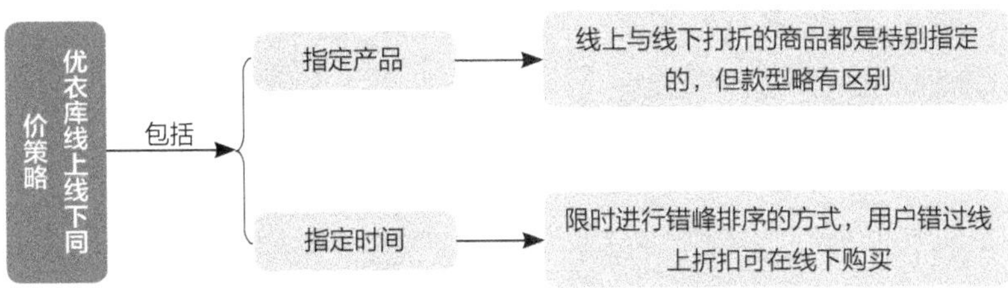

▲ 图15-24 优衣库线上线下同价策略

在APP上，优衣库公司会不定时地推出不同类型的活动。比如常见的指定产品进行打折的活动，这类产品与实体店铺的产品在款型上略有区别，但是大体上类似。用户可以通过APP抢先购买，如果错过了线上折扣，也可以等到线下实体店铺推出类似活动时再购买。

专家提醒

优衣库APP主要是通过线上活动展示商品的方式，来进行产品的预售和宣传，同时也进一步推动了APP的影响力。

15.3.4 爱奇艺：为用户而生的APP

爱奇艺APP属于百度公司推出的视频类播放平台，于2010年4月正式上线。爱奇艺以品质、青春、时尚的品牌特性深入人心，使用者以年轻用户群体为主。下面为大家介绍爱奇艺APP的一些特点。

1. 根据用户需求设置导航

爱奇艺APP的导航极具特色，主要是通过直观展示的模式让用户快速寻找到需要的视频信息。除了视频类型的导航之外，用户在具体的选择界面也可以根据导航内容进行选择。

导航设计并非越多越好，也不一定是越简约越好，而是要根据用户的使用习惯和需求而定。爱奇艺APP的导航设计定位以年轻群体为主，这个群体通常喜欢简单明了的界面，因此爱奇艺的导航以最直观的模式进行展示。

2. 大数据进行精准推荐

2014年，爱奇艺建立了基于搜索和视频数据来理解用户行为的虚拟视频大脑。这个虚拟的视频大脑能够同步接受PC端和APP端的用户数据，从而形成大数据效应，并将相关结果智能体现在内容中。

图15-25所示，为APP端的电视剧好评榜和新上线榜界面。爱奇艺的虚拟视频大脑根据用户的点击量等行为来决定电视剧的展示方式，比如视频的排序前后等，并将这种排序具体化地体现在界面上。

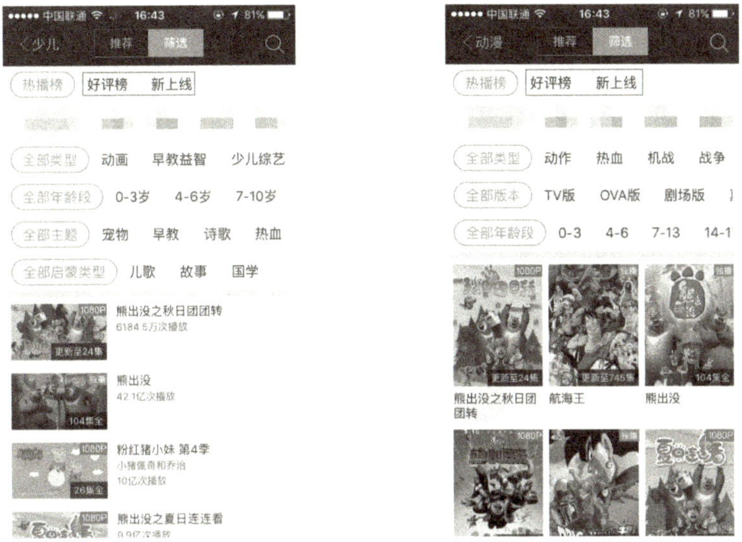

▲ 图15-25 APP端的电视剧好评榜和新上线榜界面

3. 类型丰富全面

爱奇艺APP的最大特色就在于视频内容的丰富性，这个优点为APP吸引到了大量的忠实用户。借助百度强大的网络资源，大部分的视频内容都能够在爱奇艺APP上被找到，目前爱奇艺APP上影响力最为广泛的10种视频类型如下所示。

- 电视剧视频。
- 娱乐视频。
- 微电影视频。
- 体育视频。
- 少儿视频。
- 电影视频。
- 动漫视频。
- 综艺节目视频。
- 脱口秀视频。
- 信息视频。

4. 独具特色的独播和首播视频

爱奇艺APP的独播模式具体表现为该视频资源为爱奇艺独有，首播模式则是指用户在APP上能够观看到最新的视频内容，这两种方式有利于爱奇艺吸引并稳定用户流量。图15-26所示为爱奇艺APP上的部分独播与首播视频。

▲ 图15-26 爱奇艺APP上的部分独播与首播视频

5. 丰富的功能

随着爱奇艺影响力的提升，功能的类型也随之逐步增加，如图15-27所示。

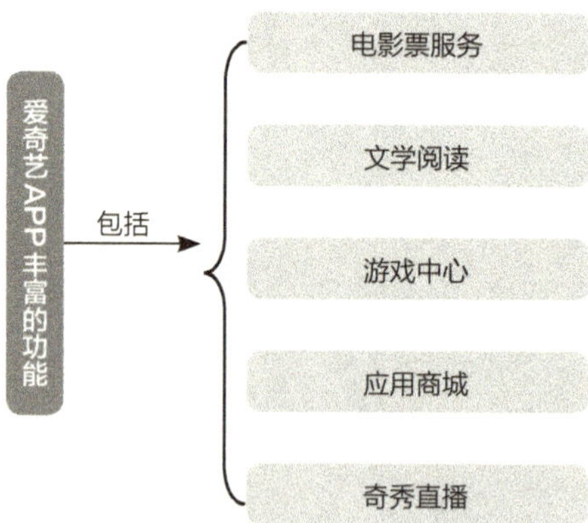

▲ 图15-27 爱奇艺APP丰富的功能

APP正被逐步打造成为综合的平台。图15-28所示为爱奇艺APP上的电影票选座购票界面。

▲ 图15-28 APP上的电影票选座购票界面

15.3.5 京致衣橱：打造社交APP

京致衣橱APP在2015年5月由京东推出，隶属于北京京东世纪贸易有限公司，定位为时尚电商APP。用户群体以年轻时尚的都市潮流人群为主，APP的功能集中于图15-29所示的4个方面。

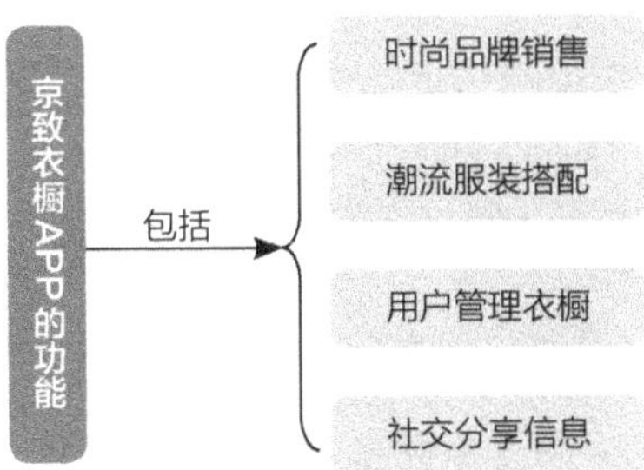

▲ 图15-29 京致衣橱APP的功能

在移动互联网时代，网络社交是至关重要的内容，尤其是用户之间分享信息、进行交流等。京致衣橱APP顺势推出了朋友圈功能，用户可以通过APP平台参与热门话题，或者关注其他用户。

京致衣橱APP与其他同类型APP相比的主要特色在于用户可以通过APP特价购买国外商品。而且APP推出的全球购功能主要以京东商城的资源为核心，在京东商城上，已经有依恋、万宝龙、百富、圣康尼、迪桑娜等国际品牌相继入驻，京东服装类的知名品牌的商品数量已经占比达到60%以上。

同时，京致衣橱APP不单单是由京东开发的，而且是由京东和微信合作推出的。早在2014年5月，微信就曾在“发现”界面直接开通了购物入口，微信用户能够直接进入京东商城。微信将此作为微信支付的重要宣传渠道。

专家提醒

在京致衣橱APP上，微信团队为它打造的便捷支付是其他同类型APP所不具备的，用户只需一步即可完成支付。

15.3.6 Agoda：在线酒店预订

Agoda是一家致力于提供全球最低的酒店折扣价格的在线酒店预订网站，通过Agoda的APP应用软件，用户即使身在旅途中，也可以根据所处位置实现各项功能。例如查找附近的酒店、查看酒店图片及国内顾客的评价等。同时Agoda的APP应用还为用户提供了地图功能，如图15-30所示。

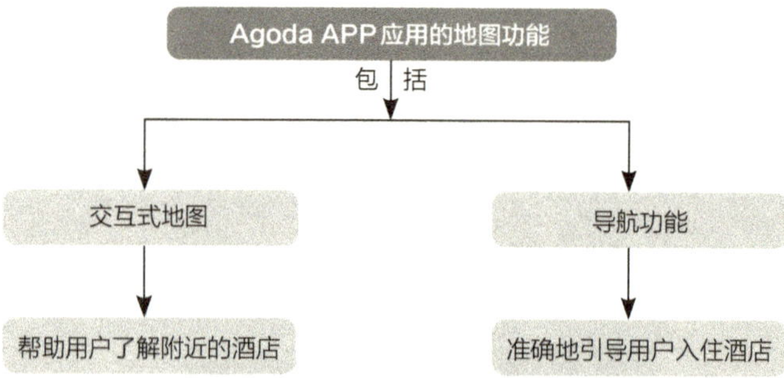

▲ 图15-30 AgodaAPP应用的地图功能

除此之外，为了能让用户更好地选择合适的酒店，Agoda的App上还设置了评价体系，让有需求的用户可以随时查看酒店的服务品质，更放心地选择入住。同时Agoda还能通过收集APP上用户的评价信息，对酒店的筛选、服务、导航、咨询等系统进行更精确的数据分析，然后定制优化出更符合用户需求的功能。

第16章

微网站——挖掘最大的商业价值

学前提示

全微营销模式是一种建立在微信、微博、微视频、微动漫、微官网、微商城、微客服、二维码、APP等基础上的营销模式。在移动互联网时代，企业拥有一个属于自己的微网站可以吸引更多的用户。

要点展示

- 微网站入门知识
- 移动时代微网站营销案例

16.1 微网站入门知识

微信庞大的用户群体刺激了微网站的开发。什么是微网站？微网站就是基于微信公众号建立的一个web网站，微网站可以对企业起到图16-1所示的作用。

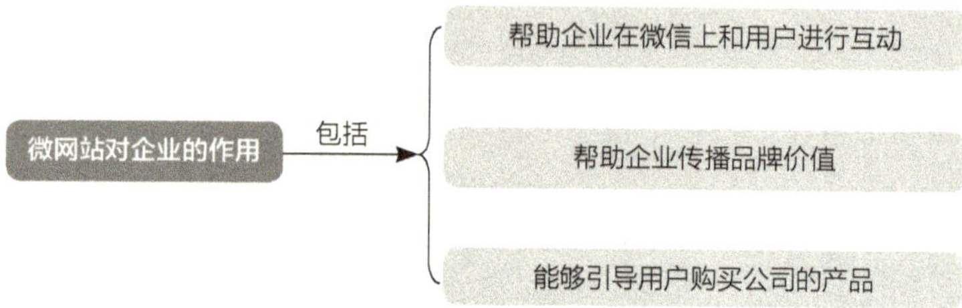

▲ 图16-1 微网站对企业的作用

本节将为大家介绍微网站的相关知识。

16.1.1 微网站的优势

微网站是一个适应智能手机用户市场的web网站，能够兼容图16-2所示的多种智能手机操作系统，能够与微信、微博等社交平台链接，在移动互联网营销中占据着非常重要的地位。

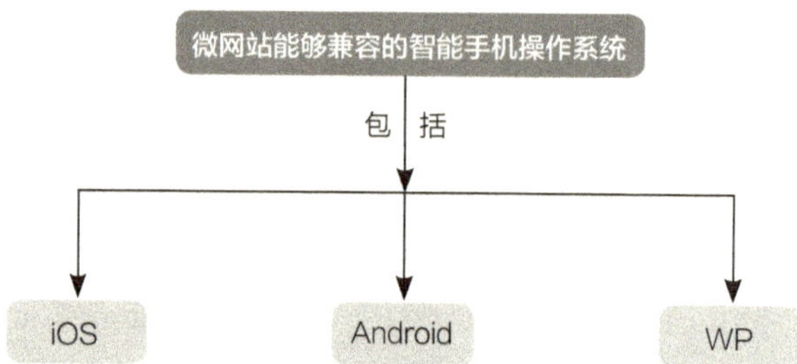

▲ 图16-2 微网站能够兼容的智能手机操作系统

很多企业看到了微信的庞大的客户资源，这些资源对于企业来说，是极其珍贵的，因此抓住这些资源，对企业的营销和未来发展将产生巨大的推动作用。而且通过微网站，企业可以吸收到更多的粉丝和用户，可以说，微网站是一个拥有巨大商业价值的平台。

相对于PC网站来说，微网站具备图16-3所示的优点。

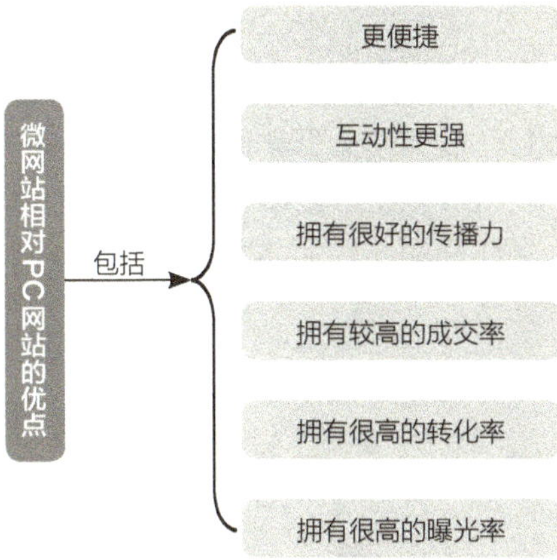

▲ 图16-3 微网站相对PC网站的优点

16.1.2 微信公众号的作用

微信公众号是微网站和微信衔接的一个纽带，图16-4所示为科技每日推送的微信公众号。用户只要点击下方的“美推商城”按钮，就会弹出相应的子菜单，如图16-5所示。在子菜单中点击“美推商城”链接，就能跳转进入“商城主页—美推优品”界面，如图16-6所示。

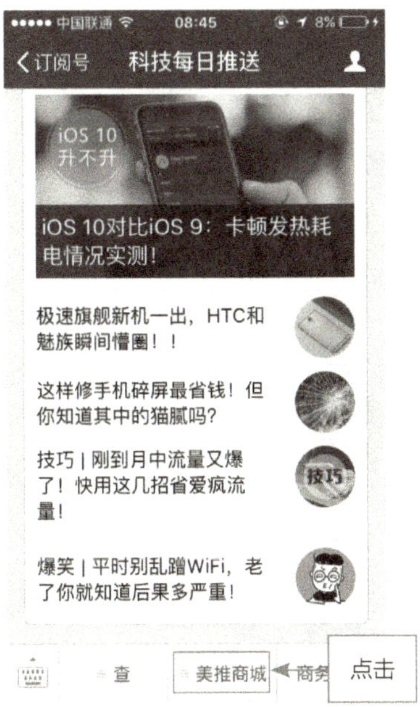

▲ 图16-4 科技每日推送微信公众号

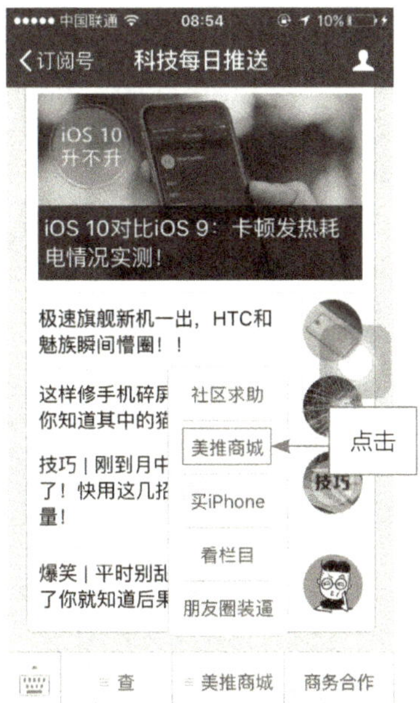

▲ 图16-5 弹出相应的子菜单

▲ 图16-6　进入“商城主页—美推优品”界面

“商城主页—美推优品”就是基于微信移动端的微网站，而科技每日推送公众号就是“商城主页—美推优品”与微信之间的一个纽带。它起到一个衔接的作用帮助微信用户通过公众号进入企业的微网站。

16.1.3　如何搭建微网站

下面笔者将以国内最大的微信公众服务平台微联盟weimob为例，谈谈如何搭建微网站，主要分为三步，如图16-7所示。

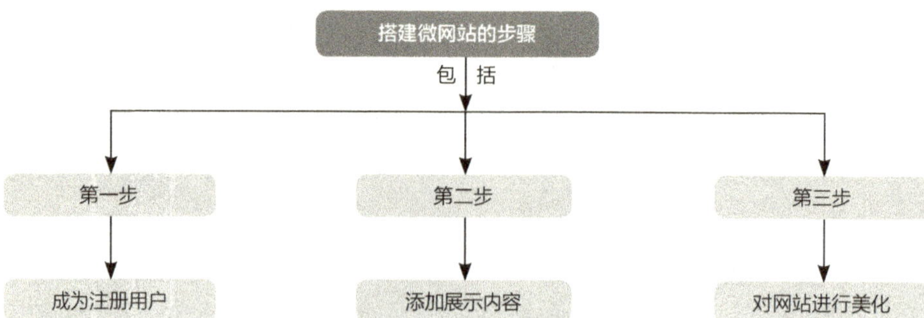

▲ 图16-7　搭建微网站的步骤

1. 成为注册用户

首先要做的是在网站进行注册，然后通过“配置”功能与微信公众平台的接口进行配置。

2. 添加展示内容

在“编辑内容”界面中添加要展示的内容。

3. 对网站进行美化

利用网站美化功能对网站进行美化，还可以通过后台的微网站编辑模板，对图16-8所示的内容进行编辑。

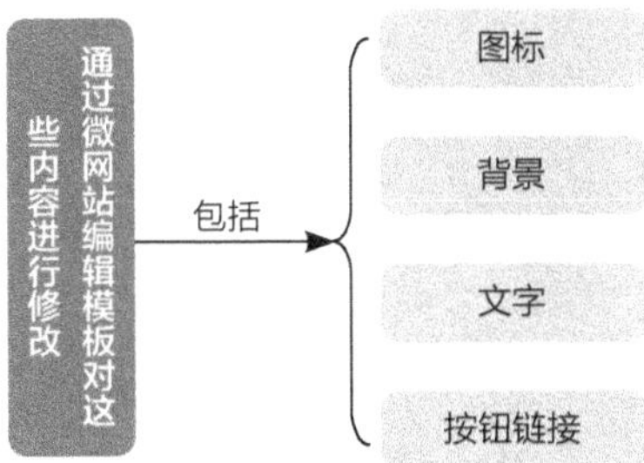

▲ 图16-8 通过微网站编辑模板对这些内容进行修改

16.1.4 判断微官网的好坏

很多企业都是通过代运营商来做微官网，判断微官网做得好坏，可以从图16-9所示的几方面入手。

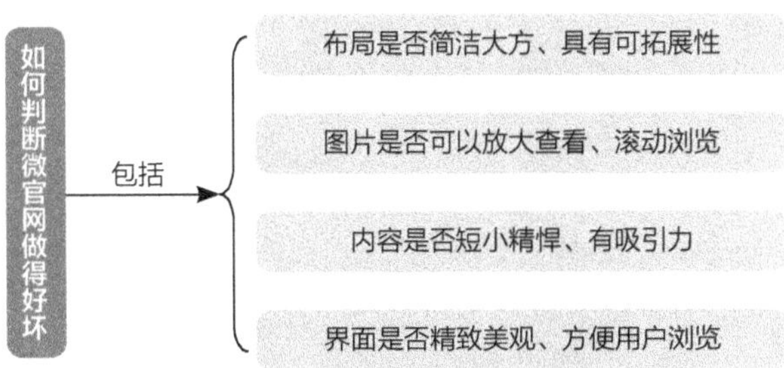

▲ 图16-9 如何判断微官网做得好坏

16.2 移动时代微网站营销案例

微网站是企业进一步实现移动营销的策略方案。对于企业来说，微网站具有传播途径广泛、传播方法多的特点。如何进行微网站营销，成为企业需要思考的问题之一。本节为大家介绍如何利用微网站玩转移动营销。

16.2.1 微官网：打造酷炫微官网

微官网是一种适应于移动客户端、提供商业服务的手机网站。是一款基于微信平台，通过移动互联网技术、信息建设技术、html5技术为企业提供图16-10所示的服务的应用平台。

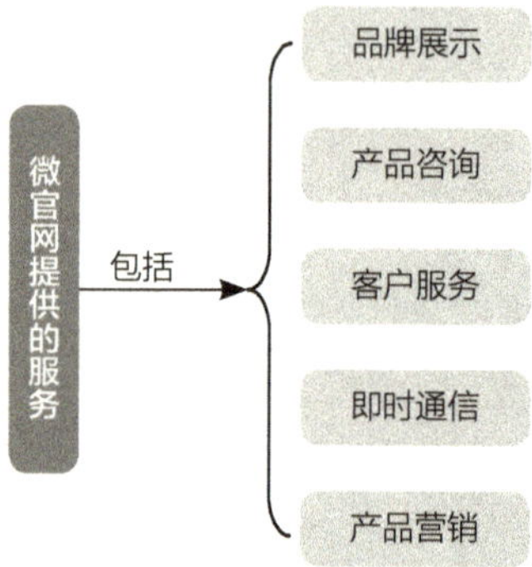

▲ 图16-10 微官网提供的服务

例如图16-11所示为同程网微信公众号平台。

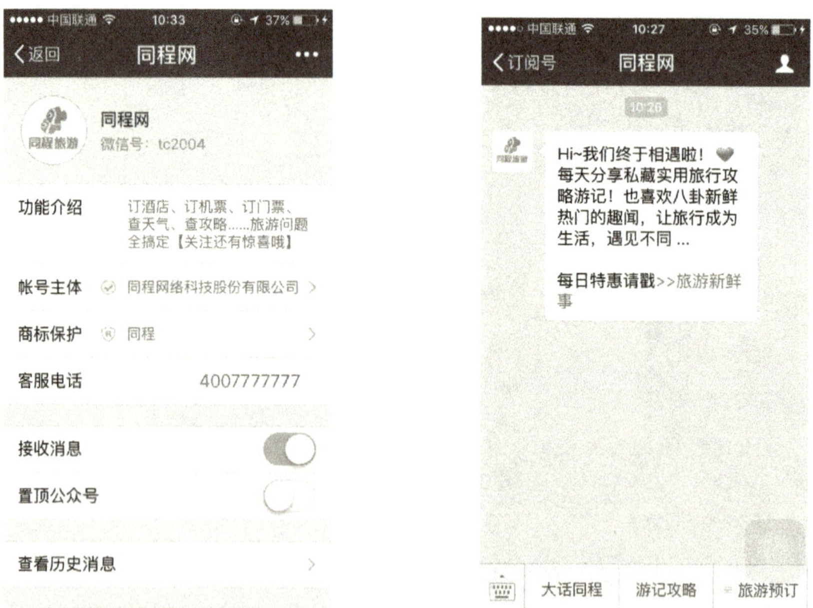

▲ 图16-11 同程网微信公众号

同程网借助微官网，向用户提供了图16-12所示各种服务，用户可依据自己的需求迅速通过微官网打听各类旅游消息。

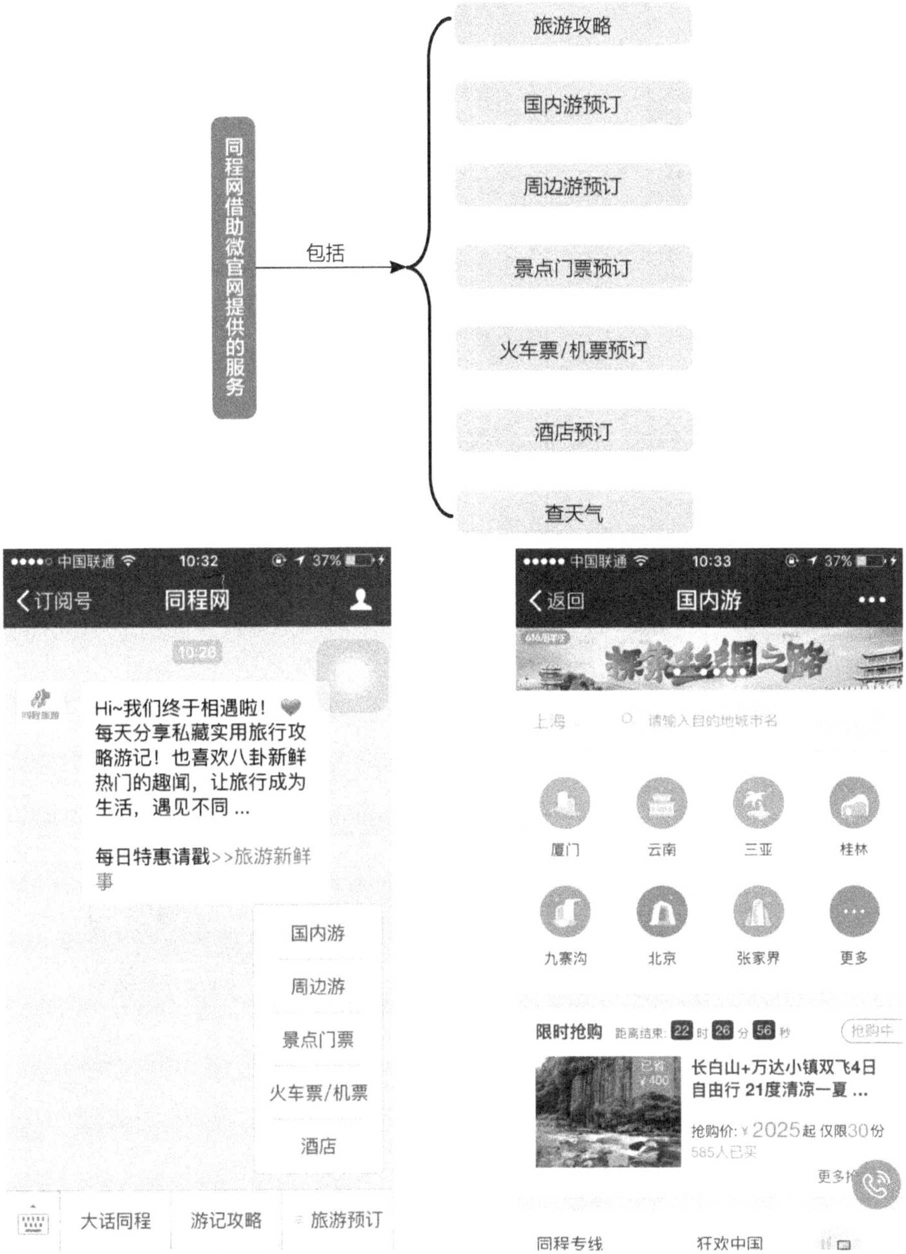

▲ 图16-12　同程网借助微官网提供的服务

过去，企业在互联网上做营销，就必须拥有基本的PC版网站；如今，企业要想到移动互联网上做营销就必须要有微官网，这是微营销成功的第一步。

微官网的网站页面的主要特点如图16-13所示。

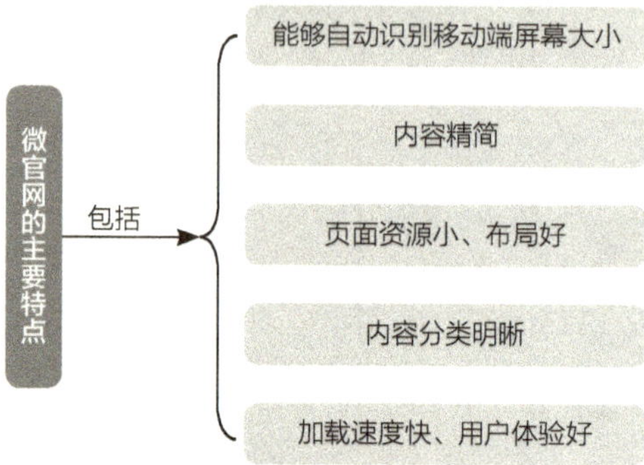

▲ 图16-13 微官网的主要特点

总而言之，微官网蕴含着巨大的潜能和商业价值。企业想要进入移动营销，就要好好抓住时机。

16.2.2 微政务：实效展开便民服务

为提高工作效率，政府部门把工作中的各项职能搬到了微信平台上，通过“微政务”展开便民服务。

1. 微政务门户

微政务门户是基于微信的政府服务门户，通过公开、透明的方式将政务信息公布在平台，图16-14所示为江苏省连云港地方税务局的微政务平台。

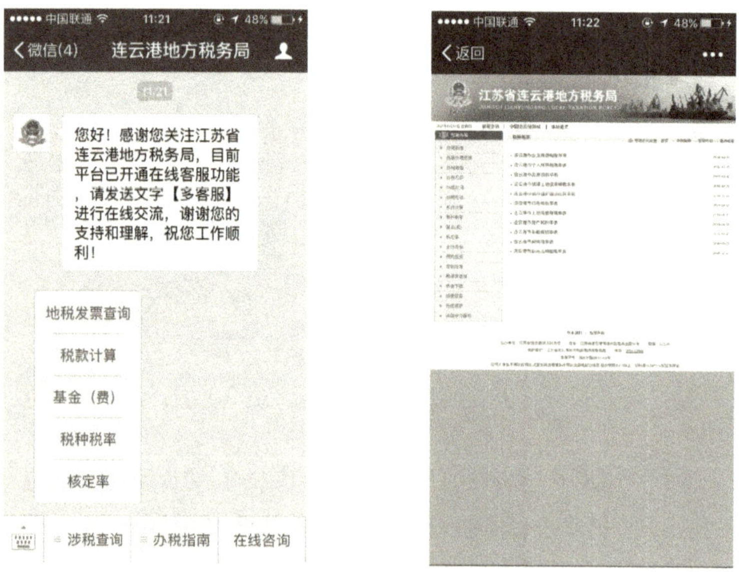

▲ 图16-14 江苏省连云港地方税务局的微政务平台

2. 微预约

微政务能够为用户提供便民预约服务。用户在手机上就能享受预约事项，解除了排队的烦恼。

3. 微反馈

通过微信留言板，给用户提供意见反馈的平台。

4. 微互动

通过微互动平台渠道加强用户与政府部门的互动，图16-15所示为湖北省宜昌市人民政府的微政务平台的互动交流渠道。

▲ 图16-15 微互动

5. 服务机构

微网站给市民提供各类办事指南服务，具体可包括如下内容。

- 社保查询。
- 公积金查询。
- 空气质量查询。
- 贷款服务。
- 便民公共等。

6. 微调研

通过微调研，用户可以将“听证会”搬到手机上来。

16.2.3 微商城：享受随时随地购物

微商城是基于微信公众平台推出的一款商城应用，因为微信的火爆程度，很多商家发现了其潜在的商业价值，人们通过移动端，能够更快捷、更方便地进行各种购买活动，而商家通过微信平台，能够获得更多的用户群体，实现各种营销活动。

例如，消费者通过微信，可以直接在网上天虹网站里进行下单。网上天虹既对接PC电商，又对接线下实体，是一款基于移动端实现线上线下营销模式的应用，图16-16所示为网上天虹的微信平台及其微网站——“虹领巾——让你买的放心”。

▲ 图16-16　网上天虹的微信平台及其微网站

微商城系统是一款基于微信而研发的，集五大网络为一体的电子商务购物平台，如图16-17所示。

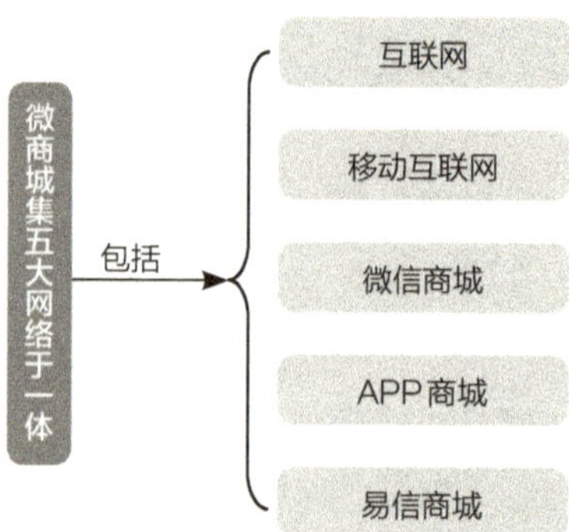

▲ 图16-17　微商城集五大网络于一体

微商城的意义在于图16-18所示的两方面。

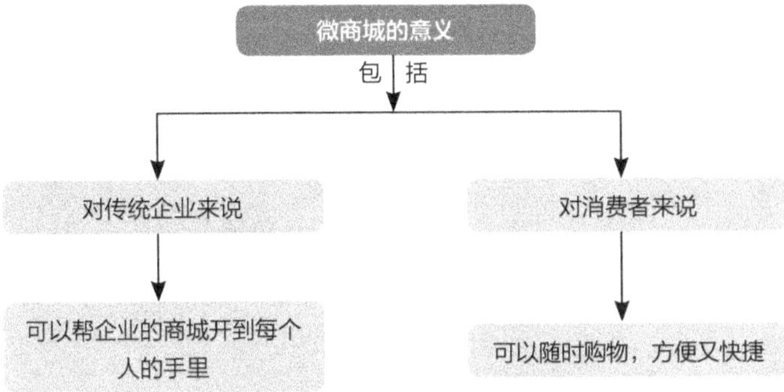

▲ 图16-18 微商城的意义

16.2.4 微团购：最便捷的团购模式

微团购是一种基于微信端的移动团购方式，用户依次进入微信"我"→"钱包"→"吃喝玩乐"界面，即可在此查找相应的团购活动，点击相应的商家即可进入查看团购活动详情，如图16-19所示。

▲ 图16-19 微团购

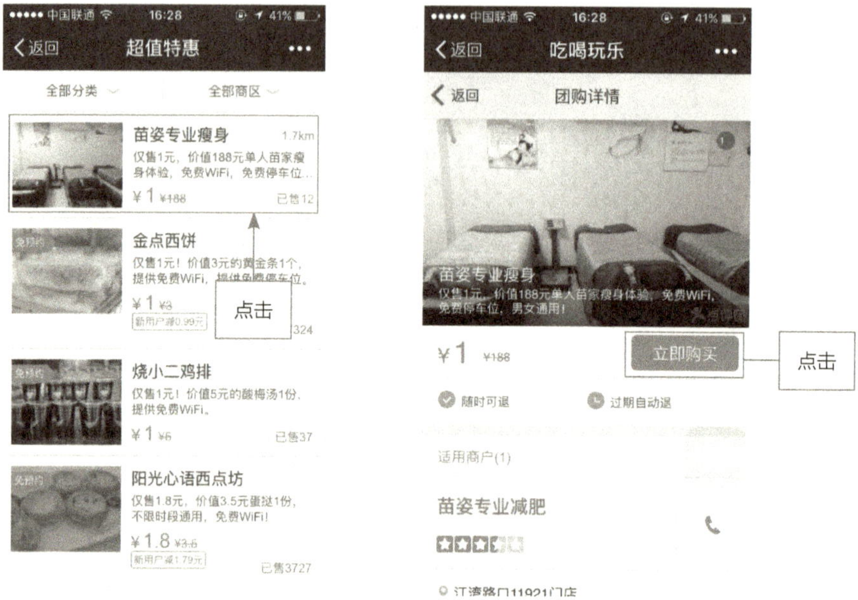

▲ 图16-19 微团购（续）

点击“立即抢购”按钮，即可直接通过微信支付付款，完成团购操作。微团购与传统团购模式的区别如图16-20所示。

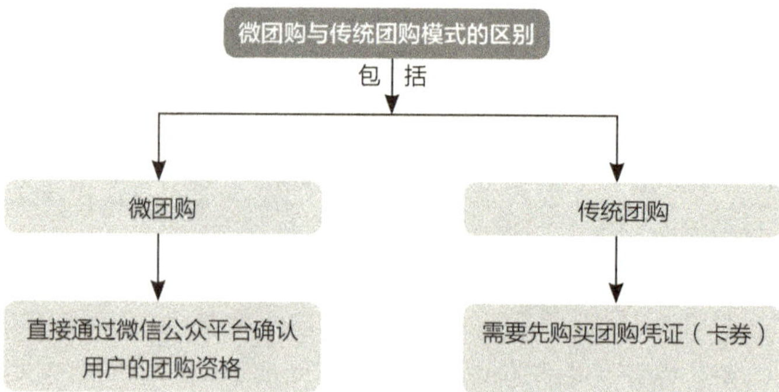

▲ 图16-20 微团购与传统团购模式的区别

16.2.5 微餐饮：提供点餐配送服务的平台

微餐饮是一款通过移动平台为用户提供点餐、定位服务的平台，其具体提供的服务如图16-21所示。

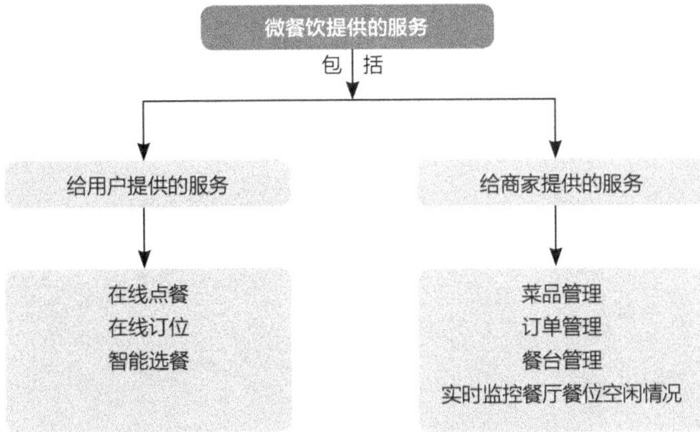

▲ 图16-21 微餐饮提供的服务

例如，“到家美食会”是一款为家庭用户提供订餐和配送服务的微餐饮平。用户通过“到家美食会”微信公众平台，通过“我要点餐”链接，就可以进入“到家美食会官网”。然后进行订餐，并由“到家美食会”的专业送餐团队配送到家，如图16-22所示。

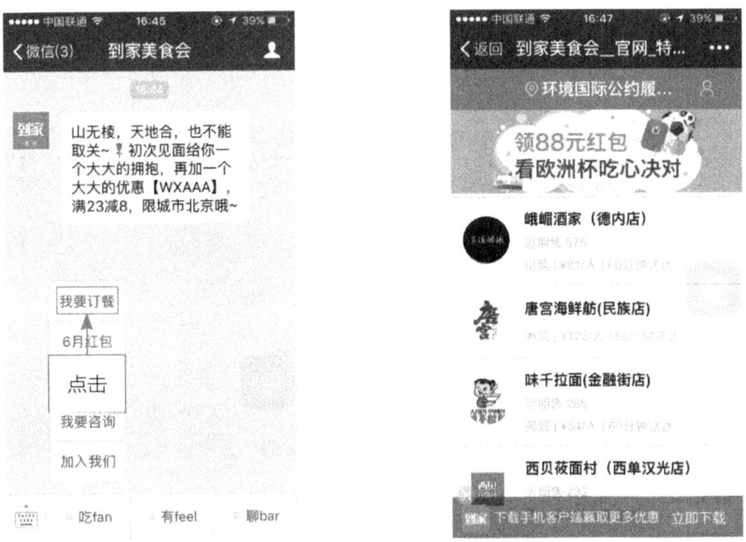

▲ 图16-22 通过“到家美食会”应用订餐

16.2.6 微汽车：人们的口袋汽车

微汽车是指采用移动互联网平台提供汽车相关服务的平台，提供的服务包括图16-23所示的内容。

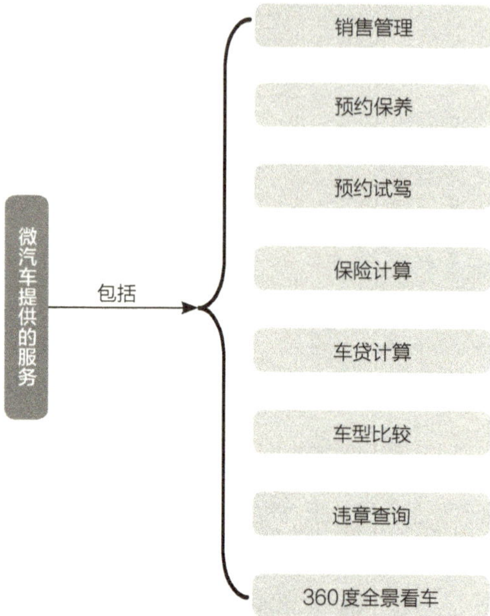

▲ 图16-23　微汽车提供的服务

图16-24所示为长沙一汽解放商用车4S形象店的微汽车网站，用户可以进入公司网站，对公司相关信息和活动进行了解。

▲ 图16-24　微汽车

16.2.7 微家居：一站式装修服务

家居行业营销模式的多元化，将给消费者带来更加个性化、差异化的用户体验。在这种差异化的精准营销模式下，商家和消费者将实现共赢。

例如，蜗牛家装网是一家专业装修门户网站，主要商业模式如图16-25所示。

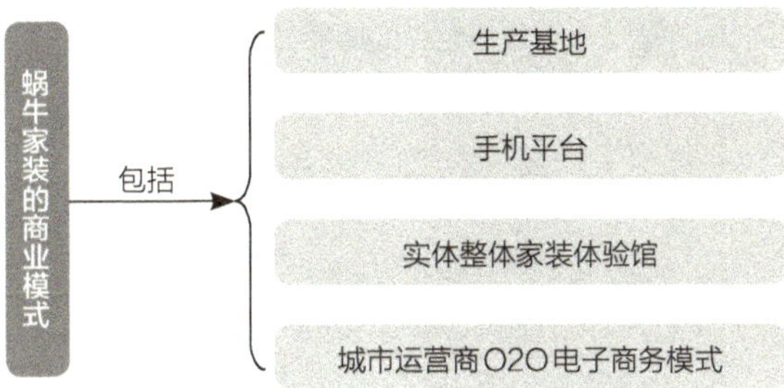

▲ 图16-25 蜗牛家装的商业模式

通过“蜗牛装修”微信公众平台，用户可以进入蜗牛家装的微网站。但是前提是用户需要利用管理控制台登录名进行登录，这样才能进入蜗牛装修的在线商城网站，图16-26所示为蜗牛装修的微信公众平台和主机管理控制台登录平台。

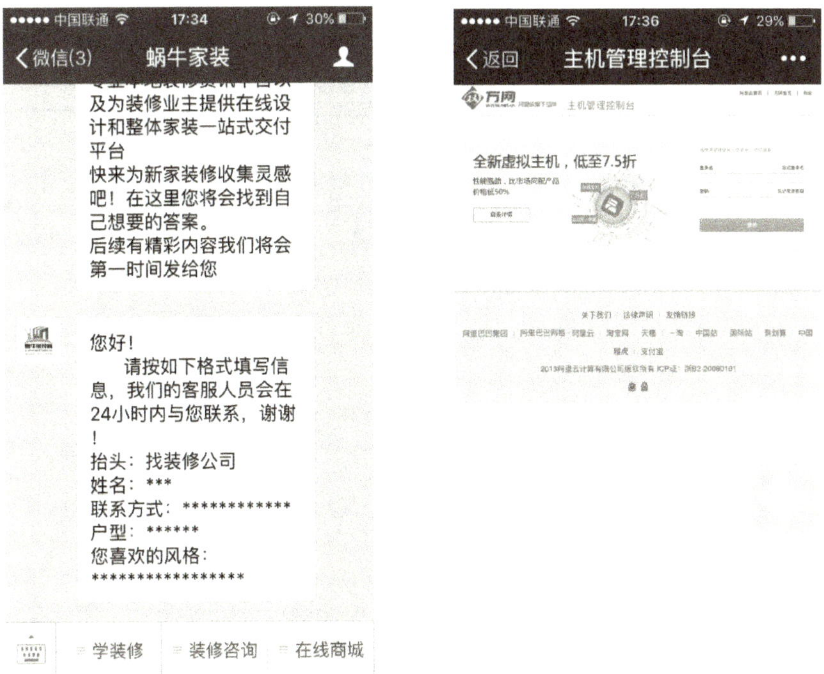

▲ 图16-26 微家居

除了能够进入在线商城之外，还能够进入“装修效果图”浏览、“装修学堂”做网站。欣赏设计师的作品，如果用户有看中的作品，可以与设计师进行沟通。

蜗牛装修最大的特点是，从设计展示、沟通、咨询到购买，实现了闭环，让用户省去了很多麻烦，满足了消费者一站式的高质量装修需求。

不过，笔者认为，如何将消费者的位置信息、时间分配，结合个人消费习惯，再以其状态、分析其需求，是每一个想要实现精准营销和互动传播的家居企业必须考虑的事。